歴史と理論からの

木村至聖
Shisei Kimura

歴史と理論からの
社会学入門

社会学入門

An Introduction
to Sociology from
History and
Theory

ナカニシヤ出版

はじめに

本書では，社会学の考え方を，その誕生から現在に至るまでの歴史に沿って紹介しています。ある程度社会学について学んだものの，「結局，社会学って何？」という「壁」に突き当たってしまった読者を想定して書かれています。

私が大学で学んだ2000年代には，読者にとって身近なテーマ，流行りのトピックを通して，社会学ならこう考える，という視点を提供してくれるスタイルの「教科書」がすでにたくさん出版されていました。私もまたそうした教科書の恩恵を受け，「社会学って面白そう」と思ってその泥沼にはまってしまった一人です。しかし，しばらくして「壁」に突き当たりました。「結局，社会学って何？」という，初めに挙げた疑問です。私の場合は大学院の入試勉強をする中ででしたが，社会学部や社会学科に所属する大学生のみなさんにとっては，それは就職活動のとき，どう説明したらいいのか，という深刻な悩みかもしれません。

身近なトピックや視点から入る社会学の教科書も，「入口」としては申し分ありません。ただそうした教科書の問題は，（ネタがすぐ古びてしまうこと以上に）結局「身近」なところで学びが終始してしまうということにあるような気がしています。せっかく執筆者が「身近」なトピックを使って「社会学のものの見方」を説明しても，その意図に反して読者はその「トピック」の方しか印象に残っていなくて，あくまでそれを「消費」するだけで終わってしまう，なんてことも往々にしてあります。

もちろん，身近なことから社会学的想像力を広げる，というアプローチに一定の有効性があることは間違いありません。ただその一方で，やはり社会は「身近」なものだけで成っているのではなく，数十年前，百年前，もしかしたらもっと前からの歴史や，地球の裏側の国どうしの関係のような，「身近でないもの」からも成っている複合物でもあります。そうした「身近なもの」と「身近でないもの」が絡まり合う社会を前に，自らの問題意識と対処策をえぐり出すということが，本来社会学を学ぶ人に求められることではないでしょうか。

そう考えたとき，私は結局のところ，過去を振り返って，今とは異なる時代や国の社会学者たちが，自分たちの生きる社会についてどのように考え，その課題に取り組んだかという思考（試行錯誤）の軌跡をたどるのが，社会学のことを知る上で実は一番近道なのではないかと考えるに至りました。

もちろん，100年も前の外国の社会学者が考えていたことを理解するには，当時の社会情勢やその国の歴史や文化についても知っておく必要があり，それが何より社会学を学ぶ人たちの「壁」になっていることも実感しています。しかし，そうした「身近でないこと」もまずは知ろうとしないと，それが現代の私たちの「身近」にどう結びついているか（いないか）もわかりませんし，それらと比べて私たちの「身近な」社会がどんな特徴を持っているかもわからないのです。

というわけで，本書は読者にとって「身近でない」かもしれないトピックについても，恐れず突っ込んでいきます。しかし安心して（？）ください。本書では「身近でない」話題もみなさんの「身近」に届くように，ふだん授業で話している通りの「です・ます調」でやわらかく，わかりやすく解説しています（もっとも，古代・中世から現代に至る歴史的事象については，あくまで歴史学の専門家ではない立場からの一つの解釈・理解を示すものですから，より詳しく，あるいは別の視点からも考えたい方は巻末に挙げた参考文献もご覧ください）。

あなたの手に渡った時点で，この本をどう読むかはあなたの自由ですから，もちろん好きなところから読んでいただいて結構です。ただ本書は歴史・理論の「積み重なり」を意識して構成していますので，社会学に馴染みがあまりない方の場合はとくに，順番通り初めから読んでいただくことをお勧めします。ところどころ，難しい箇所やしっくりこない箇所もあるかもしれませんが，その問題は後の章（時代）で解決することもあるかもしれませんので，あせらず，気長にお付き合いいただければと思います。

本書を教科書採用してくださる先生方へ

本書を用いた授業・講義をサポートする教師用資料をご提供しています。著者が実際に授業で使用している授業計画案（シラバスよりも詳しい指導用のメモが付いたもの）や、受講生への配布資料（キーワードが空欄になっているレジュメ式）、各章の内容を踏まえた選択肢式小テストや記述式課題の一例などです。ご利用をご希望の方は、お名前・担当授業、提供を希望される資料をご明記のうえ、manual@nakanishiya.co.jp までお問い合わせください。

目　次

序章

自由に生きるために

1　社会学とは何か

(1) 社会学は「何でもあり」？

社会学とは，どんな学問なのでしょうか。形式的に分類するなら，物理学，化学，生物学などの自然科学，文学や歴史学などの人文科学に対して，社会学は政治学や経済学などと並んで**社会科学**に含まれると考えられています。これらの「〜学」というのは，基本的にその学問の対象となっているものを指しています。とすれば，社会学は「社会」を対象とする社会科学である，ということになります。

また，一口に「社会」といっても，様々な領域や分野があり，社会学もそれに対応して「〜社会学」というさらに細かいカテゴリーに分かれています（これを**連字符社会学**といいます)。たとえば，家族社会学，地域社会学，都市社会学，環境社会学，政治社会学，法社会学，経済社会学，文化社会学，教育社会学，宗教社会学，科学社会学，労働社会学，福祉社会学，医療社会学，スポーツ社会学，観光社会学，歴史社会学，情報社会学などです。さらに，「社会学」という名前はついていなくても，社会学にとって重要な学際領域として，ジェンダー論やメディア論，社会運動論などがあり，それぞれについて「学会」やそれに準じる研究者の組織があったり，大学のカリキュラムでそういう名前の科目が設置されていたりします。

しかし，社会学が対象とする領域はここに挙げたものにとどまりません。たとえば，本書の著者である私は，文化社会学や地域社会学，観光社会学とあわせて，「文化遺産の社会学」を専門分野として自称しています。別に既存の領域の一部でも構わないのですが，文化遺産というテーマを通してこそ見えてくる社会の特徴があると考えているからです（この点について，ここではこれ以上掘り下げませんが，興味がある方は，木村至聖・森久聡編『社会学で読み解く文化遺産――新しい研究の視点とフィールド』（新曜社）などを手に取ってみてください）。

そんな具合に，社会学の対象はある意味で「何でもあり」です。無理やりでも「社会」に結びつけさえすれば，何でも扱うことができてしまうのです。そういわれて，面白そうと思う方もいるかもしれませんが，その一方で，なんていい加減な，科学として信用できない，と思う方もたくさんいるでしょう。そして，社会学とはどんな学問なのか，ということを概論するにあたっても，上にみたような「〜社会学」を一通り紹介したところで「色々やれるんですね」というだけで，それらしい手ごたえは得られないのです。

それでは，「社会学」とは一体何なのでしょうか。さきほど，社会学は「何でもあり」といった際も，「社会」に結びつけさえすれば，という条件をつけました。ただ，実はこれが簡単なことではないのです。「社会学」にするために，「社会」にどう結びつければいいのでしょうか。そもそも「社会」って何なのでしょうか。

(2)「社会」を捉える難しさ

「社会」というのは非常に捉え難い対象です。ここではその理由をとりあえず三つ挙げておきましょう。

第一に，「社会は変化する」ということです。これは，たんに流行の移り変わりのように変化が激しいという意味だけではありません。そういう内容的なことだけではなく，「社会」というときに私たちが想定する枠組み自体が，時代によって変化しているということです。100 年前のヨーロッパの社会と，2020 年の日本社会は，同じ意味での「社会」といえるでしょうか。もちろん，何らかの共通点はあるのでしょうが，たとえば「国」というものの捉え方一つとっても，その仕組みは大きく異なっているのです。そもそも，19 世紀も半ばに入るまで，日本語には「社会」という言葉がありませんでした。英語の society の訳語として「社会」という言葉が使われるようになったのは明治時代に入ってからで，つまりはそれまで「社会(society)」に当たる概念が日本になかったということなのです。

第二に，「社会は複雑なものである」ということです。もう少し正確に言い換えるなら，社会は複合的なものである，ということです。社会科学のなかには，「社会」学とは別に「経済」学，「政治」学などの分野がありますが，別だからといって政治や経済と切り離して純粋な（？）「社会」という対象について論じることはできません。さらにいえば，社会を形作っているのが生身の身体を持ち，色々なことを考えたり感じたりしながら生きている人間だとすれば，そこには生物（学）や心理(学）なども要素として関わってくるでしょう。このように，社会というのはそもそもそうした様々な要素が複合してできている領域なのです。

第三に，「社会は外側から観察できない」ということです。つまり，社会学者自身も社会の中で生き，思考しているため，全体が見渡せるわけではないのです。これはかなり致命的な問題にみえます。要するに，「社会学者だって社会について知らないことがたくさんある」となれば，では何の権利があって社会学者は社会について語っているのか，ということになるからです。社会学者がただの素人だとすれば，社会学なんて成り立たないということになりかねません。

どれもあたりまえのことばかりなのですが，こうした「社会」の捉え難さは，社会学にとっては大きな問題です。「社会」は変化するし，複合的な対象であり，外側から観察できないのです。

(3)「社会」を問うのが社会学

社会学はこのように，実に捉え難い対象を相手にしています。では対象が捉え難いからといって，「社会学」は科学ではありえないのでしょうか。そんなことはないのです。社会学は，たしかに「社会」について考える学問ではありますが，他の多くの学問領域とは違って，「社会」の仕組みやそこで起こる現象を説明する学問であるだけではなく，そもそもその「社会」とは何かをも問おうとする学問なのです（「学問」とは「問う」こと！）。「社会」という領域があらかじめ区切られていないからこそ，「何でもあり」に見えるのですが，結局，その「何でも」を通して「社会とは何か」という謎に迫ろうとする点は共通しているのです。

話がまた戻りますが，出発点となる「社会」のことがそもそもわかっていないとしたら，「社会学者」は他の「社会学者ではない」人々と何が違うのでしょうか。「違わない」といいたいところですが，そう言い切ってしまうと，わざわざ「社会学」を学ぶ意味がないといわれてしまいかねません。そこであえて，しかし重要な違いを挙げるなら，結局それは「社会」とは何かという問いに答えようとしてきた先人たちの思考の軌跡（考え方のお手本となる例）について知っている，ということでしょう。つまりは，研究史（社会学史）に関する知識の有無です（もう一つ挙げるなら，社会調査に関するスキルがありますが，これもまた社会学の研究の歴史のなかで洗練されてきた知識に基づいています）。

社会学とは何かという問いに簡単に答えるなら，「社会」とは何かについて考える学問ということになります。ただ，それでは答えの中にまた「問い」が含まれてしまっているので，相手にわかった気になってもらうためには，「たとえば〜」と説明を加えるしかありません。そのとき，自分の調査事例などを持ち出して「社会」について説明することができればよいのですが，それだと限界もありますし，やはり「社会」とは何かについて，これまで考えられてきた先人たちの知恵を借りるのが近道になるのです。

というわけで，本書では，「社会（学）って何」という問いについて一緒に考えるために，これまで「社会」について考えられてきたこと＝「社会学史」について学びます。「一緒に考える」というのは，頼りなげに聞こえるかもしれませんが，結局「社会学」というのは「社会とは何か」の「答え」ではなく，それを「問う」営みそのもののことですので，与えられた「答え」をそのまま覚えただけでは，「社会学」を学んだことにはならないのです。過去の社会学者たちも，さらに前の時代の社会学者たちが考えてきたことを踏まえて，自分たち自身が生きている社会について考えてきました。この「社会」についての思考の連なりについて知り，あなた自身もさらにその思考に連なってもらうことが，本書の目標です。

「社会学者」は，小難しい概念に関する知識や高度な統計分析のテクニックなどを身に着けていても，結局は「社会」についての素人に過ぎません。しかし，「社会」について考えてきた先人たちの知恵に学び，自身もまた「社会」とは何か問い続けているのであれば，誰だって「社会学者」を名乗っても構わないのです（○○大学教授とか，××博士というのは，勝手に名乗ったら「詐称」になってしまいますが）。みなさんも，本書で社会学史を学んで，「社会学者」になる第一歩を踏み出してみませんか。

2　何のために社会学を学ぶのか

(1) 社会学（者）は嫌われ者？

ところで，本書を手にとってくださったあなたはすでに社会学に何らかの関心がある，あるいは大学の単位のために勉強しなければならないなど，何らかの学ぶ動機をお持ちのことと思います。ただそのせっかくの気持ちを折ってしまうようで大変心苦しいのですが，昨今は社会学についてあまり好意的ではないコメントもよくみられます。たとえば，「社会学（者）はいつもひねくれたことばかり言っている」

「社会学（者）はめんどくさい」など。私自身，非常によく思い当たる部分がありますが，これはもちろん，社会学者個人の性質によるものではなくて，社会学のもう一つの特性にも理由があるのです。

しばしば，社会学は「脱常識」の学といわれます（たとえばランドル・コリンズ『脱常識の社会学』)。「常識を疑え」とか，「常識を斜めから見ろ」とか，社会学部や社会学科ではよく聞くフレーズかもしれません。これはたしかに，社会学の「考え方」の特性を端的に伝えていると思います。ただ，実際には，「常識」があるおかげで，私たちは社会のなかで秩序だった生活を送ることができるし，判断に迷うことも少なくできます。現代社会では，伝統が衰退し，個人の自由が拡大することの裏返しとして，人々は何が正しいのかわからず不安にさいなまれています。そんななかで，限られた指針の一つである「常識」に水を差す社会学（者）は，うっとうしいだけかもしれません。一方で，日ごろ常識を窮屈に感じている人は，常識を疑い，新鮮なものの見方を示してくれる社会学に面白みや解放感を覚えるかもしれません。しかしそんな人たちでさえ，常識はそう簡単には変わらないという現実を前にして，結局社会学なんて無意味な言葉遊びにすぎない，と思うようになるかもしれません。

おおよそ，社会学（者）がめんどくさいと思われる理由は，そんなところではないかと思います。では社会学は一体何のために，常識を疑うのでしょうか。私なりにこれに答えるとすれば，社会学の目的は決して常識を否定すること自体ではなく，常識を「説明」することなのです。そしてなぜ常識を「説明」するのかといえば，そこには二つほどの理由，目的があるように思います。

一つは，常識に誤りがあったとき，それを正し，より確かな事実と論理を人々に提供するためです。「常識」はみんながそう考えているというだけで，事実としては誤っている可能性もあるため，統計学の方法を駆使して要素間の関係を明らかにしたり，人々からは見えにくい事実を地道な参与観察調査を通して暴き出したりすることで，人々に判断材料となるより確かな事実と論理を提供することも，社会学の重要な役割なのです。いわば社会のお医者さんといえるでしょう。

しかし，また一方で「常識」には真／偽で判断できないものもあります。たとえば，「人々がなんとなく従っているルールやマナー」「人々が社会についてなんとなく持っているイメージ」などです。社会学者は，なぜそれが「常識」になったのか，なぜ人々がそれにすすんで従っているのかを考えます。そのことで，集団にとっての意外なデメリットや，不利益を被っている人々の存在を明らかにできると考えるからです。これが二つ目の目的です。ここから「常識」を変える手がかりも得られるかもしれません。しかし仮に変えることができなくても，その「常識」を「説明」することは重要な意味を持つと私は考えます。なぜそんなに「説明」することが大事なのでしょうか。次の項で事例から考えてみましょう。

(2) AI 時代の到来

冒頭で，社会学は「社会の仕組みを明らかにする学問」だと簡単に定義しました。「社会の仕組み」が明らかになれば，社会がこれからどう変化するか予測をすることもできそうです。これから起こる社会の変化を予測できれば，それは私たちが判断や選択をするときの役に立つでしょう。実際，現実に存在する様々な要因を結びつけて社会の仕組みを考える社会学は，今でもそうした役割を期待されることがあります。しかし，単純に未来を予測する，という能力において，今は強力なライバルが出現しています。AI（人工知能）です。とくに今世紀に入ってから，ビッグデータと呼ばれる人間には処理しきれないような膨大なデータを，コンピュータに学習させるディープラーニングの技術が発達したことで，AI は爆発的な進化を遂げました。これにより，たとえばどの地域で犯罪が起こるかといったことや，予測が困難といわれていた気象なども，かなり正確に予測ができるようになってきているといいます。

2017 年にテレビで放送された「NHK スペシャル　人工知能 天使か悪魔か 2017」では，AI を搭載したタクシーが，指示された通りに普段は通らない道を走ってみると，見事に AI の予測が的中しそこにお客が待っていた，という様子を紹介していました。「100 年後に社会はどうなっているか」というようなざっくりとした予測は現実には難しいでしょうが，こうした目的や範囲を絞った予測においては，膨大な情報を処理できる AI が，すでに人間の経験や勘を上回りつつあるのかもしれません。

もっと身近なところでいえば，私たちが Amazon で本を買ったり，Netflix でドラマを観たりすると，他の本やドラマが「あなたにおすすめ」と表示されることがありますね。これも AI がユーザーの属性や購買・視聴傾向を他のユーザーのそれと比較しながら分析することで可能となっているのです。さらに，Amazon 社は 2013 年に，「予測出荷」のシステムの特許を取得しています。これは，ユーザーが将来きっと注文するはずの商品を予測して，購入ボタンがクリックされる前に出荷してしまう，というものです。いまや，私たちが「これ欲しい」と欲望する前に，「あなたが欲しいものはこれですよね」と AI が教えてくれて，「そう，私はこれが欲しかったんだ」となる時代が実現しつつあるのです。

昭和生まれの私には，なんだかうすら寒いような現実ですが，そんな私もまたAmazonやNetflixのおすすめ機能をふだんなにげなく使っているので何もいえません。しかし，膨大にある選択肢のなかから，自分で決めなければならないとすれば，それはかなり負担であることもまた事実です。私たちがいま生きているのは，まさにそうした個人の選択の自由の幅が広すぎて，重荷にさえなっている社会なのです。今日はどの服を着て出かけよう，ランチには何を食べよう，という日常的な選択から，どの学校に進学しよう，何の仕事をしよう，誰と結婚しよう（そもそも結婚するかどうか）といった人生に関わるような比較的重要な選択まで，私たちはいつも悩まなければならないのです。もちろん，実際には経済的，能力的な理由で選択の幅も制限されるわけですが，他の選択肢を望むこと自体は原理的に可能ですし，かつての前近代社会よりは確実に選択の幅は広がっています。

前近代社会においては，たとえば伝統や宗教といったものが，私たちがどう生きるべきかを規定して自由を制限していたのです。ただよく考えてみれば，そうした規定・制限は，「村の長老が決めた相手と結婚しておけば間違いない」「神の御心にかなう行いをしていれば天国に行ける」といったように，その時代，社会なりの「正解」を人々に提示してくれていたともいえます。自由な選択をしたら必ずその結果への責任を引き受けなければならないと考えている現代人からすれば，むしろそうやって「決めてくれる」社会にほんの少しの羨ましささえ感じるかもしれません。そんないま，AIが示してくれる「正解」は，私たちにとっての福音となるのかもしれません。

……と書いてはみましたが，私自身が本当にそう考えているわけではありません。ただひたすら伝統や宗教に従ってのみ生きることと同様の問題が，AIに関してもいえるからです。それは，AIが答えを導き出すまでのプロセスが「ブラックボックス」（中身の見えない箱）である，ということです。AIは膨大なデータを処理して，特定の手続きに従って答えを出すのですが，それは人間に理解可能なかたちで「なぜそうなるのか」を「説明」してくれるものではありません。

ここで前項の終わりに提起したのと同じ問いに行き当たります。「説明」ができないと，何が問題なのでしょうか。自動運転技術の例で考えてみましょう。AIによる自動運転技術は，もうかなり実用化に近いところまできていますが，万が一事故が起こってしまったとします。それがもともと自動運転技術に組み込まれたプログラムやシステムの欠陥によるのだとしたら，事故の責任はプログラムやシステムの製作者だといえるかもしれません。しかし，AI が実際に運転をするなかで学習したデータに基づいて行なった操作がその事故の原因だったらどうでしょうか。たとえばブレーキを踏むのがなぜ遅かったのか，といったとき，人間であれば，「不注意」とか「判断の遅れ」ということができますが，AI の場合は膨大なデータを処理し学習した結果としてその判断が行なわれているので，具体的に何がその決定的原因だったのかを特定することはきわめて困難になってしまうのです。

社会のなかの出来事は，実際のところ様々な要因が複雑に絡まりあって起こります。人間はその原因や影響要因を把握することで，起こりうる問題を防いだり，世の中をよりよいものにしようとしたりします。そして，その原因が人間の判断や選択によるものであった場合，そこに人間の「責任」というものを見出そうとするのです。つまり，社会のあり方に対して何らかの「責任」を持つ人間を要素として，この社会は成り立っているのであり，「説明」はそうした社会のあり方を支えているのです。しかし，AI が公道における運転者のように，社会の一員として判断・選択をするようになったとき，こうした社会のあり方は根本的な見直しをしなければならないかもしれません。

(3)「説明」することへのこだわり――人間らしく，自由でいるために

以上のような回り道を経て，社会学（者）がなぜ「常識」や社会を説明しようとするのか，そのことに何の意味があるのかということを考えてみたいと思います。すでに触れた通り，私たちを取り巻く社会は様々な要素が絡み合ってできています。そしてそのなかには私の判断や選択が大きな影響を与えるものもあれば，ほとんど与えないものもあります。これを「説明」することは，そのなかのいくつかの要素を取り出して，（自分や他人にとって）意味あるつながり（＝物語？）を作り出すことといえます。AI であれば，そこに関係するあらゆる情報を同時的に処理して，結論を導き出すわけですが，人間の場合は限られた情報を選び取り，「原因と結果」のような時間的な枠組みでそれらを論理的に結び合わせます。その過程で，私たちは何がどこまで自分の判断や選択によるものなのかを峻別することにもなるでしょう。それはつまるところ，自分が責任を負うことと，負わないことを峻別するということでもあります。

ただそう考えると，責任はとりたくないから，自分には何の選択の自由などなく，すべて社会のせいだという主張（あるいは「すべて××の陰謀だ」という陰謀論）も出てきてしまうのでは，と思われるでしょう。たしかに，そういう説明は個人的には

成り立つかもしれません。しかし，他の人を納得させ，社会的な承認を得ることは難しいでしょう。結局のところ，他者に向けた社会的な営みとしての「説明」は，人々の間で相互チェックを受けるなかで，適度な均衡点に到達するのではないでしょうか。もっとも，つながりをどこまでたどるか，要素をどこまで細かくみるかによっても，「説明」の均衡点は一つとは限りません。ですから，「説明」の仕方には正解などは存在せず，常により妥当な説明を目指す試みには，究極的には終わりはないでしょう。

社会学というのは，後にご紹介する「グランド・セオリー」のように，かつては社会の仕組みの全体を余すところなく解き明かそうとしたこともあるのですが，今日の複雑さを極めた社会において，そうした全体的な理論というのは現実的ではなくなってきています。その結果，では社会学には何ができるのか，何をするのが目的なのか，というアイデンティティが見えにくくなっていました。ところが，先にみた通り，今や人間より高度な情報処理能力，分析能力を持ったAIが出現したことで，社会学（者）がすべき仕事はそうした社会全体の仕組みを解き明かすことではなく，あくまで人間にとって理解可能なかたちでの社会の「説明」の試みに実質的に絞り込まれた，といえるでしょう。もちろん，人間による社会の「説明」はおのずと限界があり，不十分なものですから，社会学者（人間）が人間を相手にする「説明」も，相手に合わせて，「納得」を目指して，常に更新され続けるしかないのです。

そしてこうした「説明」という社会的な営みは，人間が引き受けるべき責任の所在を，人々がお互いに納得できるかたちで探る試みでもあります。説明はできないけど，AIがそう判断した，ということに従うだけでは，伝統や神様のご託宣に黙って従っていたのとほとんど変わりがありません。それはつまり，責任を引き受けない代わりに，人間の自由を放棄することを意味するのです。私たちは「説明」を通して，引き受ける必要のない責任を拒絶することができるし，自分を取り巻く状況を改善する糸口がつかめるかもしれないし，最終的にはどの責任を引き受けるかを自分で決めることで，自らの自由・主体性の余地を確保することができるのです。

社会学が「常識」を疑い，なぜそれが常識なのか，なぜ人々はそれに従うのかを「説明」することは，それを変えていく糸口を提供してくれるかもしれないし，仮にそれが難しかったとしても，自分なりにその意味を理解して「責任」を引き受けて生きていく助けになるはずです。そうして自分で選んだ責任を主体的に引き受けることは，とりもなおさず人間が「社会の中で」自由に生きるということを意味するのではないでしょうか。つまり，社会学を学ぶ意義とは，私たちが社会の中で自由に生きるため，ということができるでしょう。

3　社会学前夜——マルクスと経済学

(1) 近代社会とは

さて，本書ではこうした目的意識から，過去の社会学者たちが自分を取り巻く社会を「説明」しようと試行錯誤してきた軌跡をたどっていくわけですが，その歴史はだいたい100年前から始まります。社会学は19世紀ヨーロッパで誕生し，20世紀アメリカを中心に発展した学問ですので，おのずとヨーロッパ，アメリカの社会学者の理論・学説の紹介が本書の中心になります。そうしたいわゆる外国の，100年も前の理論を学ぶ意味，それについてはすでに説明した通りですが，その理論が生まれた社会背景については，やはり私たちの生きている現代の日本とはかけ離れていますので，ピンときにくいかもしれません。ですので，本書では，社会学者たちが生きた社会・時代背景についても，できるだけしっかり説明していきたいと思います。基本的に世界史の復習ですが，世界史をちゃんと学んでいなかった人や苦手だった人にもわかりやすいように説明するつもりです。

というわけで，次章からマックス・ウェーバー，エミール・デュルケム，ゲオルク・ジンメルという，およそ100年前の社会学者から話は始まります。ですが，大事なことは，この社会学者たちもいきなり「現代」（彼らが生きていた「現代」なので私たちにとっての100年前）の社会について分析できたわけではなくて，やはり自分たちよりも前の時代との比較を必ずしているということです。私たちも，SNSの存在が現代社会の特徴だ，なんていうとき，SNSがない時代がどんなだったかを頭に思い描きますよね。同様に，ウェーバーたちも当時の社会の分析をするにあたって，以前の社会との比較をしたわけです。では，「以前の社会」とはどれくらい前までさかのぼったのでしょうか。ウェーバーは『古代ユダヤ教』という本で紀元前13世紀までさかのぼっていますが，それはちょっと極端で，基本的には彼らの時代よりおよそ100～200年前の社会と比較しています。

少し幅がありますが，だいたいその時期に何があったかというと，二つの大きな「革命」がありました。一つは，「産業革命」です。イギリスから始まった技術革新が，産業構造を変化させ，経済を大きく発展させました。そして，資本主義という経済システムが成立します。これによって，人々のライフスタイルが変化しただけでなく，人間関係も変化するのですが，それはまた後で詳しく説明することにしましょう。もう一つは，「市民革命」です。その代表的なものが，1789 年に勃発したフランス革命です。市民革命は，王や貴族による支配体制を打倒して，市民が自分たちのことを自分たちで決める世の中の仕組み＝市民社会を目指そうとする運動です。フランスでは，この動乱の規模が非常に大きく，ナポレオンが主導権を握る 1799 年までの 10 年の長きにわたって続きました。

もっとも，この革命の主体である「市民」が具体的にどんな人たちを指すのか，王や貴族を完全に倒してしまうか，存続させて形だけでも残すか，などの点で，国によって違いがあります。「産業革命」によって経済的な力をつけた人（ブルジョワジー）が，「市民革命」の主体となる「市民」の中核となる，というのがフランスやイギリスなどのパターンですが，まずは「市民革命のようなもの」を起こしてから，その後に「産業革命」に向かっていくというパターンもあります。たとえば日本の明治維新ですね。明治維新が市民革命といえるかどうかについては，これまた長い論争の歴史があるのですが，これに首を突っ込むと，とても紙幅が足りません（気になる人は，「日本資本主義論争」で調べてみてください）。ここではとりあえず，「市民革命」を，政治の仕組みが大きく変わり，有象無象のたくさんの人々＝**大衆**が世の中を動かす主体（主役）になった出来事，くらいに考えていただければよいと思います。

さて，こうして二つの革命を経て生まれた新しい社会のことを，一般に「**近代社会**」と呼びます。資本主義の発展によって人間関係も変化し，政治の仕組みも大衆という有象無象によって左右される，よくわからないものになりました。

ここで登場するのが，「社会学」（フランス語で sociologie，英語の sociology です）という言葉を普及させたオーギュスト・コントです。彼はフランス革命が終わろうとしている 1798 年という時代の端境期に生まれ，この近代社会の出現という大きな変化を目の当たりにして，そこに何らかの法則性を見出そうとしたのです。『実証哲学講義』という本の中で，彼は人間の精神が，宗教による神学的段階から，理性と論理による形而上学的段階，最後に観察に基づく科学による実証的段階へという三段階を経て発達すると考え，これを「**三段階の法則**」と呼びました。この三段階は，軍事的状態，法制的状態，産業的状態という社会のあり方にも対応しています。軍事的状態は軍人（王や貴族）と聖職者が中心となって征服を目的とする奴隷制社会ですが，法制的状態という過渡的中間期（たとえばフランス革命期の混乱）を経て，科学と産業によって動く産業的状態に至ります。この産業的状態においては，実証

図 序-1　オーギュスト・コント
（Auguste Comte）1798-1857

的な科学が社会を指導するというのです。実証的というのは，あくまで観察可能なものに基づくということで，学問も数学，天文学，物理学，化学，生物学の順で実証段階に到達し，最後に「社会学」が実証科学となる（はず）ということでした。

こうしてコントは産業社会に対応した実証科学である「社会学」の出現を予見したのですが，自身は色々あって「人類教」という宗教を作ってしまうというおかしな方向に行ってしまいます。このあたりの経緯はあまり突っ込んでも後の社会学の説明につながらないので，興味がある人は調べてみてください。いずれにせよ，コントは近代社会について考える「社会学」という言葉を作り，実証科学としての構想は示したわけです。その中身については，次の世代に託されたということです。

さて，現代の私たちも，実はこのコントが目の当たりにした「近代社会」の延長線上にいます。社会学の歴史は大体100年といいましたが，その100年前の社会学者たちは，まさにこうした近代社会の誕生の少し後に生まれて，これから社会はどうなっていくのだろうと考えていたわけです。つまり社会学というのは，「近代社会」の学として誕生したのです。

(2)　マルクスから社会学へ

社会学誕生の背景について説明するにあたり，もう一人，紹介しておきたい人物がいます。哲学者で経済学者のカール・マルクスです。近代社会では，資本主義の成立にともない，経済学が大いに発展します（古典派経済学）。そのなかで，アダム・スミスという経済学者は，この資本主義経済のもとでさかんに取引が行なわれることで，富は自然と社会全体に行き渡る（はず）と考えました（「見えざる手」って学校で習うやつですね）。しかしながら，現実はそうなりませんでした。劣悪な環境の炭鉱で働く女性や子供の絵を，教科書などで見たことがある人も多いと思います。近代に入って資本主義経済のもとでも，そうやって苦しみながら働く人々がいる一方で，楽をして裕福な暮らしをする人々もいたわけです。なぜこのようなことが起こったのでしょうか。

マルクスはまさにこういう問題意識を持って，資本主義についての分析を行なっ

図 序-2　カール・マルクス
（Karl Marx）1818-1883

た人です。**資本主義**とは，（土地や機械などの）生産手段を所有する資本家が，生産手段を持たない労働者に賃金を払って働かせ，作った商品を市場で売って，利潤（もうけ）を獲得するという経済の仕組みです。現代の日本を含め多くの国や地域が採用しているので，みなさんはあたりまえのことじゃないかと思われるかもしれませんね。しかしその「あたりまえ」も，近代になって成立したもので，それまでの時代とは世の中を一変させてしまいました。お金でものを売り買いする仕組み自体は，それ以前の時代からあるわけですが，ポイントは労働力を金で買う（労働者を雇って賃金を払う）点です。奴隷として働かせるわけでもなく，生活を共にする家族や親戚で一緒に働くわけでもなく，カネを通じた人間関係が基本となります。対価を払っているので，一見フェアな関係にもみえますが，とくに最初の頃の資本主義には大きな問題がありました。

そもそも，資本主義の社会では，売れる商品を安くたくさん生産する（そして売る）のが成功（もうけ）への近道です。そのためには，工場や大農場のようななるべく大きな設備（生産手段）を持っている（そんな人たちを資本家といいます）と有利ですが，誰もがそんなものを持っているわけではありません。すると，「生産手段」を持たない人たちは，自分の身体を使って「労働力」を売るしかないわけです（労働者）。ここで，資本家が生産コストを減らすために，労働者の賃金を下げる，といったらどうでしょう。資本家からすれば，競争相手に勝つためには同じものをより安く生産する必要があります。しかし賃金を下げられては，労働者は生活が成り立たなくなってしまうかもしれません。賃金カットに不満をもらしたら，「あなたじゃなくても，他に人はいるから」とクビになってしまうかもしれません。実は資本家に対して，労働者の方はきわめて不利な弱い立場に置かれているのです。

こうした不均衡な関係を前提として，資本家はもうけのために，ますます労働力の価値を切り詰めようとするでしょう。つまり，賃金をカットしたり，同じ賃金でも労働時間内にもっと労働者に無理をさせたり（安全管理を怠るとか，高いノルマを課すとか）するわけです。こうやって不均衡な関係を利用して不当な利益を得ることを，「搾取」といいます。こうした現象が起こるので，資本主義のもとで貧富の差はなくなるどころか，余計拡大してしまうのです。

マルクスは，以上のように資本主義を分析した上で，未来の予測までします。すなわち，資本家と労働者の関係性が固定化して，人々は一にぎりの**資本家階級（ブルジョワジー）**と大多数の**労働者階級（プロレタリアート）**に分裂し，敵対する（階級闘争）。そして最終的には，大多数のプロレタリアートが勝利し，プロレタリアート革命が起こる（ブルジョワジーが独占していた財産（生産手段を含む）を「みんなのもの」とする共産主義社会が出現する）と考えたのです。もっとも，現代の私たちは，そういう共産主義社会の出現を目にしていませんし，それを国の経済制度として採用した社会主義国も決して多くないということを知っています。しかし，こうしたマルクスの考えは，20世紀の後半に入るくらいまで，かなりリアリティを持ったものとして，世界中に影響力を持つものとなったのです。

そこでようやく「社会学の歴史」に入ります。マルクスの考えをまとめた『資本論』の第一部が刊行されたのが1867年。これからご説明するウェーバー，デュルケム，ジンメルでさえまだ小さい子どもの頃です。「社会学」という学問がまだちゃんとした枠組みを持っていなかったこの当時，彼らはマルクスの「社会理論」にも大きく影響を受けながら，経済学とは異なる，社会学という学問を形作っていきます。ごく簡単にまとめてしまえば，彼ら社会学者は，社会は経済だけでなく，人間の主観的な意識や感情，観念，人と人との関わり合いなどが複雑に絡まりあって動いていくものだ，と考えたのです。

ただ，「複雑」といっても，何か手がかりがなければ，社会の分析はできません。手がかりは，ウェーバー，デュルケム，そしてジンメルという三人の社会学者の思考の中にあります。本書では，それを便宜的に，行為論，構造論，そして相互作用論と呼び，各時代の社会学者たちが，自らを取り巻く社会を分析するために，この三つを組み合わせつつ発展させていったプロセスとして，社会学史をひもといていくことにします。

(3) 本書の構成

ここで本書全体の構成，これから展開される「説明」の見取り図を示しておきたいと思います。

まず，本書はここから先，四つのパートに分かれています。最初の三つ，第Ⅰ部～第Ⅲ部はそれぞれ三章で構成され，おおよそ100年前から現代に至る時間軸に沿って順番に進んでいきます。第Ⅰ部（第1～3章）では19世紀末から第一次大戦までの時代を「近代社会の確立と帝国主義の時代」，第Ⅱ部（第4～6章）では戦間期から1970年代までを「世界戦争とイデオロギー対立の時代」，第Ⅲ部（第7～9章）では21世紀の現在につながる1980年代以降を「近代社会の変質と多元化の時代」と位置づけて時代を区切ることにしました。各部の初めには，その時代区分の概要について簡単に説明する扉を設けています。

この時間軸に沿って，社会学の基本的な「考え方」である，行為論・構造論・相互作用論の流れをそれぞれ紹介します。ただし，時代が進むにつれこれらの考え方は絡み合っていきますから，行為論なら行為論だけを順番に紹介していくのではなく，第Ⅰ部では行為論1，構造論1，相互作用論1と一巡し，第Ⅱ部で再び行為論2，構造論2，相互作用論2という具合に，らせん状に進んでいきます。

なお，第Ⅰ部と第Ⅱ部，第Ⅱ部と第Ⅲ部の間には，幕間（インターミッション）として，時代背景や社会学の考え方についてより理解を深めてもらうための章を設けています。先ほど第Ⅱ部は「世界戦争とイデオロギー対立」と位置づけましたが，ここにあるイデオロギーという言葉が三つの時代を区分し，二つの幕間に関わるキーワードになります。

こうして現代まで社会学の歴史をたどった後で，第Ⅳ部は「社会学理論の展開」としています。時代区分は第Ⅲ部と重なりますが，ここでは現時点での社会学理論の到達点といえるブルデューとルーマンの理論（第10章），そこからさらに社会学の可能性を広げつつあるフーコーの理論などを紹介します（第11章）。そして終章では，行為論，構造論，相互作用論の絡まり合いの果てで，社会学はずっとその思考の土台にしていたはずの「人間」や「社会」というものを根本的に問い直そうとするところまできているのですが，それでもなお，社会学はその同一性（アイデンティティ）を保ち続けることはできるのか，ということを考えたいと思います。

なお，各章末には，もっと詳しく知りたい方のために，文献案内を付けました。基本的に，大学の学部生レベルで読めそうなもので，文庫や新書など手に取りやすそうなものを挙げていますので，参考にしてください。

こうした時代区分をして，様々な社会学者や社会学理論の背景を説明するのは，やはりその時代を生きた生身の社会学者たちが，どのようなことを問題だと考え，先人たちが社会について考えてきたことをどのように受け止めながら，自分の目の前の問題について考えてきたのかという思考の軌跡を示すためです。みなさんにとっては，こうした社会学者たちが生きた時代は自分たちが生きている時代とは異なる過去のことで，関係がないと思うかもしれませんが，大事なのは自分が生きている時代をどのように捉え，どのように考えていくかという考え方であり，その技《わざ》を盗むことです。

「～という学者が～という理論を唱えた」なんて情報そのものは，あくまでその技のパッケージにつけられたラベルに過ぎませんので，テストが終われば忘れても構わないのですが，そこに込められた先人たちの考え方，悩み方は，現代を生きるみなさんにもヒントを与えてくれるはずです。

これでようやく，社会学の歴史の旅の準備は調いました。次章からいよいよ，社会学の迷宮に迷い込んでいきましょう。

文献案内

① 奥村隆, 2014,『社会学の歴史Ⅰ――社会という謎の系譜』有斐閣.

② 玉野和志編, 2016,『ブリッジブック社会学　第2版』信山社.

③ 西村大志・松浦雄介編, 2016,『映画は社会学する』法律文化社.

④ 竹内洋, 2008,『社会学の名著30』(ちくま新書), 筑摩書房.

⑤ 竹沢尚一郎, 2010,『社会とは何か――システムからプロセスへ』(中公新書), 中央公論新社.

社会学の概論的な教科書としては，「～社会学」の領域ごとに整理された領域紹介型，より読者に寄り添ったトピック型やキーワード型など様々なタイプのものがありますが，ここでは本書と同じ社会学史型のもので，執筆にあたっても大いに参考にしたものとして，①②をお薦めします。

①は社会背景＋人物史＋理論が章ごとに比較的コンパクトにまとまっていて，読み物としても非常に読みやすいです。ただし，本書刊行時点では全16章のうち9章以降にあたる「Ⅱ」が未刊であり，20世紀後半の社会学史についてはまだカバーされていません。②は「社会学者の数だけ社会学がある」という説をきっぱりと否定し，ウェーバー＋デュルケム＋ジンメル（＋マルクス）に社会学の発想は尽きるという明確なスタンスをとっている点で，やはり非常に読みやすく説得力があります。

社会学史型の教科書の中には，複数の研究者が分担して執筆しているタイプもかなりありますが，そうしたものは一貫した社会学「史観」が見えにくく，読みづらいことも多いです（②も複数の執筆者によるものですが，全体のほぼ半分を一人の編者が執筆している点で例外といえます)。そのため，まずは社会学の面白さを知るための入門としてトピック型やキーワード型のものに触れ，その後で社会学の全体像を知りたい場合はなるべく一人の執筆者による社会学史の本を読むのがよいでしょう。ただそれでも，一人の執筆者で広大な領域を十分な質で解説しきることは難しいので，より正確かつ詳しく知りたくなったら，やはり複数の執筆者が分担しているものや，個別領域の教科書に進むのがよいでしょう。

以上は社会学史型の教科書でしたが，キーワード型のものとして一つご紹介するなら，③です。変なタイトルの本ですが，社会学の20の基礎理論や考え方を4～5本の映画を手がかりにしながら解説するものです。私も「消費社会論（J・ボードリヤール）」の章を担当していますが，たんに映画好きという人が読んでも，社会学を学ぶとこんな見かたができるのか，という発見があること請け合いです。

本書の終章でも，紹介した社会学者による原著を読むことをお勧めしましたが，④はそのガイドになります。本書で触れていない社会学者や本もありますが，そこからもまた社会学の裾野の広さが感じられるはずです。⑤は人類学者による本ですが，17世紀ヨーロッパにさかのぼって「社会」という概念の思想的なルーツを説明してくれています。社会学という学問の背景にある「思想」について考える上でも大いに参考になります。

第Ⅰ部　近代社会の確立と帝国主義の時代

第Ⅰ部では，社会学の基本の考え方である，行為論，構造論，相互作用論の源流となったマックス・ウェーバー，エミール・デュルケム，ゲオルク・ジンメルについて紹介します。この3人はほぼ同世代で，19世紀後半の西ヨーロッパで生まれ，ちょうど第一次世界大戦（1914～18年）が終わる前後に亡くなっています。

この時代は，世界史的には帝国主義の時代として特徴づけることができます。強大な軍事力を背景に広大な領土を支配する「帝国」は，これ以前の時代にも存在しましたが，とくに19世紀末以降，産業革命を経た国々が，発展途上諸国を植民地として支配するようになりました。植民地は，資源や労働力の収奪の対象であり，またそれによって作られた工業製品を売りつける対象でもあったのです。イギリス，フランス，ドイツ，ロシア，アメリカなどの列強諸国は，世界各地で植民地の獲得を競い合いました。

こうした列強諸国は，比較的早くに国家の統合や工業化を推し進めたのですが，必ずしもその社会は安定したものではありませんでした。急激な工業化や都市化によって，人々のライフスタイルは大きく変化しました。とくに地域社会や宗教的な共同体の結びつきが弱まる一方で，資本家と労働者の対立は深まっていきました。このように，国自体は政治的に統合されたとはいえ，社会の統合はまだまだ葛藤や動揺を含んでいたといえます。

こうした時代背景において，ドイツ帝国では，ウェーバーが「社会」はどこに向かっているのか展望し，ジンメルが「社会」を作り出す人々の営みを見つめ，第三共和政フランスでは，デュルケムが「社会」の統合はいかにして可能かを追究したのです。

第1章

社会は行為でできている（行為論1）

1　ウェーバーとその時代

(1)「社会学」の枠組みを作った人①

この章では，いま私たちが「社会学」と呼んでいる学問のベースの部分を作った人の一人である，マックス・ウェーバーという社会学者について紹介します。写真をごらんいただくとわかる通り，非常にこわい顔のおじさんです。いかにも「学者」っていう感じですね。

社会学者としてはもちろん，政治学者，経済学者としても非常に重要な業績を残している人です。こういうことを言うと，「へえ，社会学だけでなくて経済学や政治学まで究めているなんてすごいな」なんて思ったり，「結局，ウェーバーは社会学者なんですか，経済学者なんですか」とか質問したりする人がよくいます。実際，この人はすごい人なんですが，注意が必要なのは，いま私たちが「社会学」だとか「経済学」だとかいっている学問の枠組みというのは，あくまで現在の視点で考えられているものだということです。

ウェーバーは初めにベルリン大学で教えていたときはローマ法など法律の講義を担当していましたし，フライブルク大学には経済学の教授として行っています。その時点では，「社会学」という学問はまだ大学で教えられる学問としてしっかりした枠組みを持っていなかったわけです。ですから，あたりまえですが，ウェーバーは現在の私たちのように，教科書を読んで「社会学」を勉強したわけではなく，法律や経済や歴史，そして哲学の知識や研究を通して，現在の私たちが「社会学」として学ぶ学問の枠組みを作っていったわけです。

(2) 歴史学と社会学

図 1-1　マックス・ウェーバー
（Max Weber）1864-1920

そこで，ウェーバーが書いている『歴史学の方法』という本について紹介しておきましょう。この本は歴史学者のエドワルト・マイヤーという人とウェーバーが行なった論争が元になっています。序章で，コントが「実証科学」として社会学を構想したときいて，違和感を持った人はいませんか。社会学が学べる学科は，だいたい「文系」の学部にあります。かくいう私も「文学部」で社会学を学びました。このマイヤーという人は，そんな雑な理由ではありませんが，歴史学は「科学」ではない，という立場でした。もう少し詳しくいうと，科学というのは何らかの仮説を立てて，繰り返し実験をして，同じ結果が繰り返し得られたら，どうやらその仮説は確からしいと考え，法則として明らかにするものです。歴史では，そんな法則のように繰り返し同じ結果が得られるようなことはありません。つまり，歴史上，まったく同じ出来事が起こることはありません。だから，歴史学は科学ではないとマイヤーは主張したのです。

それに対して，ウェーバーは歴史学は自然科学ではないけれど，社会科学だと主張します。たしかに物理学や化学のような自然科学とは違うけれど，科学は科学だと。科学の科学たるゆえんは，仮説を立てて，確かめて（実験して），その結果・事実に基づいて法則性を見つける，というものでした。

「歴史は繰り返す」なんて言葉がありますが，本当にまったく同じ人が違う時代に存在して，まったく同じことをしたりすることはあり得ないわけです。ただこの言葉の真意はそんなことではなくて，もっとシンプルなことです。まったく勉強をしないで試験を受けたら単位を落とした，だから次も同じようにしたらおそらく単位を落とすだろう，と私たちは経験から学びます。そしてそれは違う授業でも同じだろうと考えます。もちろん，みなさんもよく知っているように，なかには楽勝で単位がとれる授業もあり，勉強しないでも試験でいい点がとれてしまうような賢い人もたまにいるわけです。ただ，みんながそうではないし，すべてについてそういう甘い見込みでいると痛い目を見るかもしれない。だから，「勉強をしないと単位を落とす」は自然科学的な意味では「法則」ではないけれど，一定の意味はある事実なわけです。そういうざっくりした前提から，では今度は「どういう先生の授業なら，勉強をしないでも単位がとれる」だろうか，というパターンを先輩の情報から学んだりして，より確からしい分析・判断を目指していくわけです。

ウェーバーの目指すところもまさにこれです。歴史学は，歴史から自然科学のいうような法則性を発見して，未来を見事に予知したりするような大胆なものではありません。しかし，ある程度「パターン」のようなものがわかるだけでも，私たちはよりましな選択ができるかもしれない。もちろん，「パターン」といってもあまりに感覚的な，思い込みによるものであってはいけません。だから，多くの人にとって説得力のある，納得できるレベルで，根拠に基づいて論理的なパターン，モデルを組み立てていくのです。それは歴史の「真理」というにはほど遠いものだけど，その点は他の人がまた別の根拠を持ち出したり，もっと説得力のある解釈をしたりすることで段々ブラッシュアップされればいいのです。

本書でも後々触れますが，この点で社会科学も自然科学も同じ科学なのです。科学は「真理」を追究しますが，決して真理そのものを提示するものではありません。むしろ，「今のところとりあえず」真理に近そうなことを提示するだけで，批判される余地があるからこそ「科学的」なのです。もし科学が真理にたどり着いてしまったら，誰もそれを疑い，批判することがなくなったら，もうそれは「宗教」といった方がよいでしょう。ちゃんと批判を受け付けるから，「科学」なのです。批判は「悪口」ではなく，科学に欠かせないものなのです。

話を戻すと，ウェーバーの考える歴史学，社会科学とは，人が社会について何か判断する際に有益なパターンやモデルを作り出す学問です。ただ，モデル化する以上，細かい具体的な事柄は削ぎ落されます。それを是とするか非とするかが，マイヤーとウェーバーの論争の一つのポイントだったわけです。現代の歴史学のなかにも，この両方の立場がありますが，ウェーバーはどちらかというと思い切ったモデル化を目指しました。これは，どちらが正しいというものではありません。詳細な事実も大事だし，そこからざっくりした見取り図（モデル）を作ることで見えてくることもあるのです。

「社会学」も「歴史学」も，そして「法律学」も「経済学」も「政治学」も「心理学」も，それぞれ目的が違ったり，得意とする方法が違ったりするだけで，お互いに影響を与え合い，支え合っています。ですので，みなさんも大学では，「社会学」にせよなんにせよ，自分が主に学ぶ学問分野以外のものもしっかり学んでください。社会学だけをみていても，社会学の説明はできません。心理学だとか，他の学問も学んで初めて，「こういうところは重なっているな」とか，「こういうところが違うな」ということに気がつきます。実は科学としては重なっている部分がたくさんあります。そして，違っているわずかなところが，その学問分野にとって決定的に重要なところだといえるのです。

(3) ウェーバーの生きた時代

では，マックス・ウェーバーの紹介に入ります。彼は19世紀の後半に生まれ，今からちょうど100年くらい前に亡くなりました。亡くなった原因は「スペイン風邪」による肺炎です。ちょうど第一次世界大戦が終わる年から世界的に流行し，この戦争よりも多くの人，およそ１億人もの人が亡くなったといわれています。

それはさておき。ウェーバーが生まれたのは「プロイセン王国」です。よく，「ドイツの社会学者」と紹介され，それも決して間違いではないのですが，実はウェーバーが生まれた時点では「ドイツ」という「国」は存在しません。かつてヨーロッパにあったフランク王国が分裂して，９世紀から10世紀にかけて成立した東フランク王国が「ドイツ王国」と（後の時代になってから）呼ばれたことはありました。また，16世紀にもこの辺りにあった「神聖ローマ帝国」が「ドイツ国民の神聖ローマ帝国」と称したこともありました。しかし，実態としては，ドイツというのは，なんとなくこの辺りを指す名前でしかなく，「神聖ローマ帝国」の時代も，いくつもの王国や都市などがモザイク状に集まっただけの状態で，いま現在私たちが「国」としてイメージするものとはかけ離れていたのです。

「ドイツ」という一つの「国」のかたちをなす重大な契機がありました。それは，この「ドイツ」のあたりにあったプロイセン王国が，隣のフランス帝国と戦争（普仏戦争）して勝利したことです。フランス帝国は当時非常に強大な国でしたから，これを自力で倒したプロイセンは「ドイツ」にあった国のなかでも大きなリーダーシップを勝ち取ることになります。その結果として，「ドイツ」のあたりにあった国々が，プロイセン国王を皇帝としていただく「ドイツ帝国」としてまとまったわけです。とはいえ，この「ドイツ帝国」には，「ドイツ語」を公用語とする有力な勢力の一つであるオーストリア帝国は加わっていませんでしたし，一方プロイセンは「ドイツ」としてはむしろ辺境（現在のポーランド北部からリトアニアの一部も含む）でしたので，（ドイツ語を話す人たちという意味での）「ドイツ人」がすべて「ドイツ帝国」にまとまった，というわけではなかったのです。

こんな細かいことをわざわざ説明したのは，そもそも「国」というものに関しても私たちの「常識」がいつでもどこでも通用するわけではない，ということを確認したかったためです。共通の言語や文化を持つ人間集団（民族）の広がりと国家が支配する地理的領域が一致すべき，という「国民国家」の考え方は，フランス革命以降の近代社会において世界中に拡大していきました。しかし実際には，そうした民族の広がりと国家の地理的領域が「一致しない」ことの方がむしろ多かったからこそ，近代国家は様々な問題を抱えこむことになったのです。このことは近代史を理解する上で非常に重要で，本書でもたびたび触れることになりますので覚えておいて下さい。

さて，この普仏戦争の勝利，そしてその後のドイツ帝国の繁栄を支えたのが，プロイセン王国の首相ビスマルクです。日本でも初代首相の伊藤博文が「日本のビスマルク」なんていわれますが，その元ネタです。中断を挟みつつも四半世紀にわたって首相の地位にいたこのビスマルクは，「鉄血政策」といわれる，鉄（武器）と血（兵士）に象徴されるような富国強兵策を推し進めます。しかしビスマルクの真骨頂は，戦争よりも外交において発揮されます。俗に「ビスマルク外交」といい，敵の敵を同盟関係に引き込んだりすることで，ヨーロッパのきわめて微妙で複雑な均衡状態を一時的に作り出し，戦争をしなくても国を守れるようにしたわけです（この辺の話は近代世界史でもとくに面白いところで，社会学の本だということを忘れそうになるのでこのへんで）。そのなかでプロイセン，そしてドイツは急速に発展が進み，工業化が進行します。

しかし，このビスマルクが皇帝とケンカして1890年に辞任してしまったあたりから，この複雑にして微妙な「ビスマルク体制」が崩壊し始め，第一次世界大戦が勃発，ドイツは敗戦して帝政も崩壊してしまうわけです。マックス・ウェーバーが大学で教え始め，社会学という学問の基礎を作り始める時期は，まさにこの「ビスマルク後」のドイツでした。のちにウェーバーはドイツ帝国を「ビスマルクの作品」だと評しつつも，ドイツ国民がそのリーダーシップ頼みで主体性を失ってしまったことを問題視していました。ウェーバーが，歴史から何らかの法則性を見出そうとし，社会が宗教や経済と関わり合いながらどのように成り立っているのかを考え始めたのは，まさにこうした先の見えない，危機の時代だったのです。

2　理解社会学と行為の4類型

(1) 行為論と社会的行為

マックス・ウェーバーが社会学の枠組みを作ったと紹介しましたが，その具体的な中身を見ていきましょう。社会学の枠組みについては，この章で紹介するウェーバーと，後の章でデュルケム，ジンメルのことを紹介しますが，この三人が基本となる三つの流れを作り出し，それが絡み合いながらおおよそ現在の社会学のかたちが出来ていきました。その一つ目が「行為論」というものです。これは社会を構成する個人，その行為を要素として，社会を説明しようとするものです。

ウェーバーの死後，残された資料を基に出版された『社会学の根本概念』（あるいは『基礎概念』）は，彼の社会学の定義や基本的な考え方が簡潔にまとめられた本です。翻訳は古いですが，薄い文庫本ですぐ読めますので，社会学を学ぶ人には手元に一冊，あった方がいい本です。それによると，「「社会学」という言葉は，……社会的行為を解釈によって理解するという方法で社会的行為の過程および結果を因果的に説明しようとする科学を指す」と説明されています。

短いながら色んなキーワードが入っていますので，かみしめながら何回も読んでみましょう。まず前半，「社会的行為を解釈によって理解するという方法」ですが，社会学が何に注目するのか，ストレートに述べられています。それは「**社会的行為**」です。ここでいう「行為」というのは，主観的な意味や意図を持つ行動のことで，主観的な意味とは思念された意味ともいわれます。そしてその行為が他者に関係づけられているとき，「社会的行為」と呼ばれます。たとえば一人で瞑想する，なんていうのは他者に関係づけられているわけではないので，「社会的行為」ではありません。しかし後でみるように，実際にはかなり多くの行為が社会的行為といえます。その社会的行為を「解釈によって理解する」とは，具体的には，行為を引き起こした主観的な意味や思念，つまり動機を理解するということです。このことから，ウェーバーの社会学の特徴は「**理解社会学**」と呼ばれることがあります。

ここまでわかれば後半はそんなに難しくはありません。「社会的行為の過程および結果を因果的に説明しようとする科学」というのは，つまりなぜそんな行為をしたのか，どうしてそんなことになったのかを，原因と結果と結びつけて説明するということです。最後に「科学」といっていますね。これは本章第１節で説明したように，自然科学のような科学と基本は一緒ですが，厳密なところまで一緒というわけではなくて，あくまで複雑な社会現象の細部は削ぎ落してモデルを作り，まずはざっくりした大枠を捉えようという，そういう科学，社会科学です。

自然科学と比べると「いいかげん」で「あいまい」なように感じるかもしれませんが，考えてみればそれぞれに人と人が関わり合う世界＝社会で起こることは，ノイズを排除した実験室の中のようにはいきません。複雑なものは複雑なまま立ち現れているわけですから，厳密にしようとし出せばきりがないし，少なくとも人間には処理しきれない膨大な情報を扱わなければならないわけです。しかしだからといって，きりがないからと諦めるのではなく，根拠に基づいて，論理的に，説得力のある関係性を見つけることを目指せば，それなりに意義のある法則のようなものを見つけることはちゃんとできるわけです。それが，社会科学です。いわば，自然科学が止まっている（止めた）的に向かって弾を撃つものだとすれば，社会科学は動いている的を自分も動きながら撃つような芸当なのです。ですので，その場その場でかなり臨機応変にならなければならないのですが，そんな芸当にも，きちんとコツはあるのです。

(2) 理念型と行為の４類型（その１）――合理的な行為

ウェーバーが使ったコツ，その技というのは，「**理念型**」というものです。これはここまで何度も出てきている，モデルとか，パターンといったものと思っていただければよいでしょう。実際社会のなかで起こる行為は本当に多種多様で，一つとして同じ行為はないし，その動機にしても，ちゃんと説明しようとすれば，一つひとつがその人の生い立ちや社会背景からすべて踏まえなければならないようなことだってあるかもしれません。ただ，そこまで厳密にしなくても，ある程度の方向性やパターンが同じものをまとめて一つと考え，それを元に説明を組み立てれば，結果的にもそれなりに妥当な理解・説明はできるのです。

ウェーバーは，社会的行為を四つのモデル，「理念型」に分類しました（図 1-2）。目的合理的行為，価値合理的行為，感情的行為，伝統的行為です。最初の**目的合理的行為**は，その名の通り，目的があって，それに向かって合理的・理性的に最短距離で進むような行為です。のどが渇いたから，水を飲む。単位が欲しいから，勉強する。金が欲しいから，働く。目的合理的行為です。ただ，ウェーバーの面白いところは，そうした合理的な行為にもう一つのタイプ，すなわち価値合理的行為を並べて置いたことです。**価値合理的行為**は，結果を度外視しても，その人の持っている価値（観）に従って，それに沿うように「合理的に」遂行される行為です。たとえば宗教的な信仰に基づく行為などがあてはまりますが，私たちにとって身近なものもたくさんあります。目的合理的に考えれば，（ばれない限り）カンニングした方がいい点がとれるかもしれない。しかし，カンニングはいけないことだ，という価値（観）に従って，私たちは単位を落としてしまうことだってあるかもしれない。よい点をとるという「目的」からすれば不合理なことに見えても，不正はすべきではないという価値（観）からすれば，きちんと説明は合理的に成り立っています。

目的合理的行為
価値合理的行為
伝統的行為
感情的行為

図 1-2　行為の 4 類型

ウェーバーによれば，経済学，少なくとも当時の経済学は，目的合理的に行為する人間を想定して学問の枠組みが作られています。そしてそれは，実際のところかなり妥当です。しかし，複雑な世の中，社会はそれだけで説明できるわけではない。そこでウェーバーは価値合理性，価値合理的という考え方をもってきたのです。彼が宗教というものに注目する理由の一つがここにあります。彼の言葉によれば，「人間の行為を直接に支配するものは，理念ではなくて利害である。しかし理念によって作られた「世界像」は，きわめてしばしば転轍手として軌道を決定し，そしてその軌道に沿って利害のダイナミクスが人間の行為を押し動かしてきた」というのです。

転轍《てんてつ》というのは，鉄道好きの人にはすぐわかると思いますが，鉄道などで車の通り道であるレールを切り替えることです。レールの上の車は基本的にレールに沿って走るわけですが，行先を変えたいときは，そこでレールを分岐させておき，つながっている部分を車が走る前に切り替えることで，車をまた違う方向へ進ませることができます。人の行為もこれに似ているというわけです。基本的に，人は損なことより得なことを選んで行為します。それが決められた「レール」です。しかし，ときには，その人の価値観や信念，ここでは理念が，目的合理性のレールを切り替え，別の選択をさせることがあるのです。

(3) 理念型と行為の 4 類型（その 2）――その他の社会的行為

残りの二つ。**感情的行為**。これはそのままですね。悲しいから，泣いた。むかついたから，殴った。それも社会に対して働きかける，影響を与える行為です。次に**伝統的行為**。これはこの「伝統的」（英語でも traditional）という言葉が一見わかりにくいのですが，身についた習慣・慣習によってしてしまう行為です。毎朝食事の後に歯をみがくのは，目的合理的にいえば虫歯にならないため，ともいえるかもしれませんが，「よし，虫歯にならないために，歯をみがくぞ」と毎朝考えて歯をみがいている人はあまり多くないと思います。多くの人は，習慣だから，寝ぼけていてもいつの間にか歯をみがいていると思います。そしてそれは，一見社会とは関係ないようにも見えますが，子どもの頃から食事の後は必ず歯をみがきなさいと親に言われたとか，学校でそう教育されたとか，文化的にその社会ではそうするものだとか，そういう根っこの部分で社会とつながっているのです。

私は学生の頃「なか卯」でバイトしていたのですが，お客さんが入って来ると「いらっしゃいませどうぞ」というのが体にしみこんでいたようです。だからバイトをやめてしばらくしてからも，自分が客として店に行ったとき，後から別の客が入店してくるとうっかり「いらっしゃいませどうぞ」と言ってしまいそうになった経験があります（実際言ったこともあって自分でも軽く引きました。店員も客もだれか他の店員が言ったんだと思ってスルーしたみたいですが）。これは客にいい印象をもってもらおうという目的合理性や，お客様は歓迎すべきであるという理念に基づいた価値合理性とは関係がない，ただの習慣です。「なか卯」という社会と私が強く結びつき，体にしみついていたから，言ってしまっただけなのです。

こんな具合に，私たちの社会的行為はモデル化できます。色々な行為を当てはめて考えてみると面白いと思います。ただ，そういうと必ず，「これこれの行為はどれに当てはまりますか？」と質問してくる人や，「実際はそんな単純に分けられない！」とクレーム（？）をつけてくる人がいるのですが，あくまでもこの４類型は単純化された理念型，モデルであることにご注意ください。厳密にどれに当てはまるか切り分けることよりも，こうしたざっくりとした行為の類型が組み合わさることで，社会というものがそれなりに説明できる，ということが大事なのです。

3　ミクロからマクロへ

(1)『プロテスタンティズムの倫理と資本主義の精神』

個人の社会的行為に注目する考え方は，ミクロ（微視的）社会学と呼ばれることがあります。一方，社会全体の構造や変動を扱うとすれば，それはマクロ（巨視的）社会学といいます。基本的に，個別の消費者や生産者を分析対象とするミクロ経済学と，国全体の経済活動を対象とするマクロ経済学の区別と同じです。近くで詳しくみるか，遠くから全体像を把握するかの違いです。とはいえ，経済の場合もそうであるように，社会もミクロとマクロはつながっています。ウェーバーはミクロ社会学の視点から出発しているともいえますが，その視線の先にはマクロな社会があります。ウェーバーの特徴は，このミクロからマクロへの大胆な（大胆過ぎる）飛躍にあるわけですが，その真骨頂が，『プロテスタンティズムの倫理と資本主義の精神』です。

この論文は，1904年から翌年にかけて雑誌で発表されて，後に本として出版されました。ウェーバーの代表作です。タイトルが長いので，よく『プロ倫』と略されます。出発点は，社会調査に基づいて明らかになった事実です。それは，ドイツの大企業の資本家や経営者には，キリスト教のプロテスタントの信仰を持つ人の比率が高い，ということでした。現代の感覚からいうと，宗教は「合理的」な科学の対極にあって，それを信じるような「非合理的」な人たちが，「合理的」（損得に敏感で無駄をしない）だからこそ成功していそうな資本家や経営者に多いのはなぜだろう，と疑問がわいてきます。

ウェーバーはまず，この一見受け入れがたい事実にまずはきちんと向き合い，これはどう解釈したら納得できる説明がつくだろう，と考えたわけです。ここが大事です。私たちは（科学者であっても），自分にとって都合の悪い事実からは目をそらしたくなってしまうものです。自分がきっとこうだろうと思っていても，そうであってほしいと思っても，実験結果がそれを否定するようなものばかりだったとき。もちろん，実験や調査のやり方が間違っていたり，その過程に何か問題があったりすることだってあります。それを疑うことも大事ですが，同時に，受け入れがたい事実が得られても，まずはそれを冷静に受け止め，なぜそうなるのかを考えることも科学的な態度として大事なのです。

ウェーバーはそこで，プロテスタントという信仰がどういうものなのか，その中身を，歴史をさかのぼりながら分析していくのです。そのなかで，実はプロテスタントの教義こそが，信者たちを禁欲的な労働に没頭させ，その意図せざる結果として資本主義の発達を促進させた，という説明にたどり着きます。

(2) プロテスタントと信仰の個人化

ところで，この『プロ倫』はウェーバーの代表作といわれてはいますが，キリスト教にあまりなじみのない日本の人には，どうもとっつきにくい本かもしれません。そこで，ちょっと世界史や倫理の勉強のおさらいをしておきましょう。まず，プロテスタントとは何でしょうか。「キリスト教には，カトリックとそこから分かれたプロテスタントという宗派（？）がある」「ルターという人がカトリックに反対して，プロテスタントを始めた」……。この辺が一般的な理解でしょうか。それは間違っている，とまではいいませんが，非常に不正確な理解です。まず，キリスト教については，いわゆるプロテスタントの流れが生まれるさらに500年前に，カトリック教会と現在のロシア正教などにつながる正教会に分裂しています。そして，プロテスタントという「宗派」はありません。カトリックというのは，現在でもローマ教皇（法王）を中心とした教会組織です。一方，プロテスタントは16世紀の宗教改革を端緒としている点や，後でみるいくつかの重要な特徴が共通していますが，ルーテル教会（ルター派）や改革派，会衆派，メソジスト，バプテストなどいろいろな教派があり，それらをカトリックの側からみて，ざっくりまとめてプロテスタントと呼んでいるのです。

さて，このプロテスタント誕生の一つの象徴的な出来事として，ルターのエピソードは非常に有名ですね。当時，一人の司祭であったマルティン・ルターは，教会が発行する贖宥状（いわゆる免罪符）の販売に疑問を覚えていました。キリスト教では，罪《つみ》を負ったまま死んだ人の魂は地獄に落ちて刑罰を受けることになります。キリスト教では，神の教えに背くような悪事を働くだけでなく，そうしようと思うだけでも罪ですし，善いことをできるのにしないことも罪です。しかも人は生まれながらにして罪を負っているという「原罪」なんていう考え方まであります。

また，近代に入るまでは，どの社会でも人の平均寿命というのはとても短く，病や戦争などによって人は常に死と隣り合わせで生きています。どんなに金持ちでも，権力を持っていても，死んだらどうなるのだろう，というのは，現代人の想像が及ばないくらい重大な関心事だったのです。

この二つのことを合わせるとどうでしょう。人はみんな罪人で，いつ死ぬかわからなくて，そのままでは地獄に落ちる。なんとしても地獄に落ちないで済むよう，必死になるわけです。そこで教会の登場です。人生のあらゆる節目で，毎週教会で，事あるごとに，罪を悔いて反省し，教会で神に代わってゆるしてもらうことができます。人の弱みに付け込んでいるように思うかもしれません。見ようによってはそうかもしれませんが，教会はそうやって人々の心を捉えつつ，何らかのルールを与えて，社会秩序を生み出す一つの仕組みと考えることもできるでしょう。ただ問題は，教会のなかにもこういう仕組みを悪用しようとする人が出てくることです。贖宥状というのは，罪のゆるしを金で買うというものだったのです。「贖宥状を購入して，コインが箱にチャリンと音を立てると，魂が天国へ飛び上がる」なんて言葉まであったのです。

ルターは今日残されている様々な情報からみるに，とても真面目な人です。贖宥状が乱発されている状況をみて，「こんなのおかしい！」と怒るわけです。おそらく，学校などでは，1517 年，怒ったルターが教会の門にこの贖宥状の発行を批判する「95 か条の論題」を貼りだしたのが，「宗教改革のはじまり」なんて聞いたことがある人もいるかもしれません。ですが近年では，これは後の時代の作り話と考えられています。そのときの教会とされるドイツのヴィッテンベルク城教会は，ユネスコの世界遺産にもなっており（「アイスレーベンとヴィッテンベルクにあるルター記念建造物群」），その門には本当に 95 か条の論題が掲示されているのですが，あれは観光客向けに作られたものだそうです。

では実際はどうだったのか。ルターは，まずこの文書を教会のえらい人（マインツの大司教）にラテン語で書いて送りました。ラテン語というのは当時庶民には読めませんでしたから，あくまで内部文書だったといえるでしょう。

ところが，返事がなかったので，今度はルターはその文書の写しを他の教会関係者にも送ったのですが，これも黙殺されました。しかしそれを，ルターの友人や賛同者が多くの人に読めるドイツ語に翻訳し，印刷業者に託したのです。これによって，ルターの告発文書は大量にコピーされて出回るようになります。教会の側も，最初は軽くあしらうつもりだったのが，事が大きくなってしまって火消しに必死になります。何しろ，教会がしていることが誤りだとなれば，教会の権威も揺らいでしまうからです。そしてルターも国中の注目を浴びるようになり，後にひけなくなります。そして，ルターはついに教会から破門されてしまいます。キリスト教社会では，破門されるというのは社会的な死を意味するくらい大変なことです。

しかし，教会の権威を邪魔に思っていた有力者もいて，そうした人たちがルターを助けてくれます。また，教会は政治的な支配者でもあったので，そうした教会の支配に不満を持つ貧しい農民たちも，とりあえずルターを支持することで教会への反抗勢力となります。ルターはそのような農民たちの動きを批判したのですが，もう止めることはできませんでした。

こうした教会の宗教的権威だけでなく，政治的権威のゆらぎをきっかけとして，教会批判を行なう勢力がいくつか生まれました。ルターは別にそれらを統合しようとしたわけではないのですが，結果的に，不本意なかたちで，教会権力にたてついた英雄のようなポジションに祭り上げられてしまったのです。そこからは泥沼の宗教戦争の時代です。とはいえ，ここまででおわかりの通り，宗教戦争とはいっても，その実は政治的な利害対立が絡んだ戦争です。宗教は（重要ではあるけれど）一つの要因に過ぎなかったということです。結局，1555 年のアウクスブルクの和議によっ

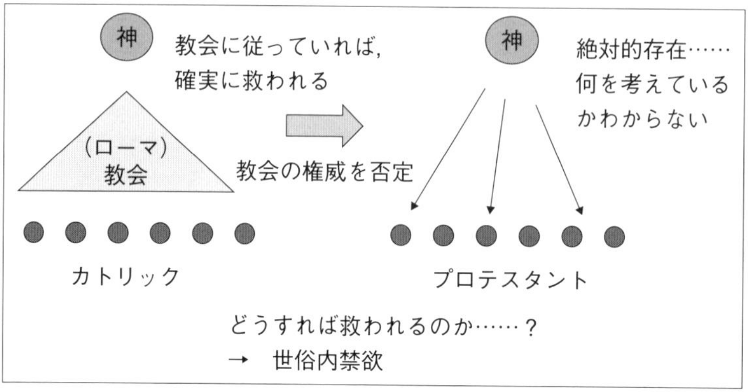

図 1-3　カトリックとプロテスタント

て，地方を治める有力者たちがカトリックとプロテスタント（ただしルター派に限る）のどちらかを選ぶ権利がとりあえず認められましたが，領民個人に信仰の選択の自由はありませんでした。

こうして既存の教会とは別の勢力となってしまったいくつかのグループは，元の教会を改革するのではなく，独自のアイデンティティを形づくるようになります。ルターは破門されてから，自分の身を保護してくれた有力者のもとで，聖書の翻訳に着手します。これはプロテスタントの諸教派にとっては，重要でした。それまでにも，聖書はユダヤ教と共通する旧約聖書（ユダヤ教は「新約」を認めていませんので，そもそも「旧約」のような言い方をしませんが）が主にヘブライ語，「救い主」イエスの時代以降の新約聖書が主にギリシア語で書かれており，それが教会内ではラテン語に翻訳されて決定版とされていました。さっきも触れた通り，ラテン語は教会内のエリートしか使えない言語です（教会の中でも，末端の司祭の多くは聖書を読むことができなかったともいわれています）。現代の感覚でいうと，宗教を広めようと思ったら，普通はその教典を色んな言語に翻訳して，たくさんの人に読んでもらうのがいいと考えられるでしょう。しかし，この時代まではそうではありませんでした。むしろ，聖書はわざとみんなが読めないようにしておくことで，そこに書かれた神の教えを知っている教会やエリートの権威を絶対的なものにしていたのです。逆にいえば，みんなが聖書を読めてしまうと，人によって色んな都合のよい「解釈」が生まれてしまって，収拾がつかなくなってしまうのです。こうした理由から，教会はむやみに聖書を色んな言語に翻訳することを，よくないこととして戒めていたのです。

しかし，ルターはそれをやってしまった。先ほどみたように，ルターは不本意ながら教会の権威を否定することになってしまったわけですが，そうすると，今度は信者たちは何をどうすれば罪がゆるされるのかわからず，きわめて不安な状況におかれることになります。そこで，ルターは聖書を民衆が読める言語に翻訳し，ちゃんと自分で神の教えを読んでみることを勧めました。ルター以降のプロテスタント諸教派もそうした特徴をおおむね共有しています。

とはいえ，それまで教会が神の教えを，噛んで含めるようにわかりやすく伝えてくれていた状態から，今度は自分で聖書を読んで自分で神の教えを学べといわれても，やはりそれはなかなか難しい相談です。仮に文字が読めたとしても，自分の解釈で合っているのか，やはり不安になります。解釈が間違っていれば，正しく生きることができず地獄に落ちてしまうわけですから，死ぬほど不安なわけです。その死ぬほど不安，に耐えているのは，現代の私たちにも共通しています。すなわち自由と個人主義の負の側面です。自分で自由に決められるということは，その結果を自分の責任として引き受けなければならないという不安と常にセットです。このことが現代を生きる私たちにとって大きな問題であることは，また後々第８章で説明しますが，その一つの原型ともいえるような事態が，この宗教改革の時代にすでに起こっていたのです。

(3)　世俗内禁欲と合理的生活態度

さて，これだけ回り道した上で，ようやくウェーバーの『プロ倫』の話に戻ってきました。ウェーバーは，プロテスタントの教義が，それが信者たちを禁欲的な労働に駆り立て，結果的に資本主義を発達させた，という説明を提示していました。それに先立って，ウェーバーはプロテスタントの諸教派の教義を一つひとつ検証していったわけですが，そこで注目したのがルターの「世俗内禁欲」という考え方でした。

世俗というのは普通の人々が暮らす世界ですが，その外，すなわち「世俗外」というのは，たとえば修道院や教会で毎日を祈りにささげるような世界です。こうした人びとは，神の教えるような禁欲的な生活を積極的に行なっており，それゆえに天国に近いところにいます。しかしながら，そうでない一般の多くの人々，すなわち世俗「内」で生きている人たちはそういうわけにはいきません。

では，どうすれば天国に近づけるのでしょうか。贖宥状……はダメといってしまったのでしたね。そこでルターは，「天職」という考え方を持ち出します。すなわち，世俗の世界のものであっても，その人の職業は神から与えられた義務だと考え，それに「禁欲的」にいそしむことは善いことだ，というものです。「禁欲的」に働くというのは，要するに自分の欲（利益）のために働くのではないということです。もちろん，その結果として（！），利益が得られるかもしれませんが，それも自分のために使うのではなく，寄付をしたり，他人のために使ったりしなさい，ということです。というわけで，救われたい人たちはまず自分の職業に一生懸命になります。

そして，これとはまた別に，プロテスタントには信者を禁欲的な労働に駆り立てる教義がありました。ルター派とは別の改革派という教派の基礎を作ったジャン・カルヴァンが提唱した「予定説」という考え方です。それによれば，神は万能，絶対の存在なので，人間がすることはすべてお見通しで，未来まですべてわかっている。つまり神の立場からすれば，その人がこれから何をどうしようと，救われるかどうかはもうとっくに決まってしまっているのです。これはかなり恐ろしい考え方です。人間の立場からすれば，自分が救われるかどうかはもう決まってしまっているのに，そのことを知る手がかりがないわけです。救われると決まっているなら，あるいは逆に救われないと決まっているなら，もう何をしても無意味です。だったら神の教えなんて無視して生きているうちに好き放題した方がいい，となってしまうかもしれません。

そうならなかったのは，先の「天職」という考え方がこれに結びついていたからだと，ウェーバーは考えました。つまり，救われるはずの人間は，神から与えられた天職に一生懸命いそしんでいる「はず」であり，その結果きっと職業においても成功している「はず」である，という理屈です。つまり，救われる「予定」の「証拠」を得るために，人々は必死で努力したのです。アクロバティックすぎて，よくわからないかもしれませんが，これぱかりはもうそういうものだと思ってください。救われたい人間は，そんなアクロバティックな理屈も編み出してしまうと。

そしてこの職業が商売であった場合，職業の成功をあらわす，何よりもわかりやすい目印はなんでしょうか。「もうけ」ですよね。つまり「利潤」や「利益」です。それが金額となれば，どれだけ天国に近いか数値的に一目瞭然です。ここで，「もうけ」が救いの指標だなんて，本末転倒だと思う人もいるでしょう。それももっともなのですが，すでに触れた通り，プロテスタントの場合，この「もうけ」を贅沢や無駄遣いにつかってしまうのは，やはりよくないこととされていました。その代わりに，どんどん「投資」して，「もうけ」をふくらませるのです。自分の目先の欲望を満たすためにお金を得るのではなく，天国に近づくため，その確証を得るため，まさに「禁欲的」にお金を使うのです。

さてこうした禁欲的な仕事マシーンにとっては，「時間の浪費」は悪です。本当ならその間に仕事をして，利潤を生みだせていたかもしれないのに，それをしないことは許しがたい悪です。18 世紀のアメリカの政治家でビジネスマンで発明家でもあったベンジャミン・フランクリン（雷は電気であると実験で証明した人）は，「時は金なり」という言葉を残したとされていますが，ウェーバーは，まさにこの言葉が，資本主義に適合的な精神，合理的生活態度を体現しているといいます。それは，時間さえも金額に換算して，自分の生活全体を合理的に律していくべきという態度です。ウェーバーはこうした共有された規範・理念や，それに基づく日常的な生活態度のことを**エートス**といいました。先にみた世俗内禁欲という「プロテスタントの倫理」＝エートスは，こうした「資本主義の精神」ときわめて適合的だったわけで，だからこそ，大企業の資本家や経営者にはプロテスタントの信仰を持つ人が多い，という事実が説明できると考えたわけです。

とはいえ，ウェーバーの生きた 19 世紀の終わりにもなると，もはやカトリックだろうとプロテスタントだろうと，すでに宗教的な権威はかなり影響力を弱めています。科学が発達し，死亡率も下がり始めます。死んでから，自分の魂がどうなるのかなんてことを，本気で心配する人も減っていきます。そんななかで，いまだになぜ宗教が人々の生活態度に影響を与えるのか。それはもはや，プロテスタントの教義が来世で救われたいという宗教的な熱狂から切り離され，資本主義の精神と適合的な合理的生活態度だけが自律的な価値として人々に影響を与えるようになったからではないか。これからは「合理性」が支配する時代になる，というのが社会の変化を言い表すキーワードだ，とウェーバーは考えます。

こうした合理性が生み出す社会の仕組みの極致が，**官僚制**です。現代では，むしろ官僚制というと「お役所仕事」というように無駄な手続きが多く，機械的で臨機応変でない，ゆえにあまり合理的でない仕組みのようにさえいわれますが，本来は非常に合理的な仕組みです。というのも，その分野の専門家が規則に従って細分化された仕事に従事するというのは，素人が色んな分野の仕事に手を出して同時に対処するより効率的，合理的なはずだからです。

ではなぜそんな合理的なはずの官僚制が非合理的になってしまうのか，そう見えるのかということについては，後の章でまた論じることにしますが，ウェーバーは合理性そのものをとくに善とも悪ともいっていません。官僚制についても，直接よいとも悪いともいっておらず，それをいかに制御，コントロールしていくかが大事だといっています。冷徹に，社会の変化の方向性を，合理化であると見極め，そうすれば今度はこの合理性という価値によって支配された社会をいかに受け入れ，生きていくのかという問いを，ウェーバーは私たちに突きつけているのです。

文献案内

① ヴェーバー, M., 清水幾太郎訳, 1972,『社会学の根本概念』(岩波文庫), 岩波書店.

② 橋本努, 2019,『解読 ウェーバー『プロテスタンティズムの倫理と資本主義の精神』』講談社.

③ 仲正昌樹, 2014,『マックス・ウェーバーを読む』(講談社現代新書), 講談社.

ウェーバーの理論については，何よりも本人がコンパクトなガイドブックを書いてくれているので，それを読まない手はありません。それが①です。ウェーバー社会学のエッセンスだけが凝縮されているようなものなので，これだけ読んで面白いかどうかはともかく，社会的行為や理解，行為の四類型など基本的な概念の説明を手軽に読むことができます。②は『プロテスタンティズムの倫理と資本主義の精神』(『プロ倫』)の解説書です。社会学を学ぶと必ずといっていいほど書名を聞くことになる『プロ倫』ですが，しかしながらキリスト教について馴染みが薄く知識も少ない現代の日本人にとっては非常にとっつきにくいのが現実です。そんな本書の全体像を，読解のポイントを押さえながら解説してくれています。その上で，現代を生きる私たちが『プロ倫』から何を学べるかという視点も含まれています。③はコンパクトな新書ながら，『プロ倫』に加えて，その他のウェーバーの主著である『職業としての政治』や『職業としての学問』，『社会科学と社会政策にかかわる認識の「客観性」』などについても解説してくれています。

第2章

社会をモノとして見る（構造論1）

1　デュルケムとその時代

(1)「社会学」の枠組みを作った人②

序章では，社会学は，市民革命と産業革命という二つの革命を経て出現した「近代社会」を対象とした学問だと説明しましたね。そして，前章ではマックス・ウェーバーがその近代社会を合理性という言葉で特徴づけたことを確認しました。彼は社会を分析するための手がかりとして，（社会的）行為に注目し，それを四つの理念型に分類しましたが，そのうち半分はいずれも合理性に関わるものでしたね（四つが何だったか，思い出してください）。彼のいう合理性は意味の幅が少し広く，経済学が前提とするような目的合理的行為だけでなく，価値合理的行為という，もしかしたら行為している本人以外にはまったく不合理にみえても，「本人にとっては」（主観的には）合理的な行為，なんてものも含んでいたことが，社会学ならではの観点なのでした。

もしかしたら，現代の私たちは，「近代と前近代」というと，「科学と非科学」のような雑な見方で二つの時代を区別してしまいがちです。たしかに，前近代社会においては科学も未発達で，宗教や呪術などの影響力が今より強かった側面はあります。しかしウェーバーはいわゆる「宗教」についても，合理性の低い呪術や原始宗教から，合理性の高い（組織や教義が体系だった）宗教へ，というグラデーションをもった合理化が起こっていたと考えます。

彼は歴史社会学者としての側面を持っていましたから，その試みは前章でやった16世紀の宗教改革だけでなく，キリスト教が生まれるよりもっと前の古代ユダヤ

図 2-1　エミール・デュルケム
（Émile Durkheim）1858-1917

教の時代までさかのぼり，長い歴史のなかでだんだんと「合理化」が進んでいたことを明らかにしています。また，ヨーロッパ以外の国ではどうだろうと，『儒教と道教』，『ヒンドゥー教と仏教』なんて研究もしています。どの宗教も歴史のなかで合理化が進んでいたけれども，そのなかでもとくに，キリスト教のプロテスタント諸教派が資本主義に適した合理的生活態度（「時は金なり」のように）をたまたま持っていたから，とりわけ西ヨーロッパで資本主義が発達したということになります。

こんな風に，ウェーバーにとって，社会を分析する手がかりは，「社会的行為への視点」とともに，「歴史」だったわけです。さらにいえば，社会調査の存在も非常に重要です。もともと『プロ倫』のアイディアのきっかけになったのは，「ドイツの大企業の資本家や経営者には，キリスト教のプロテスタントの信仰を持つ人の比率が高い」という社会調査結果に基づくものでした。たしかにウェーバーの時代は統計学的な社会調査は未発達な部分がありましたが，それでも彼は直観だけで「理論」を思いついて，「唱えて」いたわけではなかったのです。

そんな社会調査の成果を，ウェーバー以上に駆使して社会学の土台を作った人が，この章で紹介するエミール・デュルケムです。彼は『自殺論』という本で有名ですが，あとでみるように，この本の研究は自殺に関する社会調査結果の徹底した分析です。決して，自殺についての哲学的思索や自殺のノウハウについての本ではありません。とはいえ，彼自身が社会調査を実施したわけではなく，各国の様々な政府機関のデータを収集し，本書でも後々紹介する，甥のマルセル・モースがそのデータを整理しました。その上で，彼は社会学の歴史に残る見事な分析をするわけですが，彼の研究はまさに量的な社会調査に基づいた社会学研究の原点となっています。

(2) デュルケムの生きた時代

デュルケム自身とその時代背景についてご紹介しましょう。デュルケムは，前章で紹介したマックス・ウェーバーより 6 歳年上ですが，ほぼ同世代といってよいでしょう。この二人に共通する背景となる重要な歴史的出来事は，やはり前章で触れ

図 2-2　ドレフュス大尉の不名誉な除隊を描いた挿絵（官位剝奪式で剣を折られるドレフュス＝中央左）

た1870～71年の普仏戦争（プロイセン－フランス戦争）です。ウェーバーはこの戦争で勝った側（プロイセン王国），デュルケムは負けた側のフランス（フランス帝国）の人でした。もっとも，当時はまだ二人とも子どもですが，プロイセンはこの戦勝がきっかけでドイツ帝国の中心となり，ビスマルク首相のもとで急激に発展していくのに対して，フランスはこの敗戦によって帝政が崩壊します。

この崩壊した帝政は第二帝政といって，フランス革命を終息させたナポレオン１世の甥，ルイ＝ナポレオンが国民投票によって皇帝ナポレオン３世となっていました。その治世に，フランスはパリの都市大改造，アジア・アフリカの植民地拡大などに着手し，工業・経済が急激に発展しました。しかしそんなフランス帝国も，普仏戦争の敗北で一気に転落してしまいます。フランスでは再び共和政が復活し，第三共和政がスタートしますが，プロイセン（ドイツ）への莫大な賠償金支払いのため，経済は疲弊し，政治も不安定になりました。

当時の社会の混乱を示す出来事の一つが，1894年のドレフュス事件です。この事件は，当時フランス陸軍参謀本部の大尉だったユダヤ人のアルフレド・ドレフュスがスパイ容疑で逮捕された冤罪《えんざい》事件です。この事件は後にはっきり冤罪，つまりドレフュスに罪はなかったことがわかりますが，当時の人々からすれば，強大なフランスがプロイセンなんかに戦争で負けるはずがないと思い込んでいましたから，負けたのはきっと身内にスパイがいたからだ，という説には，都合のいいリアリティがあったのでしょう。しかしまた一方で心ある人たちはドレフュスを擁護し，証拠不十分のまま有罪とした軍部を批判します。こうしたドレフュス擁護派は共和政を支持する共和派に多く，判決（ドレフュス有罪）を支持する軍部・教会は王政復活をもくろむ王党派だったため，この対立はフランス社会全体を巻き込んだものになっていきます。

このとき，自らもユダヤ人だったデュルケムは，ドレフュス擁護派に立ち，この社会の分裂を危機感をもって見ていました。そのなかで，どうすればフランスが再び一つの国として復活できるだろうか，と考えていたわけです。

フランスは18世紀の終わりに過激な革命を経験した後，ナポレオンが皇帝になったり，かつて処刑された王の弟が復位して王政に戻ったり，また共和政になったかと思えばまた強力なリーダーが求められてナポレオン3世の帝政になったりしました。そしてそれも普仏戦争の敗北で終わったわけです。この間，市民革命や産業革命を経て，人々の生活や考え方は大きく変わっていました。そして，かつての社会秩序を治めていた宗教・政治・同業組合などの伝統的権威は，もはや大きな力を持っていません。では，その代わりに何が，社会をまとめることができるでしょうか。デュルケムは，ウェーバーとは生きていた国は違いますが，いずれにせよこのような先の見通せない時代に，近代社会がこれからどうなっていくのか，いくべきかという問いに立ち向かった人だったのです。

(3)「ユダヤ人」について

ここで，少し本筋からそれますが，このドレフュス事件のみならず，近代社会や近代史を理解する上で重要となる，「ユダヤ人」についても補足しておきましょう。

「ユダヤ人」というのは，いわゆる「日本人」とか「アメリカ人」という「〜人」とはちょっと違った括りであることに，みなさんも気づくでしょう。というのも，「日本」とか「アメリカ」というのに対応する「国」があるわけではないからです。もともとは，紀元前10世紀頃に中東に存在したイスラエル王国という国があったのですが，それが分裂してできたユダ王国が紀元前6世紀に新バビロニア王国に滅ぼされてしまいます。それで国を失った人々が，「ユダヤ人」と呼ばれたと考えられています（ちなみに，実は現代も「イスラエル」という国がありますが，その国と「ユダヤ人」の関係についてはまた後ほど説明します)。その後，ユダヤ人たちは様々な支配者たち（エジプトやローマなど）のもとで少数派として苦労しながらも，自分たちの国を再建したいという強い願望を持ち続けます。その強い思いが，自分たちが神と正しい関係を続けていれば，いつかその願望がかなうという，ユダヤ教の核を形成していきました。

しかし，支配者にしてみれば，自分たちの国を持って独立したいという強い思いをいつまでも持った集団というのは，厄介な存在なので，しばしば弾圧や抑圧を繰り返してきました。それに対して，ユダヤ人たちは，まだ自分たちの神への誠意が足りないせいだとか，「その時」はまだ来ていないからだと解釈してそれぞれの場所でユダヤ教の信仰を心の支えに，身を寄せ合って生きていったのです。

というわけで，「ユダヤ人」というのは，近代に入るまでは「ユダヤ教の信者」という意味で用いられていました。ユダヤ教というのはユダヤ人の民族宗教ですから，あたりまえじゃないかと思うかもしれませんが，実はユダヤ人以外も（ユダヤ教の）神との契約を守るならユダヤ教徒になれます。たとえば，ユダヤ人が世界中に広がっていく過程で，もともとその地域にいた人たちと結婚して子どもをもうけたりすることもあるわけですから，よく考えてみれば自然なことです。ユダヤ人でなくても，陸続きのヨーロッパ（そしてアジア）ではそんなことはよくあるのです。陸続きでなくても，古代から海を渡っての人の交流はありました。ですから，「～人」「～民族」といっても，スパッと分類できるわけでは，本来ないのです（もちろんそれは，「日本人」についても同様です）。だから，前近代の人々も，自分たちとは文化や生活習慣が違う人たちのことを警戒したり，差別したりすることはありましたが，基本的には「なんとなく」に過ぎず，地域によってはユダヤ人もどんどん同化していました。

ところで，ここまでユダヤ人が少数派として差別や弾圧を受けてきた「いじめられっ子」のように紹介してきましたが，また一方で，ユダヤ人の社会的地位は低いとは限りませんでした。たとえば銀行家であったり，芸術家であったり，学者であったり，そういう「目立つ」地位にいることも少なくなかったわけです。実はマルクスも，デュルケムも，次章で紹介するジンメルも，「ユダヤ人」です。これは，現代でも「ユダヤ人には才能がある人（天才）が多い」という言説となってまことしやかに語られたりします。ただ，こういう「もっともらしい」言説には注意が必要です。私は遺伝学の専門家ではありませんので，その点については踏み込みすぎないようにしますが，「社会的地位が高い人にユダヤ人が多い」というのは，社会学的な説明もある程度可能です。というのも，前近代からユダヤ人への差別は各地でみられたため，社会の中で成功しようとしたら，特殊な方法を探るしかありませんでした。それがたとえば，商売の世界で圧倒的な利益を上げる，あるいは学問や芸術の世界で有無を言わさぬ業績を上げる，といったものだったわけです。プロテスタント諸教派が登場するまで，キリスト教では利息を得ることはよくないことと考えられていた（解釈されていた）ことも，ユダヤ人が金融業に進出する余地を生みました。いずれにせよ，既存の社会構造，秩序の中での成功は難しいだけに，実力を見せるしかない，ということだったのでしょう。

しかし，社会が不安定になると，人々の不安や不満は，はけ口をみつけようとします。それはたいてい，（一見弱そうでない）弱者の方に向かっていきます。それがたとえばユダヤ人でした。先にみたように，ユダヤ人には銀行家として大儲けしている人が多いように見えました。ユダヤ人のみんながみんなそうであるわけではありません。ですが，目立つわけで，また同時にユダヤ人は社会全体では少数派なので，「叩きやすかった」わけですね。これは現代のSNSでたとえば芸能人がささいなこと（でないこともありますが）で叩かれて「炎上」する現象に通じるものがあるかもしれません。さきほど紹介した，ドレフュスもユダヤ人だからという理由で学校の成績も不当に下げられたりしたそうですが，その有能さを示すことで軍の大尉まで出世しました。しかしまた，そのことで余計目立って，社会の「いけにえ」にされてしまったのかもしれません。

さて，これより後の時代のこともついでに触れておきますが，もともとあったユダヤ人差別意識に，20世紀になって発達した遺伝学が関わってくると，差別が「科学的に」正当化されるようになります。もちろん，これは決して遺伝学（科学）そのものが「差別をしてよい」と肯定したわけではありません。もちろん，なかにはそういう結論を導き出した「科学者」がたくさんいたことも無視できませんが，科学的にわかることは，生物の持つ遺伝子が，世代を超えてある生物の形質を伝える，ということまで，です。そうした遺伝子やそれが発現した形質を持った人が，全体としてどのような人間になるのかは，遺伝学ではわかりません。実際には後天的な要素も含めて実に様々な要因が作用しますし，もちろん社会学でさえも，具体的な個人がどういう人間であるのか，どういう人間になるのかなどということまではわかりません。当然ですが，科学なら何でもわかるわけではないのです。

問題は，そうした科学を，まったく科学的でない思想や言説に都合よく織り込んで正当化・権威づけに利用する人たちがいることです。前章でも説明した通り，科学というのは真理に到達するための一つの方法に過ぎず，真理そのものではありません。むしろ科学は，常に批判の余地があるからこそ，信用に足るのです。しかし現実には，科学の結論部分のみが一人歩きして，誰もその方法を疑うこともなく，まるで「宗教」のように機能してしまうことがあります。ナチス・ドイツによるユダヤ人の排斥，そして大量虐殺はまさに，こうした科学の間違った理解の行きつく先にあったものです。

2　モノとしての社会

(1)「社会」をモノとして見る

では，デュルケムの構想した社会学についてみていきましょう。ウェーバーの考え方が『社会学の根本概念』にまとめられていたように，デュルケムの考え方も『社会学的方法の規準（*Les règles de la méthode sociologique*）』という本にまとまっています。これも文庫本で読めます。原題の règles（règle の複数形）は日本語では「基準」ではなく，「規準」と訳されていますが，これはルールや模範のような意味合いのある言葉です。「社会学のやり方は，これだ！」ということですね。その第一ルールを一言でいうなら，「社会をモノとして捉える」です。

そもそも，「社会」というのは目で見ることができません。空気のようなものだと思ってよいでしょう。空気と同様に，社会は私たちの周りにあって，あたりまえすぎて，あえてそれについて疑問を持つことはありません。普通に生活をしていて，空気って何なんだろう，と思える人は，あまり多くないと思います。しかし，風が吹いたとき，あるいは空気が薄くなったとき（そして息苦しくなったとき）など，何か変化や異常を感じ取ったとき，私たちは空気の存在を意識します。社会もそれと同じです。とくに変化もなく，何の疑問も不満もなく生きていると，社会について考えることなんてきっとないでしょう。学校の勉強や就職活動で無理やり考えさせられることはあるかもしれませんが，そういうときはきっと教科書に書いてあることや，とりあえず新聞に書いてある情報を並べてみるくらいのことしかできないでしょう。地元の友達には通じていた話題が大学の友達には通じないとわかったとき。就職して「そんなの社会常識だよ」と言われてムッとしたとき。同居を始めてみて初めて妻や夫の変なこだわりに気づいたとき。そのとき一瞬，「社会」が見えるのです。

まずはこれが第一歩ではありますが，これだけではまだ主観的な発見に過ぎません。そこでデュルケムは客観的にも観察可能な手がかりが必要だと考えます。それが**社会的事実**です。定義は『社会学的方法の規準』に書かれています。「社会的事実とは，個人のうえに外部的な拘束をおよぼすことができ，さらにいえば，固有の存在を持ちながら所与の社会の範囲内に一般的にひろがり，その個人的な表現物からは独立している固定的，非固定的ないっさいの行動様式のことである」。よくわかりませんね。順番に確認していきましょう。

まず，社会的事実は人間が作るもの，人間の行為の結果として生じるものであるわけですが，にもかかわらず，あたかも個人の外側にあるように思われる（外在性），ということです。私たちは，社会のなかで生きていて，実際にその社会を作っているわけですが，にもかかわらず，社会は必ずしも私たちの思い通りにならず，外側にあるもののように感じられます。それだけでなく，個人の行動や考え方を支配したり，拘束したりさえするのです（拘束性）。法律のようなルールがまさにそうですね。「法に縛られる」なんていいますが，よく考えたら法そのものは意志を持っていないのに，縛るなんて変ですよね。デュルケムはこのような法だけでなく，宗教上の信仰や職場の慣行のようなものにも広げて，集団が共有している考えや習慣，傾向を「社会的事実」と考えました。

「みんなそうしている」という傾向や「昔からのしきたりだ」というような伝統的慣習，あるいは「社会常識」といったものは，私個人の意志に関係なく（外在性），私の考えや行為を縛ります（拘束性）。これらはみなデュルケムのいう社会的事実なのです。こうした社会的事実を通して社会を見ると，あたかも社会そのものが擬人化されて意識を持っているように見える（「社会に認められる」「社会に殺される」など）ので，デュルケムはこの社会的事実を支える「何か」を**集合意識**と名付けました（「意識」といっていますが，これは心理学的なものではなく，あくまで意識のようなもの，という「たとえ」だと考えてください）。

この集合意識というやつは，何やらうさんくさく感じるかもしれませんが，大事なのは，デュルケムがこうした社会的事実を「モノのように」扱うべし，といったことです。もちろん，社会的事実は物質ではないので，あくまで「客観的に確認できるもの」という意味の比喩です。ではどのように客観的なモノとして，分析するのか。その具体例として示されたのが，『社会学的方法の規準』の２年後に出版された，『自殺論』だったのです。

社会学の授業を担当していると，お薦めの社会学の本を一冊教えてくださいとよく訊かれます。思うことは色々ありますが，一ついえるのは，解説書をたくさん読むより，「原典」をしっかり読め，ということです。社会学の「解説」をしている教科書や参考書はたくさんあり，良いものは適宜紹介していますが，結局それらは解説者の理解・解釈です。原典にある豊富なニュアンスや情報をたくさん削ぎ落しているから，「わかりやすい」のです。でも，わかりやすい本がおもしろいとは限りません。ルターではないですが，まずは自分で原典を読んでみてください。それでつまらなければ，別のを読めばいいのです。

『自殺論』は社会学の古典を何か一冊読みたいという人に，とりあえず私がお薦めする本の一つです。私が学部生のとき，初めて最初から最後まで読んだ社会学の本でもあります。私がこの本をおもしろいと思ったのは，ちょっと変なところかもしれませんが，バトル物少年マンガみたいに読めたからなんですね。後で紹介するように，デュルケムは様々な社会や集団の自殺率が何によって説明できるか，という課題に対して，心理学や，遺伝学や，気象学など様々な学者の説を持ち出して，一つひとつ「倒して」いきます。そして最後に「必殺技」として，自らの社会学的説明を披露するわけです。

また，彼と同じ時代の社会学者として，ガブリエル・タルドという人がたびたび登場して，彼の説もまた論破されるわけですが，私はそのパターンが出るたびに，タルド氏に何か個人的な恨みでもあるのかよと思ってニヤニヤしながら読んでいました。実はこのタルド氏，デュルケムに自殺統計のデータを提供してくれていた恩人でもあったのですが，今考えれば，そうした恩人の説であろうが，「きちんと批判すること」が科学の世界における作法だったわけです。なぜそれが「作法」なのかについては，また別の章で説明することにします。

(2)『自殺論』

では，『自殺論』の内容の紹介に入ります。自殺論が書かれた時代背景は，19 世紀末のフランス社会です。この時代，すでに述べたように，フランスは戦争に負けて，経済も政治も混乱し，自殺率が上昇し，社会問題化していました。デュルケムはこれに対し，当時のヨーロッパ各国の自殺に関する統計資料から，各社会の自殺に関する傾向を分析していきました。つまり，「人々を自殺に追い込む何か」を社会的事実と考え，それを統計資料という客観的データ＝モノを手がかりに解き明かしていこうとしたのです。

ここで，「なぜ自殺するのか」は個人的な問題であり，心理学の対象ではないか，と思う人がいるでしょう。そうした疑問には，デュルケム先生が本編でしつこいくらい丁寧に説明してくれているのですが，ここで大事なのは視点の違いだということです。ある個人がなぜ自殺したのか，という問題は，たしかに動機などの点で，心理学のテーマかもしれません。しかし，デュルケムが注目したのは，あの集団とこの集団の「自殺率」の差はなぜ生まれるのか，昔と今の「自殺率」の違いはなぜあるのか，ということでした。個々人の具体的ケースで，なぜ自殺したのか，はここでは問題になっていません。そうではなく，集団全体の傾向を捉えようとしている。それは，心理学では説明できないのです。つまり彼の関心であったのは，個人の動機ではなく，その背後にある集合意識の方だったのです。この点で，個人の社

不景気のとき ＜ 好景気のとき
ユダヤ教 ＜ カトリック ＜ プロテスタント
農村 ＜ 都市
既婚者 ＜ 未婚者
戦争中 ＜ 平和なとき

図 2-3　自殺率がより高いのは……？

会的行為に注目したウェーバーとは，異なる方法論だったことがわかりますね。

さて，具体的なデータからわかったことを列挙してみましょう（図 2-3)。ユダヤ教の人々より，カトリックの人々，さらにそれよりプロテスタントの人々の方が自殺率は高い。農村部に住んでいる人より，都市部に住んでいる人の方が自殺率は高い。既婚者より，未婚者の方が自殺率は高い。戦争中より，平和なときの方が自殺率は高い。不景気のときより，好景気のときの方が自殺率は高い。この雑多な比較データから，何がみえてくるでしょうか。

デュルケムはこれらすべてが，社会に関わっていると考えました。とくに宗教，農村／都市，既婚／未婚，戦時／平時の共通点から，社会の凝集性（結びつき）が弱まるほど，自殺率が高まると解釈し，このパターンを自己本位的自殺と名付けました。宗教については，前章のウェーバーのところで，プロテスタントの方が個人主義の度合いが高いことは確認しましたね。ユダヤ教は，先に見た通り，差別や弾圧を受ける分，身内の絆はかたく，カトリック以上に凝集性は高いといえるでしょう。すると，この宗教集団内での結びつきが弱いほど，自殺率が高いといえることがわかります。農村より都市の方が，人間関係が薄い。これは現代の感覚でもわかりますね。既婚者よりも未婚者の方が，家族という小さな社会への結びつきは弱い。そして戦争のときは自分が属する軍や国のために命まで投げ出すわけですから，社会への結びつきは強いけども，平時になると弱まります。このように自殺率の傾向は，社会の凝集性という視点を導入すれば，共通の理由で説明できてしまうのです。

しかし最後に残った，景気がいいときの方が悪いときより自殺率が高い，というのはどう説明がつくでしょうか。これはちょっと社会の凝集性で説明するのは苦しそうです。普通に考えたら，景気が悪いときの方が，会社が倒産して生活苦で自殺，なんてケースも多くなりそうです。ですが，ここは受け入れがたくても，まずは事実に向き合うことが大事なのは，ウェーバーのところでも見た通りですね。どういうことだろうかと解釈を考えます。

	強すぎる場合	弱すぎる場合
社会の凝集性	集団本位的自殺	自己本位的自殺
社会の規制	宿命的自殺	アノミー的自殺

図 2-4　自殺の類型

そこでデュルケムは，社会の規制の強さ／弱さという視点を導入します（図 2-4）。先の社会の凝集性というのは，それぞれのメンバーが集団の内部に向かって自ら結びついていこうとする感じの力でしたが，社会の規制というのは，集団の外部から押さえつけるような力だと理解していただければよいと思います。この社会の規制という視点からみると，不景気のときは，欲求を我慢するように規制が働いて人々は理性的に行動します。一方，好景気のときは，人々の欲求のタガが外れてハメを外してしまい，かえって満たされないような状態になってしまう。このような状態のことを，デュルケムはギリシア語から借りてきた言葉で**アノミー**と呼び，この種の自殺類型をアノミー的自殺と名付けました。アノミーは，無秩序や無規範状態を意味し，好景気のときだけでなく，欲求を規制する社会的権威や規範の力が弱まった近代社会の特徴でもあるとデュルケムは考えました。

このように，近代社会においては，個人主義化の進行による凝集性の低下，道徳的規範や権威の弱体化によって欲求を規制する力がなくなったことなどによって，自殺率は高まる，と考えたのです。いずれも，「社会」のはたらきによるものでした。

とはいえ，こうした自殺類型にあてはまらないものもあります。たとえば，武士の切腹や，夫に先立たれた女性があとを追って死ぬ地域的慣習です。デュルケムは，これらはむしろ，自己本位的自殺の逆で，社会の凝集性が「高すぎる」ために起こる自殺だと考えました。つまり，武士は名誉を重んじる武士階級という集団への強すぎる結びつきがあるからこそ，また夫に先立たれた女性は夫に結びつきすぎているからこそ，「自殺」に至るのです。このように，デュルケムは極端な個人主義と同様に，極端な集団主義もまた，人々を自殺に追い込むと考えました。いずれも「社会」が原因です。そう考えると，アノミー的自殺の逆，つまり社会の規制が強すぎるときの自殺もあるのではということになりますが，あります。宿命的自殺というのですが，これは「ロミオとジュリエット」みたいなパターンで，欲求が社会によって徹底的に抑圧（規制）された結果の悲劇です。

というわけで，社会の凝集性あるいは規制が，強すぎても，弱すぎても，人々は自殺に追い込まれるわけです。しかしながら，デュルケムは，集団本位的自殺や宿命的自殺は例外的なケースで，近代社会においては基本的に「社会」の力が弱まっているので，自己本位的自殺かアノミー的自殺でほとんどが説明できると考えました。

最後に，自己本位的自殺は決して「社会とのつながりが少なくて，寂しくてする自殺」ではないということに注意してください。寂しいかどうかになってしまうと，心理学的な説明になってしまいます。そうではなくて，あくまでも自殺率という集団の傾向が問題になっているのであって，（実際のところ）個人がどう思って自殺したかはまったくここでの問題になっていないのです。とはいえデュルケムは，社会が強く統合されていれば，「個人が気ままに自分自身を扱うことができない」として，宗教も家族も，ある種の「社会」であるゆえに，強力な自殺の予防剤になっていると書いています。

(3) 現代社会における検証

ところで，デュルケムがこうして展開した自殺の説明は，実際のところどれくらい妥当なものなのでしょうか。デュルケムは実際の自殺統計を元にして論理的に議論を組み立てていますが，フランス（ヨーロッパ）以外の国ではどうなのか，あるいは当時から 100 年経った現在でも同様のことがいえるのか，といった疑問がわいてきます。

まず，自己本位的自殺や集団本位的自殺にあらわれる，集団の凝集性による影響ですが，宗教や家族については 20 世紀後半においてもデュルケムの仮説を支持する結果が報告されています（たとえば，宗教の信者割合が高い地域や，離婚率が低い地域ほど自殺率が低い）。一方で，アノミー的自殺にあらわれる集団の規制による影響については，そもそもアノミーをどうやって計るかをめぐって理論的な混乱があって，研究があまり進んでいないようです。

ただ，こうした現代社会における検証作業は非常に重要なものですが，序章で触れたように，デュルケムの時代の 19 世紀ヨーロッパ「社会」を，（日本を含む）現代の「社会」と同じように考えることができるのか，という大きな問題が残ります。現代社会では，19 世紀と比べれば家族のあり方，宗教との関わり方，働き方も大きく変化しているので，単純に比較できるものではないともいえます。

ですので，ここで強調しておきたいのは，第一に，自殺率には社会（集団）ごとに固有の傾向があり，それはモノ（社会的事実）とみなすことができる，というデュルケムの考え方です。実際，現代でも国ごとの自殺率には高い低いなどの特徴があり，数年程度で大きく変動することはあまりありません。この点をみると，デュルケムの視点・考え方自体は方向としては間違っていないといえるでしょう。ただし，現代ではデュルケムの時代より統計分析の技術も大幅に向上していますので，様々な変数（要素）がどう影響しあって，自殺率の傾向を作り出しているのかという，より精密な分析が求められます。

強調したい第二点は，アノミーというデュルケムのアイディアの面白さです。「面白さ」というと何やらいい加減な，科学的でないと思われるかもしれませんが，科学的研究においては，それまでの発想では考えられなかったような，新しいものの見方がしばしば必要とされます。デュルケムは，実際に統計データを分析するなかで，「景気がいいはずなのに自殺率が高まる」という，説明がつかない現象に遭遇したのです。こうしたときに，「いや，そんなはずはない」と「常識」的なものの見方に縛られていたのでは，観察された事実をきちんと受け止めるという科学的な態度をとることはできません。そこでデュルケムはアノミーという一見奇妙な説明を考えたのです。

繰り返しになりますが，アノミーは，欲求を規制する社会的権威や規範の力が弱まったときにあらわれる，無秩序・無規範状態です。これが自殺に関係するというのは，制限がないほど，ちょっとした制限が自殺の原因となってしまうという逆説といえます。みなさんもバイトをするようになって，自分の自由になるお金ができてから，欲しいものが次々に出てきて，かえって満たされない気分になったことはないでしょうか。

また，一つ興味深い事例を挙げておきます。冷戦終結と前後して，東ヨーロッパや中央アジアでは，多くの国が社会主義体制から資本主義体制に移行しましたが，ちょうど1990年代から2000年代にかけて，世界の国別自殺率の上位にはそうした多くの旧社会主義国が名を連ねていました。資本主義体制というのは人々の自由な経済活動に基づく，つまり人々の欲望を刺激することによって成り立つ体制ですから，旧社会主義国の人々は突然欲望のたがが外れた状態に置かれたのです。まさにアノミーといってよいでしょう。

ものの見方を変えるというのは，決して屁理屈を言うとかひねくれた性格になるとかそういうことではないのです。科学的観察から得られる，ときには常識的には理解できない事実もきちんと受け止め，それに納得がいくような人間的説明を与えるために必要なことなのです。

3　道徳の源泉としての社会

(1)『自殺論』からの展開

『自殺論』の議論は，人々がなぜ自殺に追い込まれるのかについて，「社会」との関係から明らかにしただけで終わりませんでした。まだ続きがあります。デュルケムはなぜ自殺は「よくない」と考えられているか，という問いに答えようとします。現代の個人主義社会では，ともすれば，自分の命なのだから，それを自分で奪う（＝自殺する）のも個人の自由ではないか，という考え方も当然生まれてきます。これに対して，しばしば「そんな考え方はよくない」という声もあがります。「誰にも迷惑かけないから」「悲しむ家族もいないから」と言われても，それでも自殺はやめるべきだと，赤の他人に対してさえ，思うことがあります（もしそうでないとすれば，現代社会がデュルケムが思っていた以上に個人主義化してしまっているのかもしれません）。

こうした説明の難しい感情について，彼は道徳感情という視点から説明します。彼によれば，**道徳**は（必ずしも法律のように明文化されているとは限らず）意識の中にしか存在しないものですが，それは個人の意識の中ではなく，集合意識の中に存在します。個人の意識や感情の中からは道徳というものは生まれません。それは，社会との関わりのなかで生まれ，社会によって共有されて初めて，道徳となるのです。自分が道徳的にいけないことをしてしまったと悔んだり，他者の道徳的に許せない行為に憤ったりするのは，私たちが社会とつながっていて，道徳感情を共有しているからです。

もっとも，この道徳感情は宗教や社会によって，その内容が異なる場合があります。しかし現代社会においては，社会の規模・密度が増して複雑化し，個人の差異（個性）が拡大した結果，「人間であるということ以外に，もはや共通の要素が何一つ共有されない」状況が生まれました。そのため，社会のメンバーの唯一の共通点である「人間」を傷つけることは，「社会」を傷つけるのに等しいこととされたのです。このことを，デュルケムは「個人は宗教性をおびてきた」,「人は，人々に対して一個の神となった」と表現しています。

ここで注意が必要なのは，大事にされなければならないと考えられているものが，物理的存在としての人間（身体）だけでなく，社会的存在としての人間（体面，メンツ，社会的立場など）も含むということです。デュルケムは「人間は二重の存在である」とも書いています。ですから，現代社会での「人間」尊重は，**人格崇拝**の精神であるともいえます。このような理由から自殺は，殺人と同様に，現代社会の道徳の基礎をなしている人格崇拝の精神を傷つけるために非難されるのです。

こうしたことから，デュルケムは当時の自己本位的自殺，およびアノミー的自殺の増加から，「社会」の解体をみてとります。つまり，社会のまとまりや，規制力が弱まっているから，人々は自殺に追い込まれるということです。人々をいかに社会につなぎとめることができるのか（結びつけすぎてもいけないのですが）。かつての社会では，それは宗教の役割でした。そこで彼は，今度は宗教の起源について探求を始めます。

(2) 宗教としての社会

近代以前の社会において，道徳の根拠となっていたものは，ある種の宗教でした。それはキリスト教が強かったヨーロッパ社会に限りません。ただし，「宗教」と一口にいっても色々なものがあります。宗教の定義はそれだけで一冊の本が書けてしまうようなテーマです。デュルケムは様々な宗教の共通点を探すというアプローチではなく，宗教の最も単純なかたち＝基本形態を特定し，分析することにします。

そこで注目したのが，トーテミズムです。トーテミズムというのは，集団が特定の動物や植物（生物でない場合も）をトーテムとして崇める信仰のことで，デュルケムの時代にも，北米のネイティブ・アメリカンやオーストラリアのアボリジニなどに観察することができました。トーテムというのは，集団のシンボルのようなものです（ちなみに「トーテムポール」のトーテムもこの意味です）。たとえば，「狼」や「熊」といったものをトーテムとして，それに関連づけて氏族の神話を作り（ご先祖様は狼に育てられた……とか），現実の「狼」や「熊」との関わり（殺してはいけないなど）についての決まり事（儀礼）を定めることがありました。

デュルケムはこのトーテミズムを，宗教の基本形態と考え，そこに現代の複雑化多様化した宗教にもみられるような根本的な要素を見出そうとしたのです。そこで彼が挙げているのが，第一に「**聖と俗**の区別」です。トーテムでも，神でも仏でも，何らかの犯すべからざるものがあり，日常からは切り離されている。第二に，聖なるものへのふるまい方のルールとしての**儀礼**の存在です。「儀礼的」のように，中身がなくて形式的なものを指す言葉として使われることもありますが，本来，儀礼というのは一定の形式にのっとって細かく決められた行為を指しており，細かいのは（聖なる）対象への敬意やおそれがあるからこそ，なのです。第三に，そうした聖なるものや儀礼を共有する教会の存在です。教会といっても，キリスト教のものだけを指すわけではありません。ここではたんに集団を指すものだと思ってください。つまり，ある種の社会集団であるということです。

こう考えると，デュルケムの定義する「宗教」には，結構色々なものがあてはまるということにも気づきますね。たとえば，ある部活やサークルがすごく結束力が強くて，規律が厳格で，絶対的なリーダーがいたりすると，「なんだか宗教みたいだ」とか言われたりすることがあります。ここではリーダーが「聖なるもの」です。ただし，聖なるものは神や何らかの人格である必要もなくて，たとえば絶対的な掟《おきて》とかでも構いません。その掟が「聖なるもの」であれば，それに疑いをさしはさんだりすることは禁忌（＝してはいけないこと，タブー）となります。

現実の社会には，宗教ではないはずが，「宗教みたいなもの」はたくさんあります。私たちがしばしば宗教の対極におこうとする「科学」なんかも，その最たるものですね。これまでにも説明してきた通り，科学は「疑うことができるからこそ科学」なはずなのですが，実際には多くの人々は「科学的に証明された」と言われれば，そのプロセスや結果を疑うことなく，「信じ」てしまいます。雷は電気だということを，私たちは（自分で確かめたわけでもなく）「常識」だと思っていて，疑う人はヘンな人だと思われるかもしれません。しかしここで科学的なのは，むしろ疑っている方の人であり，変だという人たちは宗教を信じているのと何も変わりません。

ここでは，そうした態度が悪いと非難しているわけではなくて，宗教というのはそれくらいありふれたものだということです。そして，そういう「聖なるもの」を根拠とする宗教こそが，長らく社会秩序を維持してきたことも忘れてはなりません。デュルケムは「ほとんどすべての主要な社会的制度は宗教から生まれた」といっています。しかし，近代社会になってからは，かつて宗教が禁じていた「殺してはならない」「盗んではならない」などは，世俗の社会が定めた法律によって禁じられるようになりました。いまや犯すべからざる法を定めているのは宗教ではなく，「社会」です。その意味では，「社会」は現代の宗教なのだ，といえるのです。

(3) 道徳教育への注目

ところで，デュルケム自身はプロフィールの部分でも触れたように，ユダヤ人でした。それも，父も祖父もユダヤ教のラビ（指導者）の家庭で，デュルケムもそうなるべく育てられました。しかし結局，デュルケムは青年期以降ユダヤ（教）とは距離をとり，「フランス人（市民）」であろうとしました。娘の結婚式も，自身の葬儀も，ユダヤ教式ではなかったそうです（とはいえ，デュルケム自身が厳格な家庭環境で育ったことは，彼の道徳重視の考え方にも大きな影響を与えたはずです)。フランスでは，カトリック教会と強く結びついた王政時代とは異なり，革命以降はユダヤ人にも市民権が与えられましたから（おかげで彼は大学の教授職に就くことができました)，デュルケムは特定の宗教を優遇しない共和政を強く支持していたのです。それゆえに，彼は共和政の社会秩序を支える道徳は，特定の宗教によるものであってはいけないと考えていました。特定の宗教によらない道徳として，人格崇拝というものが基礎になりそうだということは，すでにみましたが，そのような道徳は教育によって教えられることが必要だと，デュルケムは考えました。そのため，デュルケムの晩年の著作は，教育社会学に関するものが中心になっていきます。彼によれば，教育とは未成年を個人的存在から社会的存在へと社会化する重要な役割を持つものでした。そして，社会の規律を守り，社会集団に愛着を持つと同時に，自律性（自分で考え，自分で行動すること）も，道徳教育のなかで教えられるべきとしています。こうした研究は，今日の教育学にも大きな影響を与えています。

『自殺論』を書くより以前，デュルケムは『社会分業論』という本を書いており，そこで近代社会に特有の人間関係のあり方を**有機的連帯**と名付けました。近代において社会が発達し，複雑化するにつれて，特定の専門分野を担う人々が増加していきます。運転手，料理人，仕立屋，事務職員といった具合です。これを**（社会的）分業**といいます。こうして人々は近代社会になるにつれて，それぞれに異なった（個性を持った）存在になっていきます。それはともすると，社会がばらばらになってしまうようでもありますが，逆に支え合わなければ社会が成り立たないということでもありました。それは近代以前の社会にはなかった，新しい道徳の可能性でもありました。

序章で紹介したマルクスが，経済的な生産関係という視点から，近代社会（資本主義）の発達の果てにブルジョワジー（資本家階級）とプロレタリアート（労働者階級）の階級闘争を予見したのに対し，デュルケムは社会や人間関係という視点から，新しい道徳の可能性と必要性を見出したのです。

文献案内

① デュルケム, E., 宮島喬訳, 2018,『自殺論　改版』(中公文庫), 中央公論社.

② 中島道男他編, 2021,『社会学の基本――デュルケームの論点』学文社.

③ 菊谷和宏, 2015,『「社会」のない国, 日本――ドレフュス事件・大逆事件と荷風の悲嘆』講談社.

ウェーバー同様, デュルケムの場合も本人の手によるコンパクトな社会学の解説書があり, 翻訳を文庫で読むことができます (『社会学的方法の規準』)。しかしデュルケムの社会学の面白さを知るには, やはり概念の説明よりも, やはりその実演を直接見ることをお薦めします。たとえば①, 本書でもスペースを割いて説明した『自殺論』は, ウェーバーの『プロ倫』と比べて具体的な統計データを示しながら議論が進むので, だいぶ読みやすいです。②はデュルケムの基本的な概念や視点, さらには同時代・後の時代の社会学者に与えた影響について, 項目ごとにコンパクトにまとめられた大変読みやすい解説書です。③は本書で紹介したドレフュス事件と日本の大逆事件と比較しながら, 日本における「社会」というものについて考察した本です。序章の文献案内④と合わせて読むとより理解が深まるでしょう。

第3章

社会はプロセスである（相互作用論1）

1　ジンメルとその時代

(1)「社会学」の枠組みを作った人③

前章までで，マックス・ウェーバーとエミール・デュルケムという二人の社会学者が，捉えどころのない「社会」という対象をどのように捉えて，経済学や心理学とも違う「社会学」を作ろうとしたのかをみてきました。同様に前近代とは異なる近代社会を捉えようとしていながら，二人の視点や方法論は対照的でしたね。ウェーバーは社会的行為に注目して，それがいかにして全体としての社会を形作っていくかという，ミクロからマクロへの視点を持っていました。一方，デュルケムはそうしたミクロの視点はあえて扱わずに，「社会」という対象を全体として（マクロに）捉えようとしました。そのときの手がかりが「社会的事実」でしたね。本書では，ウェーバーの方法の系列を行為論，デュルケムの方法の系列を構造論とまとめて説明しています。構造論，というのは今の時点ではピンときていないと思いますが，これは構造論の2でつながってきますので，少しお待ちください。

さて，この章では第三の系列として，相互作用論，その原点の一人としてゲオルク・ジンメルという社会学者について紹介します。ジンメルはウェーバーと同じプロイセン王国（のちのドイツ帝国）の生まれで，6歳年長です。そのため，時代背景については共通していますので，基本的に省略します。裕福な家庭に育ちましたが，「ユダヤ人」であったことで，大学での安定した職には恵まれませんでした。同じくユダヤ人のデュルケムは共和政下のフランスで大学教授になれましたが，ドイツでは差別が厳しかったんですね。その代わり彼はベルリン大学で「私講師」という

図 3-1　ゲオルク・ジンメル
(Georg Simmel) 1858-1918

のをしていました。これはドイツの大学独自の制度で，授業をしても国や大学から給料がもらえない代わりに，受講生から直接聴講料をもらえるという立場でした。つまり人気がなくて受講生ゼロなら収入もゼロになり，逆に人気講師ならそれだけたくさん収入が入るというシステムです。ジンメルはかなりの人気講師だったようなので，あまり教授ポストにこだわりがなかったかもしれませんね。

実はウェーバーは『プロ倫』を書く前からこのジンメルのことを知っていて，彼の本を熱心に読んでいたようです。それでウェーバーの行為論はジンメルからの影響を受けているという研究もあります。ですが，ウェーバー自身はジンメルの研究に対して，方法論に一貫性がなかったり，概念が曖昧だったりする（たとえば相互作用なんて言葉も意味が広すぎるとか）ことを批判しています。ジンメル自身はウェーバーの批判を全然気にかけていなかったようで，とくに反論をした形跡はありません。それでもウェーバーはジンメルを認めていなかったわけではなく，ハイデルベルク大学の教授に推薦したりしているのですが，結局成功はしませんでした。その後二人は家族ぐるみで交流もしていたようなので，関係は良好だったようですが，なんともタイプの違いがはっきりしていることが，これらのエピソードからも垣間見えますね。

そんなジンメルがどんな社会学者だったか，もうなんとなく雰囲気は想像がつくと思います。彼はウェーバーやデュルケムと比べて，「社会学」という学問が他の学問とどう異なるか，といったことに（比較的）こだわりがありませんでした。もちろん，後でみるように彼なりの視点はあって，方法論もまとめて本にしているのですが，かなり色々な対象について，自由自在に考察しています。たとえば，彼の研究は，代表作『貨幣の哲学』のように分厚い本もあるのですが，他にも文庫本で２～３ページくらいで終わってしまう，エッセイのようなものをたくさん残しています。そのテーマは，「橋と扉」「風景」「大都市」「廃墟」「把手《とって》」「顔」「装身具」……といった具合です。ここではその内容についていちいち紹介しませんが，文庫本ですぐ読めますので，何が書いてあるのか気になる人は自分で調べてみてください。

その彼のスタイルが，後の社会学の幅の広さにも大いに影響を与えることになるのですが，これは悪くいえば「社会学」という学問の「よくわからなさ」にもつながってきます。とはいえ，これまでにも説明してきた通り，本来学問というものはすべてつながっていて，互いに支え合っているものですから，「社会学」「経済学」「心理学」のような枠にこだわるのは，実はそれほど本質的なことではありません。彼の研究はそういう枠組みにとらわれない，知的な面白さにあふれています。これまでのウェーバーやデュルケムが好きという人は，そのいい加減さ（？）を不安に感じるかもしれませんが，逆にこれまでの話で社会学ってちょっとムリ……となっていた人は，社会学ってそれだけじゃないんだということを，この章で知っていただければと思います。

(2) 都会っ子ジンメル

同時代で同じ社会を生きていたウェーバーとの違いをもう少し紹介するなら，ウェーバーが国家や政治についても論じていたのに対して，ジンメルはそれよりも文化や倫理に関心がありました。とくに，彼自身はプロイセン王国・ドイツ帝国の首都ベルリンで生まれ育ちましたから，都市の文化について多くのエッセイを残しています。エッセイというのは，その短さもそうなのですが，ウェーバーやデュルケムとは異なって，なんらかの社会調査に基づいて議論を展開するというよりは，筆者と読者に共通する「よくある経験」を元にそこから取り出せるアイディアを言語化する，というスタイルを特徴としているためです。もちろん，話があまりに自然に流れていくので見落としがちですが，このジンメルのスタイルのなかにも，近代と前近代の比較であるとか，具体的な事例から一般化して概念を作り出すとか，そういう社会科学の方法はきちんと押さえられています。

たとえば都市については，「大都市と精神生活」というエッセイがあります。ここでのキーワードは「神経生活の高揚と倦怠」です。都市というのは，刺激がたくさんある場所です。人も情報もたくさん集まり，様々なイベントがあります。そうした中で生活する人は，ある種の興奮（高揚）状態になります。しかし同時に，そうした興奮状態が毎日続き，日常化してしまうことで，刺激に疲れてしまうわけです。これが倦怠（飽きること，だるいこと）です。ここまでは，まあよくある話ですね。もう少し進むと，だんだん社会学っぽくなります。

次に挙げられる都市の特徴は，「社会圏の拡大と交錯」です。都市のようなとこ

図 3-2　20 世紀初頭のベルリンの街頭

ろで，集団の規模が大きくなってくると，集団が個人に要求することが少なくなっていくため，個人は複数の集団に所属することができるようになり，その組み合わせによってどんどん個性的な存在になります。前近代の移動が少ない社会では，人は比較的小規模な集落で生まれ，基本的にずっと「地元」で生きていきます。すると，友達や結婚相手は子どもの頃からの知り合いで，親の仕事を継ぎ，親と同じ人間関係を次世代に引き継ぎます。すると基本的に人間関係は非常にシンプルですよね。しかし都市ではどうでしょう。住んでいる場所のご近所付き合い，仕事の同僚，趣味の仲間と別々の人間関係があります。この辺は，前章でデュルケムの話の最後に出てきた，分業の話とも重なりますね。

都市部の大学に出るため実家から出て暮らすようになった人なんかは，とくにイメージしやすいかもしれません。「地元の友達」と「大学の友達」は重なっているメンバーもいるかもしれませんが，基本的に別です。また「大学の友達」も「クラスの友達」「サークルの友達」「バイトの友達」といった具合に，ちょっとずつ重なり合いつつも，また別の人間関係です。いくら付き合いの長い，仲のいい友達でも，その人間関係＝社会圏がまったく同じということはないでしょう。このように，都市では社会圏の拡大と交錯（まじり合い）が起こるのです。

だからなんだ，ということですが，ジンメルによれば，こうして私だけの人間関係（の組み合わせ）を持つようになって**個性化**した人は，個人主義的な考え方を強めるとともに，自由になる，というのです。ドイツには，「都市の空気は自由にする」ということわざがあります。これは中世において，封建領主の支配下におかれていた農奴や手工業者が，都市へ逃れ，一定期間引き戻し要求がないまま過ごせた場合，領主から解放されるという慣習からきた言葉のようですが，近代においてはまた少し違う意味を持ってきます。もし，狭い人間関係しか持っていなかったら，あるいは属しているグループが一つだけだったら，人はその人間関係や集団の中で嫌われたり，浮いてしまったりすることは極力避けようとするでしょう。でもどうしてもその仲間と合わせられないことなどがあった場合，非常に窮屈な思いをすることになります。それが色んな人間関係を持っていたとしたら，別にこの人たちに嫌われても，他にも友達はいるし，と堂々と振る舞うことができるでしょう。都市における社会圏の交錯は，これと同様に，人を個性化し，個人主義化し，自由にするのです。

(3) 流行論

もう一つ，ジンメルのエッセイを紹介しましょう。これは「女性と流行」というものです。文庫本で５～６ページしかありませんが，「流行」の分析としては，現代社会にもあてはまる見事なものです。簡単にまとめます。流行はなぜあるのか。それは人間に「個性化衝動」と「集団化衝動」という矛盾する二つの欲求があるからだ，というものです。「個性化衝動」は，人より個性的な存在でありたいという衝動，「集団化衝動」は，でも人から浮きたくない（悪目立ちはしたくない）という衝動です。この二つの欲求は矛盾していますが，流行はこれらをうまいこと両立してくれるのです。すなわち，流行は社会的な「ふさわしさ」は損なわずに，相対的な個性への欲求を満たしてくれるというのです。とりあえず流行をおさえておけば，周りの人から浮いてしまうことはないし，流行というのはちょっと先取りしてみることで，自分のおしゃれさをほどほどにアピールすることもできます。ジンメルは「流行は一種の安全弁」とも書いています。バルブ（＝弁）をまわして蛇口から出る水の量を調節するように，個性化と集団化のバランスを調整してくれるのです。

さらにジンメルは，男性にとっての流行と，女性にとっての流行の違いについても述べています。現代でも，女性の方が流行に敏感，のようなイメージはもしかするとまだあるかもしれません。これがなぜかというと，ジンメルによれば，男性は職業の世界の中にいることで集団化衝動を満たし，そのなかで出世することで個性化衝動を満たすので，わざわざ流行に頼る必要がないというのです。とはいえ，ジンメルは同時に，「現代の解放された女性たちは，男性的なありかたに近づき……」ともいっています。女性はみんな（本質的に）流行が好き，というような話ではなく，あくまでその時代に男性・女性がおかれていた社会的立場の違いによって説明しようとしていることに，注意が必要でしょう。

みなさんの中にも，卒業論文で「～はなぜ流行したのか」みたいなテーマを選ぶ人がいるかもしれませんが，そんなときはとりあえずこのジンメルの話を思い出してください。これでかなりのものは説明できてしまうのではないでしょうか。まあ，それだけでは１ページで終わってしまうので，卒論にはなりませんが。

実はこのエッセイには，後の時代の社会学にもつながる大事な要素がすでに含まれています。それはすでに触れた，男性にとっての「職業上の地位」と，女性にとっての「流行」が同じ働きをする，という部分です。「流行」と「職業上の地位」というのは，一見すると「内容」がまったく異なり，何の関係もないように見えます。しかし，それが人にとって持つ意味，社会の中で果たす役割（個性化・集団化衝動を同時に満たす）という点でみると同じ，というのがポイントです。これについては第３節で詳しく説明しましょう。

2　形式社会学の考え方

(1) 社会化の「形式」

ジンメルの社会学の方法論はあまり厳密でもなくて一貫性がないようにもいいましたが，ちゃんと彼自身がまとめた本があります。いくつかありますが，ここでは『社会学の根本問題』をとりあげましょう。この本には「個人と社会」というサブタイトルがついています。やはり文庫本で読めます。ここで彼は**形式社会学**という方法を提唱しています。これは，ウェーバーのいう理解社会学に対応するものですね（ちなみに，デュルケムの方法は「～社会学」のようにいわないので，とくに名前を紹介していませんでしたが，あえていえば「社会学主義」という言葉があります。社会的事実という社会学固有の対象について実証的に研究する立場です）。一応注意しておきますが，この理解社会学だとか形式社会学というのは「考え方・視点」による社会学の分類で，都市社会学だとか環境社会学とか文化社会学といった「対象領域」による分類とは切り口がちょっと違います。

それはともかく，形式社会学というのは，個人または集団間の**心的相互作用**を通じて社会関係が形成される過程（＝社会化）の形式に注目する社会学です。心的相互作用というのは，「人間が目的や意図をもって他者と関わる行為のあり方」のことですが，たんに相互作用といっても構いません。その相互作用を通じて，社会関係が形成される過程，それを「社会化」といいます。この「社会化」は前章のデュルケムのところで出てきた，教育を通じて青少年を社会化する，といったときの言葉とは使われ方が違うのに注意してください。ジンメルの「社会化」は，社会が作られる，社会がまさにそのとき生まれるプロセス，という意味です。

ここにジンメルの社会学の大きな特徴があるのですが，彼はデュルケムのように，社会という客観的なモノが個人の外側に存在しているとは考えませんでした。そうではなくて，まさに人と人とが相互作用をしたとき，そこに社会が立ち上がってくる（あらわれる）と考えました。だから彼の考える社会というのは，実体を持つものではなく，ある種の「現象」であり，常に現在進行形の過程（プロセス）なのです。

デュルケムのときと全然話が違うじゃないか，と目くじらを立てないでください。デュルケムのように社会というモノが構造物のようにドンと存在する（と仮定する）という考え方とは対照的ですが，いずれも社会というよくわからないものを捉えるために，彼らが編み出した一つの方法論なのです。この当時は社会学という学問の枠組みはまだ確立されておらず，それぞれの社会学者が試行錯誤しながら，社会学固有の方法を探っていたのです。本書でも，行為論，構造論，相互作用論とやってきて，第４章からまた行為論に戻りますが，時代が進むにつれこの三つの方法論は絡み合ってきますので，楽しみにしていてください。

さて，肝心の形式社会学の「形式」について説明していませんでした。「形式」の対義語は，「内容」です。ジンメルは社会化の過程（プロセス）を形式と内容に分けて，形式こそが社会学の固有の対象だと論じています。ジンメルが挙げている社会化の形式には次のようなものがあります。「支配と従属」，「競争と闘争」，「協調」，「模倣」，「嫉妬と羨望」，「分業」，「信頼」，「秘密」などです。なんだか雑多な印象を受けますが，そもそも私たちの人間関係のあり方というのは，一つとして同じものはありませんし，非常に複雑なものですよね。しかしそのままでは，結局「人それぞれ」「みんなばらばら」で終わってしまって，何もいっていないのと同じです。前にもいったように，社会学はこういう複雑な状況をとりあえずざっくりと切り分けて，何らかの有効なアイディアを取り出そうとするのです。ジンメルが考えたのは，個別具体的な人間関係の「内容」は切り捨てて，それぞれの人間関係の性質をまとめるラベルとなる「形式」に注目する，という方法です。つまり具体的な事例を抽象化するわけですね。抽象化することによって，様々な具体例にあてはめて考えることができるようになるのです。

たくさんある社会化の形式のうち，いくつかを取り上げて紹介しておきましょう。「競争と闘争」は，いずれも争い合うという人間関係，社会化の形式ですが，ちょっと意味合いが違います。「闘争」は相手を倒すこと自体が目的であるのに対して，「競争」は賞品など何か得るべきものがあり，それをめぐって（間接的に）争うものです。いわば「闘争」は相手と向かい合っているイメージで，「競争」は同じ方向を向いているイメージですね。具体的に誰と誰が，何をめぐって争っているのかは，社会化の「内容」になりますので，ここでは問題になりません。具体例に当てはめてみると，たとえばサッカーなどスポーツの試合の場合は，相手を滅ぼすことが目的なのではなく，あくまでゲームでの勝利が目的なわけですから「競争」になりますね。

「嫉妬と羨望」もよく似た「うらやましい」という感情からくる関係ですが，ちょっと違います。ジンメルによれば，これらは権利要求を持つか持たないかの違いによって区別されます。すなわち，「嫉妬」というのは相手が持っているものを自分が持っていたっていいはずだ，ずるい，という思い（権利要求）を持つのに対し，「羨望」にはそれがなく，ただいいなあ，というだけです。この「いいなあ」のベクトルが心的相互作用であり，それに貼られるラベルが「嫉妬」あるいは「羨望」という「形式」です。具体的に誰が誰に対して，何を「いいなあ」と思うかは，社会化の「内容」ですのでここでは問題になりません。「内容」と「形式」の違い，理解できましたでしょうか。

ここでもう一つ，特殊な「形式」を紹介しておきましょう。それは「**社交**」という形式です。ジンメルによれば，社交は個別の目的などの「内容」を取り去った後に残る純粋な社会化の「形式」です。ジンメルによれば，この社会化の形式は，儀礼的な関わりに身をゆだねることで，現実から解放されるという意味を持っています。「社会を形作っていることを楽しむという感情や満足」であり，誰とどのように付き合うかということ自体は問題ではありません。そこに好きとか嫌いとかいう感情や，損とか得とかいう意図はありません。とりあえず関わる，つるむというのが「社交」なのです。

(2)「信仰」と「信頼」

次に，宗教についてみていきましょう。とはいえ，宗教というのは厳密には社会化の形式ではないので，ここでは「信仰」というべきですね。ジンメルの社会化の形式はあくまで過程（プロセス）だったことを思い出していただければ，宗教というすでに枠組みが出来上がってしまったものではなく，信仰というふるまいの方がしっくりくることがわかりますよね。動詞形で「信仰する」とはいいますが，「宗教する」というのは日本語的にも変です。さて，ここでもジンメルは「信仰」の個別具体的な「内容」に注目するのではなく，それが人々を結びつける「形式」に注目します。キリスト教だろうが，イスラムだろうが（これらが「内容」），「信仰」という相互作用の「形式」には何らかの共通点があり，それに注目するということですね。

いま相互作用といいましたが，何と何の相互作用かというと，この場合は人と信仰の対象（神でも仏でもトーテムでも何でもいいです）の相互作用です。この結びつきが人と人との間のものになると，それは「**信頼**」という「形式」になります。ジンメルは「信仰」というものを，何か特殊なものとして捉えるのではなく，人と人との間の「信頼」と同質のものと捉えています。

そこで，「信頼」とはどういうものか，ジンメルの理解に沿ってみていきましょう。「信頼」というのは不思議なものです。というのも，人は相手のことを完全には理解していなくても，「信頼」することができるからです。友達でも，恋人でも，仕事上の取引相手でも何でもいいですが，必ずしも相手のことを100％知っていなくても，人は人のことを「信頼」できます。逆に100％知らないと信頼できないというのであれば，それはもう信頼ではありませんね。もはやストーカーです。

こうした「信頼」が相互にやりとりされ，繰り返され，複雑に折り重なっていくことで，社会集団というものも作られるのです。ジンメルはまさにこの「信頼」というものが，社会を結びつける最も重要なものだと考えました。デュルケムは教育を通して教えられる「道徳」というモノを想定したのですが，ジンメルはこのように個人と個人の間の人間関係から考えているところが，対照的で面白いところです。

実は「信仰」もまた，人への「信頼」と同じようなものです。そこには不確実性があり，けれども，だからこそ成り立つのです。たとえば宗教というと，その宗教の教義だとかを完全に理解していないと「信じられない」と考えている人もいるかもしれませんが，そんなことをいったらほとんどの宗教は成り立ちません。教義を100％理解して信じている人なんて，どの宗教においてもほとんどいないのではないでしょうか。そしてそれは，全然悪いことではありません。もちろん，どんな宗教か信仰内容くらいは知っていないと始まらないのは確かですが，別に全部理解している必要はまったくないのです。

ジンメルは「宗教が宗教心をつくり出すのではなく，むしろ宗教心が宗教をつくり出す」といっています。みなさんも，仮に特定の宗教を信じていなくても，たとえば大学の合格発表のときとか，思わず「何か」に手を合わせてしまったりしたことがあるのではないでしょうか。その「何か」との関係が「信仰」です。いや，そのとき思わずしただけだ，というかもしれませんが，そういうみんなの「思わず」の「信仰」が重なり合って束になって，「学業成就の神様」みたいなものが生まれてくるのです。ジンメルによれば，どの宗教も，そうした「信仰」が起源となっているのです。

この「信仰」との関連で，ジンメルの考え方をもう少しみていきましょう。彼の『貨幣の哲学』という本のなかに，こんなフレーズがあります。「貨幣と神は一見相容れないもののようにみえるけれども，両者のあいだにはじつに意味深い心理的な関連が見出される」。おカネが神様だという「拝金主義」みたいな話とはちょっと違って，ジンメルはここでやはり社会化の「形式」に注目してその共通点を挙げています。

まず貨幣も神も，「信頼」によって成り立ちます。とくに紙幣なんかは，ただの紙切れなわけですが，それを自分も他者も同じ千円とか一万円の価値があると考えている，という「信頼」が前提になっています。神の場合の「信仰」も「信頼」と同質だということは先にも見た通りですね。次に，いずれも異なる性質を持つものと結びつける＝「統一」するものです。同じ神を信仰するということによって，人々は性別や年齢や国籍を超えて「統一」されるし，同じ貨幣によってまったく異なるものが同じ価値のものとして「統一」されます。100円ショップを思い出してください。そこには本当に様々な商品が売られていますが，みな100円という貨幣の価値によって「統一」されているのです。このように，貨幣と神は，「信頼」「統一」という二つの形式を持つ点でよく似ているのです。

(3) マルクスとジンメル

貨幣（お金）の話が出てきたので，ここで経済学者マルクスとジンメルのスタンスの違いについてもみておきましょう。以前マルクスの話をした際は省略していましたが，重要なキーワードとして「疎外」というものがあります。資本主義経済の特徴は，労働力も含めて何でもお金に変えてしまうことだということは，すでに説明しましたね（序章）。ここに**物象化**という現象が起こります。それは人間や人間関係がモノのように立ち現れてくる現象です。

たとえば私が１時間かけてハンバーガー１個を生産したとして（遅っ！），そのハンバーガーが600円で売れたとしたら，私の１時間の労働力は600円ということになります（ここでは材料費や施設利用に関わる費用など諸条件は省略して，話を単純化しています）。しかし，隣のチェーン店ではほとんど同じ味でほとんど同じ品質のハンバーガーが110円で売っています。そうしたら，みなさんはわざわざ私の店でハンバーガーを買いませんよね。それでは私の店はつぶれてしまうので，私はハンバーガーを110円，あるいはもっと安い値段に値下げするしかありません。まったく同じ労働なのに，私の労働力の価値は600円から110円に下がってしまったのです。このように，人間の活動（労働）がお金（貨幣）へと物象化され，本来人間が「主」で対象や道具が「従」であるはずの関係が逆転してしまうことを，マルクスは「**疎外**」と呼びました。人間が疎《おろそ》かにされるわけですね。

この疎外というのは英語でいえばalienation（エイリアネイション）で，遠ざけること，他者に譲り渡してしまうことを意味しますが，まさに自分にとってあたかも得体の知れないエイリアンにすること，と理解することができます。「私が」働いて作ったはずの成果が，値段を付けられることで，自分から切り離され，エイリアンになる（疎外される）。さらに，資本主義が労働力を物象化して貨幣によってはかられる価値（値段）に置き換えてしまうということは，しばしば人間そのものを自分から疎外することになります。たとえば「年収」で人の価値を判断することは，まさに人間を人間にとって（自分を自分にとって）得体の知れないエイリアンにしてしまうことなのです。

このように，マルクスは貨幣（お金）が間に入ることによって，人間が疎かになるというネガティブな評価をしていますが，ジンメルはどうでしょう。彼は，マルクスのようにネガティブな捉え方ばかりなわけではありません。さきほど神と貨幣が似ている，という話でもあったように，貨幣は「あらゆる人格的なものや特殊なものを完全に保留したままでひとつの統一を実現する」というのです。「お金は人を差別しない」なんて言葉がありますが，つまり豪華な身なりの人が使う1000円も，みすぼらしい身なりの人が使う1000円も，同じ価値ですね。

また，マルクスはお金が人間関係の間に入ることによって「疎外」がもたらされるとしましたが，ジンメルはこれを「**距離化**」といってポジティブな側面も指摘します。すなわち，先もみたように誰が使ってもお金は同じ価値なのですから，お金は人を自由にするのです。お金は人を結びつける（売り手と買い手）ものでもありながら，逆に切り離すこともあります。たとえば「手切れ金」であったり，離婚の慰謝料であったり，借金を返済したら借り手と貸し手の関係も終わります（切れます）。前近代の封建社会の時代には，一般の人々は土地に縛り付けられて自由に移動することができませんでしたが，近代の資本主義社会では，お金さえあればどこにでも行けるのです。

ジンメルは「貨幣が生み出したのは，自由と束縛のあいだのまったく新しい均衡だった」ともいっています。こうして，近代社会においては，貨幣こそが宗教的理念に代わって，個人の絶対的価値となるのです。

3　ジンメル社会学の影響

(1) 機能主義社会学への影響

ここまで，ジンメルの形式社会学についてみてきましたが，今日ではあえて社会化の「形式」と「内容」といった用語を使って研究をしている社会学者はあまりいません。ウェーバーやデュルケムの社会学ほどメソッドとして厳密なものではありませんでしたし，彼自身が大学の正規の教授として弟子を育てなかったこともあるかもしれませんが，直接的な継承者というのがあまりいなかったのです。ですが，それ以上に，彼のミクロな社会に注目する方法は（厳密性などの点で批判はされたものの）ウェーバーの行為論に大きな影響を与えましたし，後の時代の社会学者に様々な影響を与えました。

その一つの例として，ジンメルより半世紀以上後にドイツで生まれたアメリカの社会学者，ルイス・コーザーの**闘争理論**（紛争理論ともいいます）を紹介しておきましょう。闘争（争い）というのは，しばしば集団にとってネガティブなものと捉えられがちですが，実は集団の形成と存続のためには，調和や適応ばかりでなく，闘争も必要だというのです。まず，集団の内部での闘争は人々の不満や敵意を適度に発散し，集団の維持に役立ちます。「雨降って地固まる」なんて言葉もありますね。また，自分が属していない集団（**外集団**）との闘争は，自分が属している集団（**内集団**）の内部での結束（集団内凝集性）を高めます。外側に敵がいると，身内は結束するということですね。もちろん，闘争している本人たちは集団を維持するぞ，なんて考えながら闘争しているわけでは，もちろんありません。あくまで客観的にみたときに，そういう機能（役割，意味）があると解釈できるという話です。こうした視点・考え方を，機能主義といいます（この考え方を，コーザーは師匠のロバート・キング・マートンという社会学者から学んだのですが，マートンは少し後の章で登場します）。

このように，人間関係や社会現象を，具体的事例から一旦抽象化し，一歩下がった視点からみてみると，本人たちは気づいていない，社会的な意味が見えてくることがあります。そうしたスタイルは，実は具体的な「内容」を一旦切り捨てて，様々な事象に共通する「形式」に注目した，ジンメルの方法論に原点を持っているのです。たとえば先ほど，本章第１節で紹介した，「職業上の地位」と「流行」の話がそれです。それらはまったく異なるものだけれども，社会における「機能」（個性化衝動と集団化衝動を同時に満たす）という点では，同じといえるのです。ジンメルは「機能」という言葉を使っていませんが，さかのぼってみれば，そういう発想を提供してくれているというわけです。

(2) 様々なミクロ社会学

さらに，個別具体的な人間関係の場面に注目する（そしてもちろんそこから抽象化する）というジンメルの系譜は，ミクロ社会学といわれることがあります。これについては，今後，相互作用論の２，３と進めるなかで紹介していきます。現象学的社会学，シンボリック相互作用論，交換理論，ドラマトゥルギーなど（今後説明します）がありますが，それらのなかで直接的にジンメルの名前が出てくるわけでは必ずしもありません。しかし，ウェーバーやデュルケムが自分たちの社会学の理論的土台をがっちりと築いた一方で，ジンメルは少し懐を広げて，後の時代の多様な社会学理論が生まれる可能性をひらいたともいえるでしょう。

(3) シカゴ学派（アメリカ社会学）への影響

最後に，ジンメルはアメリカのシカゴ学派社会学にも大きな影響を与えています。シカゴ学派というのは，アメリカのシカゴ大学社会学部を中心に形成された都市社会学の研究グループです。このシカゴ学派について説明するにあたり，これまで触れてこなかったアメリカの社会学についても簡単に紹介しておきましょう。

アメリカの社会学は，そもそもヨーロッパとは異なる独自の発展を遂げていました。序章で，社会学は19世紀ヨーロッパで誕生したといっていましたが，実はデュルケムやジンメルよりだいぶ上の世代の，ウィリアム・G・サムナー（1840年生まれで20歳くらい上）のような「社会学者」もアメリカで活躍していました。彼は「社会学」の名付け親・コントの構想を受け継いだハーバート・スペンサーの影響

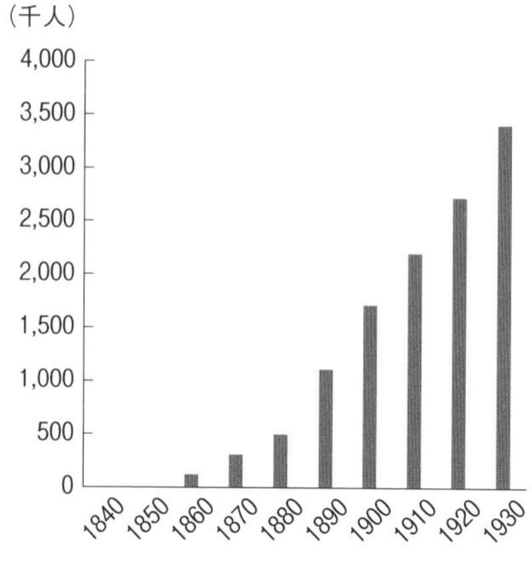

図 3-3　シカゴの人口増加

を受けていました。スペンサーは適者生存の原則に基づく社会進化論という考え方を社会学に応用しようとした人でした。サムナーもその影響を受け，生存競争のなかで人々は最適な欲求充足の手段を選択し，それが慣習化したものを**フォークウェイズ**と呼び，それが信念・規範化したものを**モーレス**と名付けました。さらにサムナーは，適切なモーレスを選択できる人だけが特権階級となり，それができない大衆は特権階級のモーレスをただ模倣するだけだと考えました。

サムナーの著書『フォークウェイズ』が出版されたのは 1906 年で，ちょうどヨーロッパでデュルケムやジンメルが活躍していたのと同じ時代です。しかし社会背景はかなり異なります。アメリカはイギリスとの戦争の末，1776 年に独立宣言を発表し，1789 年にワシントンが初代大統領に就任しますが，これはちょうどフランス革命勃発の年と同じです。そこからアメリカは戦争による領土拡大，南北戦争による分裂と再統一，そして西部開拓時代を経て，1890 年に「フロンティアの消滅」を宣言します。このように，まだ国土も整ったばかりで，ヨーロッパからの移民も大いに受け入れている状態でした。そんな中では，どんな理念で国をまとめるかよりも，雑多な人々が新しい国のなかでいかに生き延び，居場所を作っていくかということが第一の関心事だったのです。サムナーがスペンサー流の生存競争を前提とする社会理論を展開したのも，こういう社会背景とあわせるとよく理解できます。

シカゴ学派が登場した，シカゴという都市も，まさにこうしたアメリカの急激な発展によって大きく変化しました。19 世紀前半には数千人だった人口が，後半には 10 万人を超え，20 世紀にはいると 100 万，200 万と急成長したのです（図 3-3）。この突如出現した大都市に石油王ロックフェラーによって創立されたのが，シカゴ大学でした。その創立の 2 年後の 1892 年には，社会学部が開かれ，目の前で急激に変化する都市をまさに「実験室」として，都市社会学の実証的研究が試みられたのです。

このシカゴ大学社会学部の初代学部長であるアルビオン・スモールは，ジンメル

図 3-4　ロバート・E・パーク
（Robert Ezra Park）1864-1944

の論文「社会学の問題」を，発表されてすぐ翌年に英訳してアメリカに紹介しています。また，シカゴ学派の第二世代といわれるロバート・E・パーク（ウェーバーと同い年）は，もともとジャーナリストでしたが，30歳を過ぎてから大学に入り直し，ベルリン大学に留学して直接ジンメルの教えを受けています。

パークは，同じく第二世代のアーネスト・バージェスとともに，『科学としての社会学への招待』というテキストを編纂しています（緑色の表紙だったことから，学生たちには「グリーン・バイブル」と呼ばれていました）。そこでは，異なる人種どうしが接触するとき，その相互作用が競争，葛藤，応化，同化というプロセスをたどるということが書かれています。初めは競争関係にあった人々が，実際に他者を意識して葛藤し，その関係を調整して（応化），最終的には同化するということです。この考え方には，ジンメルの心的相互作用の理論と，スペンサーやサムナーの社会進化論の両方の要素が入っていることがわかりますね。

第二世代のバージェスは，その後，犯罪や非行などの統計データを地図上に配置して，都市の空間的な構造を明らかにし，都市が同心円状に発展していくという同心円地帯理論を展開します。それによれば，都市はまず中心ビジネス地区の周辺に低所得者や移民が住むスラムなどのある遷移地帯（zone in transition）が形成され，そこからよりよい環境を求めて外部に逃れた人々によって，労働者住宅地帯，一般住宅地帯，通勤者住宅地帯と同心円状に都市が広がっていくというのです。つまり経済的に豊かな人ほど都会の喧騒から離れた場所で生活しているわけですね。こうした「すみわけ」のメカニズムは，動植物が自然環境のなかでどのように共生していくかという生態学にヒントを得た，パークの**人間生態学**という考え方に基づいています。

こうしたパークやバージェスの働きは，シカゴ学派の成立に決定的な役割を果たしました。とくにパークは，指導する大学院生たちを実際にシカゴの都市に送り込み，そこで人々の生活についての詳細な記録を収集させました。彼は「出かけて，本当の調査をやって，自分のズボンの尻を汚してこい」という有名な教えを残しています。そして，集めた具体的なデータをもとに解釈・記述された**モノグラフ**と呼ばれる事例研究をたくさん生み出したのです。それは，ホームレスを対象としたネルス・アンダーソンの『ホーボー』（1923年），非行少年を扱ったクリフォード・ショウの『ジャック・ローラー』（1930年），娯楽の場における性風俗を調査したポール・クレッシーの『タクシー・ダンスホール』（1932年）など，実際に現地におもむき，そこで生きている人々の話を聞いてみなければ実態のわからない世界を，生き生きと描き出すものでした。

ここに至って，大衆は特権階級のモーレスを模倣するだけ，と考えたサムナーの社会学から，実際に生きて考える人々の相互作用の観察から成る社会学へと，アメリカ社会学が大きな転回を遂げたことがわかります。この都市に住む人々のミクロな営みから出発するという姿勢は，まさにジンメルの影響を受けたものといっていいでしょう。こうしたシカゴ学派が，その後アメリカ社会学の大きな流れの一つとなるのです。

文献案内

① ジンメル, G., 北川東子編訳・鈴木直訳, 1999,『ジンメル・コレクション』(ちくま学芸文庫), 筑摩書房.

② 徳田剛他, 2018,『ジンメルの論点』ハーベスト社.

③ 中野正大・宝月誠編, 2003,『シカゴ学派の社会学』世界思想社.

ジンメルの理論はウェーバーやデュルケムと比べるとその軸がつかみづらいですが，そのつかみづらさにもジンメル理論の魅力があります。①は本書のなかでも紹介した「女性と流行」も所収した論文集です。②はタイトルの通りジンメルの提示した様々な論点を，「アイディアの宝庫」として紹介し解説してくれている本です。③はジンメルからの影響を多分に受けたシカゴ学派の社会学に関する解説書です。学派の歴史だけでなく，その研究領域によって人と作品という観点から解説してくれています。

幕間 1

「不自由」であることに気づく（イデオロギー論 1）

1　イデオロギーとイデオロギー装置

(1)　イデオロギーとは

ここまでで社会学の基本となる三つの考え方，行為論，構造論，相互作用論について一巡してみてきましたので，ここで一旦インターミッション（芝居でいう幕間）を設けたいと思います。

序章でも，社会学は脱常識の学だというようなことにも触れましたが，この常識というものについて，ここでは少し掘り下げて考えてみましょう。その際，社会学に限らず社会科学全般でよく使われる**イデオロギー**という用語に注目してみたいと思います。

イデオロギーとは何か，と調べると，「(1) 歴史的・社会的に全体として規定された考え方の型，(2) 政治，社会に関する基本的な考え方。思想傾向」（日本国語大辞典），あるいは「経済的あるいは政治的システムが依拠する一連の理念，(2) 一連の信念，とくに特定の集団によって抱かれ，人々のふるまい方に影響を与えるもの」（Oxford Advanced Learner's Dictionary, 9th Edition, Oxford University Press から翻訳）と意味が出てきますが，実際のところ，論者によって使われるときのニュアンスはだいぶ違います。

使い方として社会学者に共通するのは「他の考え方もいろいろあるはずなのに，あたかも唯一真正のように思い込まれている信念」を批判的にいいあらわすという点です。とはいえ，これも「定義」としてはいっていなくて，共通点はだいたいこう，ということです。さらにいえば，本人は「唯一真正のように思い込」んでいるので，それがとくだん「信念」だとさえ意識していない（ことがある），というポイントも付け加えるべきでしょう。本人は，それが「あたりまえ」（唯一真正）だと思っていて，「社会」から影響を受けたとも思っていない。「考え方」とかいうと，他にもありそうな感じになってしまいますが，それが「あたりまえ」だと思っているので，本人は「考え方」だとさえ意識していないのです。

そういう本人も気づいていない「考え方」を，目に見えるかたちでえぐり出す言葉が，「イデオロギー」と考えるのがよいかと思います。だから「イデオロギーに染まる」（「自分では気づいていないようだけど，洗脳されているんだ！」）とか，「お前の言っていることはイデオロギーにすぎない！」とか，相手が意識していない「考え方」を，批判的にえぐり出すときに使えるわけです。「本人も気づいていない」のですから，私もあなたも，いくら自分はイデオロギーなんて持っていない，信じていないといっても，何らかの「イデオロギー」に「染まっている」かもしれないのです。

例を出してみましょう。「日本人の多くは無宗教だ」というのも，見ようによってはイデオロギーです。墓参りや初もうでをまったくしたことがない日本人は，かなり少ないのではないでしょうか。それは宗教ではないって？　しかし，宗教はそもそも定義することが難しい概念です。「神」の存在にしたって，仏教にはもともと「神」なんて概念はありませんし，「神」の定義も宗教によって様々です。非科学的なことを信じていること？　それなら科学を非科学的に「信じて」いるほとんどの人は，科学という「宗教」を信じていることになりますね。血液型占いを信じても宗教ってことになります。宗教団体に入っていないって？　別に宗教は団体である必要はまったくありません。というか，「国民」とか「民族」「文化」レベルでみんな同じものを信じていたら，それが「宗教」だと認識する必要さえないし（文化とか常識という），「団体」に入っているという自覚さえないでしょう（実はその「外」に出たら通用しないのに）。宗教とはこういうもの（だから自分は宗教を信じていない），というのは，多くの場合都合のいい思い込みや決めつけなのではないでしょうか。

他の例です。「両親がいて，未成年の子どもがいる家族が，ふつうの家族である」というのも，イデオロギーでしょう（これはいわゆる核家族，とも違います。たとえば政府の統計では，核家族には夫婦のみの世帯，ひとり親世帯，高齢の両親と成人の「子ども」の世帯も含みます）。現実には，日本では「単独世帯」の割合が全世帯数の三分の一以上にのぼっており（38.1%），「夫婦と子ども」の世帯の割合（25.1%）をすでに 10 ポイント以上超えています（2020 年国勢調査）。「ふつうの家族」はもう「ふつう」ではないのです。

他にも，ここでは理由を詳しく展開する余裕がありませんが，「男らしさ／女らしさ」もイデオロギー，「文化遺産は価値があるもの」というのもイデオロギーということができます。じゃあ結局，何でもイデオロギーじゃないか，と思われるでしょうか。そうなんです。世界はすべてイデオロギーで覆われていて，私たちの考え方はその影響を受けているのに，ふだんはほとんど気づくことがないのです。でもそのイデオロギーは，実は唯一絶対の考え方ではない。社会によって，時代によっても違うかもしれない。他の考え方でもありうるかもしれないのです。

(2) 価値観とイデオロギー

少し視点を変えてみましょう。イデオロギーは価値や信念の体系（＝色々な要素が秩序だって結びついたもの）ともいわれますが，これに関して私がいつも思い出すのは，数年前まで受講生のみなさんに手書きで授業のコメントを書いてもらっていたとき，「価値感」という誤字が非常に多かったことです。「価値観」という字が正しくて，「価値感」なんて言葉は間違いで辞書にも載っていないのですが，ここには現代人（日本人？）の「価値観」観がよく表れていて面白いと思います。

『日本国語大辞典』（第二版，小学館）によれば，そもそも「価値観」というのは，「人が自分を含めた世界や，その中の万物に対してもつ評価の根本的態度，見方」とあります。さらに「観」という字には，「外見」という一般的な意味だけでなく，「仏語。物事を細心に分別し，観察すること。また，心中で深くみきわめて，ものの本質を悟ること」という意味もあります。つまり仏教用語で，ものの本質を見抜くような，深い重い意味を持った字です。英語の“value”にも，一般的な「価値」という意味だけでなく，「（社会的な）価値（基準，体系，観）：理想，習慣，制度など，その社会の人たちにとってよいとされるもの」（『ランダムハウス英和大辞典』第２版，小学館）という意味があります。つまり，“value”というのは，社会的につくられた習慣や制度のなかに位置づけられるものなのです。日本語の「観」がつく「価値観」は宗教的な意味合いを抜きにしても，それが社会にしっかり根付いたものという点は共通しています。

つまり，価値「感」という誤字が多いという事実は，現代人にとって「価値」というものが，社会の中に根付いた「観」としての力を失ってしまい，そのつど気分によって変わってしまうようなふわふわした「感」じるものになっていることを表しているように思えるのです。「おっ，これは「お得」だな」とか，そう「感じる」のが価値観ではなく，「こういう作品はこれくらいの価値を持つべきだ」と社会の中で共有された習慣や理想の中でしっかりと見抜こうとするのが価値観なのです。

ここでいう「社会の中で共有された」というのは，国レベルでの文化の場合もあるでしょうし，たとえば家庭で受けた教育のような場合もあてはまるでしょう。

では，このように社会に根づいた「価値」というものがリアリティを失って，何となく「感じる」だけのものになってしまっているとしたら，「価値や信念の体系」としてのイデオロギーももはや過去のものとなったのでしょうか。

これについて，私はたんに，イデオロギーというものが意識しづらくなっただけではないかと考えています。社会学では，近代社会になって地域社会や職業団体のような**中間集団**が解体するということがよくいわれており，それによって，中間集団ごとに共有された価値や価値「観」はたしかに衰退したかもしれません。しかし，価値の体系としてのイデオロギーは，メディアの発達やグローバル化によって，ざっくりとした「人間ならみんな」とか「日本人ならみんな」とかいう価値観になり，たんにそれが価値観とは意識されない「常識」（それ以外の考え方はありえない）になってしまった（そしてそのなかでの細かな違いは人それぞれと「感じる」だけのものとなった）のではないかと私は考えています。

ただ共有された価値のカバー範囲が広くなったとはいえ，それはあくまでも一つの価値「観」であり，唯一絶対ではなくて，他でもありうるものかもしれません。そこに，もっとよい考え方や，あり方・やり方があるかもしれないと考えるために，やはりイデオロギーの考え方は大事なのです。

「つらくても男はガマンするもの」とか，「結婚してはじめて人は一人前になる」とか，そういう考え方が「常識」という人もいます。でも，「そんなものイデオロギーだ」と蹴飛ばして，もっと自分たちに適した考え方やあり方をみんなで考えた方が，よっぽど世の中よくなると思いませんか。「イデオロギー」はいわば（気づかない間に信じてしまっている）現代の宗教です。それを信じていた方が幸せな人もいるかもしれないのは事実でしょうが，あくまでそれは一つの考え方に過ぎませんし，自分に合わないと感じる人は，目を覚ますべきでしょう。

(3) マルクス主義におけるイデオロギー

人々の目を覚まさせるためにこの「イデオロギー」という言葉を使った代表が，カール・マルクスとフリードリヒ・エンゲルスです。彼らは『ドイツ・イデオロギー』という本（ただし刊行されたのは二人の死後）の中で，イデオロギーを，世界についての誤った認識（**虚偽意識**）と定義し，それがとくに支配階級（資本家階級）に有利な考え方であると指摘しました。具体的には，資本主義が階級間の搾取を生んでいることを隠蔽するような考え方のことです。私たちは資本主義が唯一の「正しい」社会の仕組みのように信じ込んでしまっているけれども，実はそんなことはないんだとそのイデオロギー性を指摘（イデオロギー暴露）したのです。資本主義は実は資本家に有利なだけで，労働者は搾取されるだけの仕組みなのだから，もっといい仕組みを考えようよ，ということで（まだ現実には存在しない）共産主義の構想へと進んだわけです。

図 幕1-1　ルイ・アルチュセール
(Louis Pierre Althusser)
1918-1990

その後イデオロギーという言葉は色々な論者が，色々な意味で使うのはすでに触れた通りですが，ここではマルクスの系統のイデオロギーの考え方を，もう少し紹介しておきましょう。ルイ・アルチュセールというフランスの哲学者の「イデオロギーと国家のイデオロギー装置」(1970 年）という論文です。アルチュセールは，1918 年，ちょうどデュルケムが亡くなった次の年に生まれている人です。第二次世界大戦中は対独レジスタンスとして活動して，そのなかで後の妻と出会っているのですが，そのずっと後，1980 年に精神を病んで妻を絞殺してしまうというショッキングなエピソードがある人でもあります（精神鑑定後，心神喪失とされて訴えられず，その 10 年後に本人も亡くなっています)。というと，そんな目でばかり見てしまいますが，若い頃はマルクス研究に科学的視点を導入してフランス共産党を内側から批判しつつ，パリ高等師範学校（高等教育機関の教員や研究者を養成する大学で，ノーベル賞受賞者なども多数輩出しています）で，第 11 章で登場するミシェル・フーコーなど 20 世紀を代表する数多くの哲学者を育て，社会学や人類学や政治学にも大きな影響を与えました。

このアルチュセールは，マルクスらのイデオロギーの考え方を引き継ぎましたが，なぜ人々は自分にとって不利かもしれないイデオロギーに黙って従っているのか，という問題に取り組みました。支配者たち（マルクス主義でいえば資本家たち）は，自分たちに有利な世の中の仕組みを維持するために，二つの手段を用います。それが抑圧装置とイデオロギー装置というものです。「装置」というと機械みたいですが，「構造」と同じで，いくつかの要素が組み合わさって，何らかの機能を果たすもののことを，装置といっているんですね。

まず抑圧装置というのは，軍隊や警察など，暴力に訴えて人々を黙らせる装置です。実際に暴力を振るわなくても，法を破ったら捕まる，という意識が人々を法に従わせている（仮にその法が理不尽なものだと思っても）面があります。しかしながら，そうやって暴力をふるったり，威圧したりして黙らされるのでは，人々の不満がたまって，いつか爆発してしまうかもしれません。そして近代の文明社会では，そういうことはあまりすべきではないと一般に考えられているのです。

これに対して，（国家の）**イデオロギー装置**というものが発明されました（もちろん，発明した人たちは，それを「イデオロギー装置」なんて呼んで作ったわけではないですよ）。それは，典型的には学校です。アルチュセールは，他に教会，家族，マスメディアなどを挙げています。こうしたイデオロギー装置，たとえば学校では，人々はなにも無理やりイデオロギーに従わされているのではなく，それが「あたりまえ」だということを刷り込まれ，いつの間にか自発的にそれに従うようになるのです。

とくにここで大事なことは，刷り込まれるイデオロギーがたんなる「考え方」以前に，「身体」に刷り込まれるということです。チャイムが鳴ったら席に着く，ということは，時間は守らなければならない，という「考え方」として習得される以前に，ただチャイムがなったら無意識に席に着くという習慣として「身体」に刷り込まれるのです。そもそも子どもは毎日学校に行く（行かねばならない），ということ自体がイデオロギーです。勉強をするなら，あるいは遊ぶなら，何も学校に行く「だけ」が選択肢ではないのです。協調性を身に着けるため？　学校に行ったって協調性が身につかない人はたくさんいますし，学校なんて行っていなくても協調性がある人はたくさんいます。そもそも協調性なんてなくたって，他の能力が高ければその能力を学校以外で伸ばしてあげる方が，よっぽど「社会のため」にもなるでしょう。「協調性が大切」という考え方だって，学校というイデオロギー装置が私たちに刷り込むイデオロギーなのです。

2　イデオロギーからは逃れられない

(1) 亡命社会学者マンハイム

イデオロギーという概念を使って独自の理論を展開した社会学者を紹介します。カール・マンハイムという人です。彼は 1893 年，オーストリア＝ハンガリー帝国時代のハンガリーのブダペストで生まれたユダヤ人です。もともと大学では哲学を

図 幕1-2 カール・マンハイム
（Karl Mannheim）1893-1947

専攻していましたが，1914年にベルリンでジンメルに学び，第一次大戦後の混乱のなか，ドイツに移住します。そこでマックス・ウェーバーの弟のアルフレート・ウェーバーとも交流をして，しだいに社会学の業績を残すようになります。ジンメルがそうだったように彼も私講師として大学で教えていましたが，1929年に正教授になることができます。しかし，1933年，ナチスによって職を追われ，イギリスに亡命します。その後はイギリスを拠点として活動し，メディア（ラジオ）研究，教育社会学など幅広い研究を展開します。

さらに，ユネスコ（UNESCO，国際連合教育科学文化機関，今では世界遺産事業で有名ですね）の立ち上げにも関わり，ヨーロッパ支部長を務めるなど，現実の社会にも積極的に関わった人です。ユネスコ憲章の前文は，「戦争は人の心の中で生まれるものであるから，人の心の中に平和のとりでを築かなければならない」という文言で有名ですが，これから紹介するマンハイムの理論は，まさにそうした理想を現実にするために非常に大きな示唆を与えてくれるのではないかと思います。

(2) 相関主義

ここで注目するのは，彼の前半のドイツ時代の理論になりますが，そのキーワードは二つ，「相関主義」と「距離化と再原始化」です。

まず「**相関主義**」についてみていきましょう。彼は1929年の『イデオロギーとユートピア』のなかで，人間は特定の視座構造（思考の枠組み）に組み込まれており，イデオロギーから逃れることはできないとして，それを思想の**存在被拘束性**と呼びました。ちょっと用語が堅苦しいですが，要するに人間は何らかのイデオロギーに囚われていて，そこから自由にものを考えることは難しいのだ，ということをいっています。ここで彼は，イデオロギーという概念の批判的性質はそのままに，それを相手だけではなく自分たち自身にも向けるべきだと主張しています。すなわち，相手の知識をイデオロギーとして批判するだけでなく，自分の知識も社会的条件によって規定されたものだと気づくべきだというのです。この，他のイデオロギーを批判しているだけのときのイデオロギーを特殊的イデオロギー，自分の認識も含めてすべてのものに適用されたイデオロギー概念を普遍的イデオロギーといいます。つまり特殊的イデオロギーの状態を脱して，普遍的イデオロギーの考え方に到達する必要があるということですね。

では，それはどのようにして可能になるのでしょうか。自分が「あたりまえ」だと思っていることを，イデオロギーだと認める（それが唯一絶対の真理ではない）ことは，先に見た思想の存在被拘束性にもあるように，本当に難しいことです。マンハイムはそこで，相関主義（relationism）という方法を提案します。これは，相対主義，という言葉と似ていますが，内容はまったく違います。相対主義の反対となる絶対主義と合わせて，確認しましょう。絶対主義というのは，文字通り，あるものに絶対的な価値や基準を置く考え方・態度ですね。それに対して相対主義（relativism）というのは，そんな絶対的なものなどない，ものの見方による，といったような考え方・態度です。なんでもものごとを相対化してみる，というのは，社会学の方法としても非常に有効なものであることは，これまで本書でもみてきた通りです。

ただ，こうした「見方による」という考え方・態度は，ともすると「どっちも正しい」というどっちつかずな態度になりがちです。現実に言い争って一歩も譲らないＡさんとＢさんがいて，それに対してあなたが「どっちもどっちだよ」なんて言ったら，どうなるでしょうか。それは一見，中立の立場を表明しているようでもありますが，実際には，ＡさんもＢさんもそれだけ一歩も譲れない理由がちゃんとあって真剣に争っているのですから，あなたの態度を無責任で無関心な態度だと思って腹を立てるでしょう。こういうとき，「相対主義」は非常に無力なのです。

これに対して，マンハイムの提唱する「相関主義」は，「関」わるという文字が入っているのがポイントです。「どっちもどっち」というのは，要するにあなたたちが争っている内容は私にはどうでもよく見える，という「無関心」「無関与」な態度なのです。しかしマンハイムはむしろ，積極的に相手に関わっていってこそ，認識が深まると考えます。すなわち，複数のイデオロギーが互いを鏡として自己認識を深め合うのが相関主義だというのです。ＡさんもＢさんも，相手がなぜそのように考えて譲らないのか，その社会背景や歴史的文脈も含めて考えて，それと同時に自分自身についても振り返ってみるということが必要なのです。あなたが仲裁の立場に立つのであれば，「どっちもどっち」ではなく，やはり両者が譲れない理由をその背景も含めてよく理解するように努め，その上で自分自身のイデオロギー性も見つめ直して，初めて仲裁ができるのです。

(3) 距離化と再原始化

次に，距離化と再原始化です。イデオロギーというのは，ものの考え方の体系ですから，ある種の「世界観」です。そう考えると，人間は近代以前から，何らかの世界観を持って社会を作ってきました。それはたとえば宗教や神話によって作られた世界観です。さらにそれ以前の原始的な社会にまでさかのぼると，世界観というのは非常にシンプルなものになります。神が世界を作って，人間を作って，といったように。しかし近代化により社会的分化が進み，世界観が多元化すると，特定の宗教だけで世界のあり方を説明することには無理がでてきます。世界には色々な考え方の人がいるし，宗教だって色々あるのです。こうして，自分自身の考え方を反省し，世界観は自然と相対化されていきます。これを「生からの距離化」といいます。

しかし，こうした状況は人々に不安感ももたらします。簡単にいえば，人々が色んな考え方を持っているということは，近くにいる他人が何を考えているかよくわからない，ということでもあります。なんだかめんどくさいし，ややこしいのです。実際私たちは，自分と同じような考え方の人たちと一緒にいると安心するし，わざわざ口で説明しないでもわかってくれるような関係を「楽」だと感じがちです。こうして，人々はもう一度，「わかりやすい」世界を求めて，シンプルな世界観に固執しようとするのです。これが「再原始化」です（原始的な社会での世界観に戻ってしまうから）。

マンハイムは，ファシズムがその一例だといいます。ドイツ人は優れた民族だ，でもうまくいかないことがあるのは，みんなユダヤ人が悪いからだ，ってめちゃくちゃわかりやすい「世界観」ではないでしょうか。近代化につれて社会はいまもますます複雑化しているのに，その複雑さに向き合うことを避けて，単純な考え方，「わかりやすさ」にばかり逃げようとしてしまうのです。マンハイムはこれに対し，常に様々な世界の解釈の可能性を試みていく実験的生活という態度を提案しています。一つのものごとに対して色んな見方を試してみる，ということですね。何が一つの「正解」かを探すよりも，「他にも正解があるかも」と探す態度が大切なのです。

いずれにせよ，この実験的生活というのは，さきほどの相関主義の方法とも重なり合います。自分は何も信じていない，中立だ，なんて思い込むのではなく，そんな自分が知らない間に縛られているイデオロギーを素直に認め，もっと他にも色々な考え方があるかも，と考えることこそ，現代社会で本当の意味で自由に生きていくために必要なことなのです。

3　イデオロギーとしての科学

(1) マートンの科学社会学

さて，ここまでイデオロギーという用語に関わる議論をみてきましたが，その多くはやはりマルクス主義が重視する「資本主義 対 社会主義」という枠組みに基づいており，社会主義の大国であった旧ソビエト連邦が崩壊してもう数十年にもなる現在では，ちょっとピンとこないという人もいるでしょう。しかし，イデオロギーという用語は決して資本主義か社会主義かということにとどまらない射程を持っています。そこで，ここでは，唯一絶対ではないのに，そう思い込まれている認識・世界観の一例として，「科学」というものについても考えておきたいと思います。

これまで本書では，(とくに第1章 (1) などで)「科学」とは決して絶対的な真理を提示するものではなく，一定の手続きに基づいて仮説を検証し，とりあえず確からしそうなことを提示するものだと，何度か説明してきました。また，それに加えて，科学というのは絶対的な真理を提示するものではない以上，その手続きのやり方などについて，他の人が色々な角度から批判し，わかっていることをより確かなものにする必要があることも説明しました。つまり，批判の余地があるからこそ，科学は信用できるということです。批判の余地というのは，たとえばこういう風に実験しましたとか，こういうデータに基づいて分析しましたとか，結論に至るプロセスをきちんと示すことによって生まれます。それによって，他の人はその実験の仕方はこういうところに問題があるのではないかとか，別のデータに基づけば異なる結論に至るのではないかと，批判できるようになります。

科学の世界において批判とは悪口ではありません。いうなれば「作法」です。「〜は〜を激しく批判した」なんて書いてあると，批判している人がすごく感じの悪い人にみたいに思うかもしれませんが，それは科学の世界ではごく普通のことですし，学問的に批判したからといって別に相手のことを人格的に攻撃しているわけではないのです。逆に，批判されなければ，学会では無視されているのと一緒です。批判されるというのは，研究者（科学者）としてはむしろ名誉なことです。だってその分野で，わざわざ相手にされるに足る存在になったということですから。批判が的外れであったり，言いがかりに近いものであれば当然論外なのですが，それが論理的で妥当な批判であれば，それは批判された方にとってもメリットがあるのです。その批判が「痛い」ものであればあるほど，それは自分の研究や理論をより強く優れたものにしてくれるのですから。

　このように，科学の世界というのは，「考え方」や価値観だけでなく，世間一般の感覚からするとちょっと理解しがたいかもしれない作法や習慣があります。たとえば一般の人にとって「学会」といえば，白衣を着た人が集まって難しい顔して議論しているようなイメージがあるかもしれません。しかし学会によっても「文化」は全然違って，たとえばどんな服装で参加するのかも，本当にまちまちです。社会学系の学会ではどちらかというとスーツの人が多いけれど，国際学会ではスーツを着ているのはイタリア人か日本人くらいだったり，あえて民族衣装で参加する人もいたりします。分野によっても，人類学会は社会学会よりラフな格好の人が多いような気がします。あと私は直接知りませんが，化学系はスーツが常識，物理系はＴシャツ，数学系は服を着てさえいればいい，なんて冗談も聞いたことがあります。何がいいたいかというと，研究者・科学者の世界も，それぞれ小さな「社会」であり，「文化」を持っているということです。

　ちょっと脇道にそれましたが，こうした科学者の「社会」に注目した研究をしたのが，本書でも第５章で出てくるロバート・キング・マートンです。マートンは，科学者の社会の文化，とりわけそこで共有されている規範（共通価値）に注目します。それはたとえば上にみてきたような，「批判」についての考え方だったりしますが，マートンはそれを四つに整理しています。普遍主義，共有主義，没利害性，懐疑主義です（図 幕1-3）。

　「普遍主義」というのは，科学者というのはその場限りではなく，条件さえそろえればいつでもどこでも観察できるような普遍的な「法則」を探求するものだ，という規範です。「私が実験したときはそうなったんです」といくら主張しても，他の人，別の機会に同じ結果となれなければ，その「発見」は普遍的とはいえません。

　「共有主義」というのは，わかったことはみんなで共有しようという規範です。「学会」というのはまさにそのためにあります。科学者個人の努力や業績をちゃんとリスペクトすることも大事なのですが，科学の発展のためには，みんなでわかったことを共有して，アドバイスしあって，みんなで協力していこうということです。

　これにも関連しますが，「没利害性」というのは，自分の利益とか名誉ばかり追求することは，科学者として望ましくないという規範です。もちろん，科学者たちも生活のためには仕事やお金が必要ですし，研究を続けるための資金も必要です。しかし，金もうけや有名になるためという意識が行き過ぎると，場合によっては科学的な研究成果をゆがめてしまったり（企業からお金をもらって本当は効果のない栄

普遍主義	共有主義	没利害性	懐疑主義

図 幕1-3　科学者の４共通価値

養食品を効果があると発表したり）することが出てきます。

最後に，「懐疑主義」ですが，これは何度も説明している「批判」してこそ科学という規範ですね。どんなにえらい先生が発表した成果でも，どんなにもっともらしく聞こえる理論でも，「本当かな」と疑い，別の角度から検証してみるべき，という規範です。

科学者の社会（コミュニティ）には，分野によって様々な特徴があれど，こうした四つの特徴は共通している。だからこそ，みな「科学」であり「科学者」であるという前提が生まれるのです。とはいえ，こうした規範は，一般の人からするとちょっとなじみにくい部分はありますよね（それでも，大学で「学問」の世界に触れているみなさんは，なじんでもらわないと困るのですが）。それなのに，なぜ科学者にとっての規範はこうなったのか。マートンはそれを，「科学はなぜ近世西欧で確立されたのか」という問いに置き換えて考えます。もちろん，西欧以外，たとえばアジアなどでも，科学者「のような」人はいないことはなかったですが，先にみた四つの規範を共有した科学者のコミュニティが形成されて，本格的に科学が発展を始めたのは，16～17 世紀（日本でいうと戦国時代から江戸時代の初めくらい）の西ヨーロッパだったのです。

気づいていただきたいのが，このマートンの問い，「科学はなぜ近世西欧で確立されたのか」が，ウェーバーの「資本主義はなぜ近代西欧で発達したのか」という問いのアレンジであるということです。このことに気づけば，もう答えは見えましたね。突飛な問いに思われるものも，過去の「巨人の肩」の上にのれば一気にわかりやすくなります。つまり，科学の発達の背後には，資本主義を発達させたのと同じ，キリスト教のプロテスタンティズムの禁欲的な倫理，生活態度があったのです。

とくにイギリスでは，プロテスタンティズムのなかでもことさら禁欲的で，理性を重視するピューリタニズムの信仰がさかんでしたから，17 世紀に世界最古の「学会」といえる王立協会が設立されるなど，比較的早い段階から科学者のコミュニティが発達しました。プロテスタントの禁欲的な態度が，研究成果を独り占めするのではなく，みんなのため，科学の発展のために共有しようという発想につながったのです。

このように，「科学」というのは歴史的に発達してきた思想や，同じ規範を共有する科学者たちの社会（コミュニティ）によって支えられる，一種の「制度」（社会的なしくみ）だといえるのです。

(2) クーンのパラダイム論

マートンが科学者の社会の構造を明らかにしたのだとすれば，彼より後に登場した科学者で哲学者のトマス・クーンは，その社会の変動に注目したといえます。彼は1962年に発表された『科学革命の構造』のなかで，**パラダイム**という概念を提示しています。

有名な逸話で，17世紀にガリレオ・ガリレイが天体の運動を観察して，地動説を主張したのに対して，それが同時代の学会に受け入れられず，ガリレオが「それでも地球はまわっている！」といったという話がありますね。実は地動説については，ガリレオよりさらに前，16世紀前半にポーランドの天文学者でカトリックの神父でもあったニコラウス・コペルニクスという人も発見していたのです（このことから，発想の根本的転換によってものごとの見方が変わってしまうことを「コペルニクス的転回」といったりします）。しかし彼は生前にその説を発表することはなく，彼が使用した望遠鏡などの技術レベルも決して高いものではなかったので，発表後もあまり注目されることはなかったのです（「批判されない」って悲しいことですよね！）。しかし，100年経って，ガリレオが地動説を発表したときには，コペルニクスの時代には理論的に解明されていなかった惑星の楕円運動（ケプラーの法則）が発見されていましたし，技術の発達で望遠鏡もずっと精度の高いものになっていました。そのおかげで，ガリレオの地動説はかなりの説得力を持ったものとなり，大いに注目されるものとなったのでした。

しかし，ガリレオにとって不幸だったのは，彼が活動していたフィレンツェ（ちなみに，当時はまだ「イタリア」という国は存在していませんでした）はカトリックの総本山であるローマの影響力が非常に強く，経験論的な科学が十分に受け入れられていなかったことでした。

とはいえ，彼を宗教裁判にかけた教会の人たちも，ガリレオの科学的発見を全面的に否定していたわけではありません（当時の教会のえらい人たちは，キリスト教だけでなく哲学やあらゆる学問に通じた知識人でしたから，下手をすると科学の「結果」ばかりを盲信している現代人よりも，よっぽど理性的・科学的にものごとを考えていたとさえいえるでしょう)。教会の人々の理屈は，ガリレオが地上で観察した事実やそこから導き出した法則は正しいだろう，しかし，それは地上の人間の理屈であって，天上の神の世界の原理としては当てはまらない，というものでした。実際，ガリレオ自身だって，「あ，今地球が動いているぞ（まわっているぞ)」と観察したわけではなく，望遠鏡で観察した天体の動きから，地球そのものが動いているということを推理したにすぎません。

そういう意味では，教会には教会の理屈があったといえます。しかし，それはガリレオが考えている「科学」のあり方とは同じではなかったということです。つまり，なぜガリレオの地動説が受け入れられなかったのかといえば，それがその時代・社会の科学の考え方に適合しなかったからだといえます。

クーンは，このような,「一般に認められた科学的業績で，一時期の間，専門家に対して問い方や答え方のモデルを与えるもの」(科学者の世界モデル）のことをパラダイム（paradigm）と呼びました。これは科学者にとっての世界観であり,「常識」といってもいいかもしれません。教会にとっては，神の世界の論理と，人間が観察できる世界の論理を一緒くたに論じるということは，その「常識」，パラダイムから外れることだったわけです。しかしながら，ガリレオ以降，こうした教会の考え方に適合したパラダイムでは，説明がつかないような事例がたくさん発見され，蓄積していきます。その結果,「パラダイムの危機」が生じ，新しいパラダイムが出現する科学革命（あるいは，パラダイム・シフトとも）が起こる，とクーンは説明したのです（とはいえ，ローマ教会がガリレオ裁判の誤りを認めるのは，それからさらに300年後の1992年のことでした)。

歴史上,「科学革命」といえばちょうどこのガリレオが生きていた17世紀頃に起こったと考えられているものですが，クーンによれば，こうした科学革命はそれだけではなく，ニュートンの力学体系が行きづまってアルベルト・アインシュタインの相対性理論が生みだされたという経緯もまた科学革命の一つだといいます。

近代の物理学にとっての「常識」を作ったニュートンは，時間はあらゆるものに同じように流れると考えていました。しかし，アインシュタインは，時間の流れ方は立場によって変わる，と考えました。楽しいことをしていると時間が経つのが早い，というような気分の問題ではありません。実際に，時間の流れ方が違うのです。たとえば，高い山の上にずっといた人の50年と，平地にずっといた人の50年は，同じ長さではありません。時間は重力の影響を受けるので，重力源である地球に近い平地にいる人の時間は相対的に遅く流れ，逆に山の上にいる人の時間は相対的に早く流れます（一般相対性理論）。同様に，国際的に活躍しているビジネスマンなどで，飛行機に乗って雲の上（重力源から遠く重力が弱い）にいる時間が長ければ，一生かかってみると，ずっと飛行機に乗らずに生きてきた人よりは相対的に長い時間を過ごしている（つまり少しだけ年を取っている）ということが実は起こっています。しかし，その差はあまりに微々たるものなので，私たちが普通に生活を営む上ではほとんど気づかないレベルです。ただ，人類の科学が地球の外の宇宙まで対象にするようになると，時間はどこでも同じように流れているという科学の「常識」を覆さなければならなくなるのです。

余談ですが，SF映画をみるときもこういう知識があるのとないのとでは楽しさが全然違います。クリストファー・ノーランの映画『インターステラー』，これも傑作なので観たことがない人はぜひみてください。あくまでもフィクションではありますが，最先端の科学的知識をふんだんに詰め込んで，それをエンターテイメントに昇華させた傑作です。さらに，この相対性理論は楽しいだけでなく，現代の私たちの生活にも無関係ではありません。たとえば車やスマートフォンに搭載されているGPSは，実は相対性理論を利用しています。気になる人は，調べてみてください。

(3) イデオロギーとしての科学

このように，科学というものは同じ規範を共有する科学者たちの社会（コミュニティ）によって支えられる一種の「制度」だとした上で，その制度もずっと昔から同じだったわけではないし，これからもその大前提からして変わってしまうかもしれません。以上のことを踏まえて，いま私たちが科学的事実だと思っていることは，唯一絶対の真理なんかではない，ということもご理解いただけるのではないかと思います。にもかかわらず，この節の冒頭でも触れたように，今日科学はあたかも唯一絶対ではないのに，そう思い込まれている認識・世界観，すなわちイデオロギーのように働くことがあります。

第7章でまた名前が出てきますが，ユルゲン・ハーバーマスという哲学者・社会学者は，『イデオロギーとしての技術と科学』という本を書いています。ハーバーマスは，科学や技術というものを，自然や人間を目的合理的に制御（コントロール）するものと捉えています。たとえば，人間は生活を便利にするという目的で，自然を開発したり，ときには遺伝子にまで手を出したりしますよね。しかしながら，ハーバーマスはだからといって何でも科学にお任せになってしまうのは危険だといいます。これを「決定の自動化」というのですが，私たちが「科学的」だと言われれば何でも（自動的に）正しい決定ができていると思ってしまうことです。実際のところ，科学的知識はあくまで手段であり，それを何のために使うかという目的は恣意的なものです。そこには専門家（科学者）の価値観が混入したり，支配を正当化するために利用されたりするかもしれません。

有名な例としては，アインシュタインが（直接開発に関わったわけではありませんが）原子爆弾の製造の基礎となる理論を作り，原子爆弾の開発を推進すべきという当時のアメリカの大統領宛の手紙に署名したことが挙げられます。「あの」アインシュタインがそうすべきといったのだから，正しいことだろう，必要なことだろう，と当時の人々は思ったかもしれません。しかしアインシュタインは，後年この手紙に署名したことを深く後悔し，核兵器廃絶と科学の平和利用を訴える声明にも署名しています。ではなぜ，アインシュタインは一時ではあっても原子爆弾開発を推進すべきと考えたのか。それは，ナチス・ドイツが核エネルギーの研究に着手したことを知ったためだとされています。それに，彼自身がドイツからアメリカに移住したユダヤ人だったことも無関係ではないでしょう。結局，ナチス・ドイツには原子爆弾を使わず連合国が勝利したものの，爆弾は日本に落とされることになりました。

このように，科学者だって社会のなかで生きる一人の人間ですし，科学者の集団だってそうした人間と人間が相互作用をするなかで作られる一つの「社会」です。さらに，その科学の成果は科学者だけでなく，政治や経済や文化にも絡みながら，社会全体を巻き込んでいくのです。現代社会と科学が切り離せないものになるほど，科学は科学だけの問題ではなくなるのです。

こうしたことを踏まえて，ハーバーマスは，コミュニケーション的行為のなかに存在する理性（**コミュニケーション的合理性**）によって，科学の目的の妥当性を考慮する必要があると考えます。このコミュニケーション的合理性については，第７章でもう少し詳しく説明しますが，言語によるコミュニケーションを通して，きちんと相手との間に了解，合意を形成していく際に用いられる合理性です。これに対して，こうした了解や合意を取ろうと努力せず，カネや権力によって相手を管理・操作しようという合理性のことを，システム的合理性といいます。

たとえば原子力発電所の建設の事例で考えてみましょう。原子力発電の仕組みだとか，その安全性だとかは，かなり高度な専門知識がなければなかなか理解できません。そうしたなかで，不安を覚えて建設に反対する地元住民に対して，「どうせわからないくせに」と言って建設を押し切ってしまったら，どうでしょう。また，そうした住民に「これだけ金を出すから」「原発を誘致できたら自治体の財政も潤うから」といって賛成に誘導したとしたら，どうでしょう。いずれも，相手の人間をコミュニケーション相手ではなく，ゲームのコマのようなモノとしてしか考えていない行為なのではないでしょうか。

ハーバーマスが大事だというのは，やはりコミュニケーションです。知識のある人にとっては不合理にみえる不安でも，きちんとそれに誠実に向き合い，言葉を尽くして説明し，納得してもらうことが必要なのです（「コロナ禍」についても同じようなことがいえますね）。逆に，素人である住民の側からしても，こうしたコミュニケーションを行なうことは大事なことです。実際に想定外の地震などが起こり，原発が事故を起こして故郷を失うことになるのは自分たちなのです。科学者や政治家などの「専門家」であっても，すべてを見通しているわけではありませんし，もしかしたら（あるまじきことですが）科学者が政治家や企業と癒着していて，都合の悪い事実を隠しているかもしれません。科学がもたらすリスクは，科学者や決定に関わる政治家だけが負うのではなく，たくさんの素人も含む社会全体が被ることになるのです。であれば，納得いくまでコミュニケーションをとって，必要があれば科学や技術の誤りや暴走をただす責任が，社会にはあるでしょう。こうした考え方は，やはりこれから第8章で学ぶベックの「サブ政治」という考え方にもつながっていきます。

文献案内

① イーグルトン, T., 大橋洋一訳, 1999,『イデオロギーとは何か』(平凡社ライブラリー), 平凡社.
② ハーバマス, J., 長谷川宏訳, 2000,『イデオロギーとしての技術と科学』(平凡社ライブラリー), 平凡社.
③ 松本三和夫, 2016,『科学社会学の理論』(講談社学術文庫), 講談社.

①は社会・政治・文化と様々な分野をまたいで活躍している文芸批評家テリー・イーグルトンによるイデオロギー論。といっても,「イデオロギーとは××である」なんて簡単にまとめてくれません。本書でも紹介したように, そもそも論者によって実際イデオロギーの定義は違っているのですから。この本はそんなイデオロギー概念の変遷や多様性を紹介した上で, イデオロギーって何だろうと考えさせるものです。②はハーバーマスの初期の論文をまとめたもの。そのうち一本が本のタイトルにもなっている「イデオロギーとしての技術と科学」であり, 本書でも紹介した部分。本書第７章で説明しているハーバーマスのコミュニケーション的行為論がどのような問題意識から生まれているのかよくわかります。③はイデオロギーの話というより, 科学社会学の入門書。本書で扱ったマートンの科学社会学から, さらにその先の理論的展開を知ることができます。地球環境問題や原子力研究といったテーマについてもしっかり解説してくれています。

第Ⅱ部　世界戦争とイデオロギー対立の時代

第Ⅱ部では，20 世紀初頭から 1970 年代頃までを対象として，第Ⅰ部で登場した行為論，構造論，相互作用論という三つの社会学の考え方が，次第に絡まり合いながら発展していく様子をみていきます。中心になるのは，ウェーバーやデュルケムの社会学理論をアメリカに導入したタルコット・パーソンズという社会学者です。彼は行為論と構造論を融合させ，やがてグランド・セオリーと呼ばれる壮大な社会理論を作り上げます。

同時に，こうしたパーソンズのグランド・セオリーに対して批判的な社会学理論も数多く生まれました。アルフレッド・シュッツの現象学的社会学や，ハーバート・ブルーマーのシンボリック相互作用論などです。

こうした第Ⅱ部で注目する社会学理論の展開は，アメリカを主な舞台としています。ちょうど第Ⅰ部で紹介したウェーバー，デュルケム，ジンメルは第一次世界大戦の前後で亡くなっていますが，アメリカはこの第一次世界大戦と，第二次世界大戦のいずれでも戦勝国の側にあり，その間ヨーロッパから多くの移住者を受け入れました。その中には，シュッツのような社会学者もいたのです。そういうわけで，アメリカ社会の発展と，アメリカにおける社会学の発展は連動しています。

しかし，アメリカ社会もまた常に安定していたわけではありません。戦間期の経済恐慌，ファシズムの台頭，そして社会主義国家ソビエト連邦とのイデオロギー対立など，社会を脅かす要因が数多くありました。資本主義陣営 対 社会主義陣営の対立構造は「冷戦」と呼ばれましたが，そのなかでもベトナム戦争の泥沼化は，アメリカ国内でも従来の社会秩序に対する不満の爆発を引き起こしました。

こうしたなかで，社会秩序はいかにして可能なのか，社会はどうあるべきなのかという課題に，社会学者たちは取り組んだのです。

第4章

なぜ社会が成り立つのか（行為論2）

1　〈危機〉の時代の2人の社会学者

(1)　資本主義の危機

ここから時代は20世紀になりまして，アメリカの社会学の話が中心になってきます。ただ，ここでは第3章で紹介したシカゴ学派ではなく，タルコット・パーソンズという社会学者の紹介が軸になります。まず最初の節では，彼（ら）が生きた時代背景をみておきましょう。

20世紀前半というのは，歴史上初の「世界大戦」が2回もあっただけでなく，資本主義という経済システムと，民主主義という政治システムがやはり世界規模で広がり，そして同時に危機を迎えた時代でした。どういう意味で危機だったのか。資本主義の危機の方からみます。序章のマルクスの話では，彼が資本主義の本質的矛盾（誰もが自由に市場での取引に参加できるはずが，実は資本家階級による生産手段の独占や労働者階級からの搾取によって著しい不平等が起こる）を指摘し，いずれは革命が起き，資本家階級による生産手段の独占状態が打倒されると予見したことに触れました。しかし，21世紀初頭を生きている私たちは，この予見がはずれたことを知っています。中国のような実質的には資本主義を採用した特殊な社会主義国を除いては，資本主義が世界のほぼすべての国をグローバルに覆って唯一絶対の経済システムのようになっているのが現実です。

しかしながら，マルクスの予見はまったくの的外れで，振り返る意義のないものなのでしょうか。歴史をちゃんとみれば，そんなことは決してなかったことがわかります。マルクスの予見はかなりリアルなものだったのです。1917年にはロシアで十月革命が起こり，史上初の社会主義国家誕生につながります。1918年から22年にかけて，ソビエト社会主義共和国連邦（いわゆる「ソ連」）が成立していくのです。これを皮切りに，世界中で社会主義勢力が急成長します。1918年にはドイツでドイツ共産党が結成され，実際にドイツ革命が起こります。港で働いていた水兵や労働者たちによる反乱をきっかけに，ドイツじゅうで労働者が蜂起したのです。先だって，第一次大戦の敗北でドイツ帝国は崩壊したと紹介していましたが，厳密にはこの革命によって皇帝が退位し，その後を引き受けた政府が休戦条約に調印しています。ただし，この政府は共産党中心のものではなく，革命のさらなる拡大をおそれた中道左派勢力の社会民主党を中心としたものでした。中道とはいっても，社会主義「的」な政策を取り入れていこうとする政党が政府の中心になったので，これは大きな出来事でした。

さらに，1921年には中国で中国共産党，イタリアでイタリア共産党，1922年には日本で日本共産党が結成されます。1924年には第三共和政下のフランスで急進左派が参加する内閣，イギリスでも中道左派の労働党（現在に至るまでイギリスの二大政党の一つです）の内閣が成立しています。共産党以外の，社会民主党だとか，労働党といった「中道」政党は，いわゆる社会民主主義という理念を掲げていて，（急進的な）革命は否定するけれども，基本的に労働者の利益を守る社会主義的な政策は取り入れていこうとする政党です。資本家にとっては，革命が起こるよりはマシだけれど，自分たちの思い通りにはならないのでやはり警戒はするわけです（余談ですが，こうした「社会民主主義」は，21世紀の現在でも，様々な国で有力な政策理念の一つとなっています。そういう理念の政党が政権を取らないまでも，政府の方針に一定の影響力を持つことで，資本主義の「行きすぎ」にブレーキをかけようとしています。そして，このブレーキがかえって邪魔だ，という理念は「新自由主義」といいます。これについては幕間2で詳しく解説します）。

こうした社会主義系の左派政党の勢力拡大の背景には，資本主義の問題がだんだん明らかになってきたことがあります。「見えざる手」（市場経済の自動調節機能）なんて大ウソじゃないかと。マルクスが問題視していたように，自由な取引や競争が行なわれるはずの資本主義の経済システム下でも，結局固定化した身分（階級）となった資本家が生産手段，そして利潤を独占して，労働者たちは搾取されてひどい生活を送っていました。資本主義が拡大するとともに，その現実に気づき，マルクスの主張に共感する人々が増えていったのです。そして1930年代に入ると，世界各国が経済恐慌（経済の著しい停滞）に陥っていきます。「世界恐慌」です。というわけで，少なくともこの当時は，マルクスの予見，もとい理論は，きわめて差し迫った「現実」だったのです。これが「資本主義の危機」です。

(2) 民主主義の危機

もう一つの危機は，「民主主義の危機」です。厳密にいうと，資本主義は経済システムで，民主主義（みんなが意思決定に参加する仕組み）は政治システムで別の次元の問題なのですが，基本的に両者は連動していることが多いです。ただし，なかには資本主義は採用するけれども，民主主義はちょっと，という国も出てきます。その一つの例が，ドイツのナチスに代表される，ファシズムの台頭です。ファシズムを定義するのは非常に難しく，現在でも議論は続いていて，厳密な定義は不可能といってもよいです。ただある程度共通した特徴としていえそうな第一のものは，共産主義・共産党とは仲が悪いということです。資本家たちや急激な社会の変化を嫌う人たちからすれば，革命が起こるのは避けたいわけです。ナチスの正式名称は「国家社会主義ドイツ労働者党」です。名前だけみると，社会主義で労働者なので，まるで共産主義のようにもみえますが，社会主義＝共産主義ではないのです。広い意味での社会主義は，労働者の利益を大事にする，というくらいの意味ですから，資本家の利益も労働者の利益もどっちも大事にする，という政策をとっても嘘にはなりません。でもそんなうまい話がどうして成り立つのでしょうか。

そこで出てくる第二の特徴が，国家の重視（国家主義）です。資本家の利益も労働者の利益もいいところどりするためには，その両者を国家という枠組みのなかに取り込みつつ，どうしても生じてしまう不利益をその外部の他者に押し付ける必要があるのです。具体的には，外国との戦争などによる利権の獲得と，国内部の反対勢力の排斥です。とくにこの後者が重要です。本来，民主主義というのは，「みんな」が政治に参加する仕組みですから，異なる意見を持った人たちのこともまずは認めて話を聞き，議論をしたりしてなんらかの意思決定をしていくものです。そして多数派でなく，決定事項と反対の意見をいっていた人たちの権利もきちんと保障される必要があります（そうでなければ，今後自由に意見を言うことができなくなってしまいます）。しかしファシズムは違います。資本家と労働者両方，つまり「みんな」の利益を守ろうとしているのに，それに反対することなどありえない，「国家」に対する反逆だ（「非国民！」），ということになるのです。ドイツのナチスも，表向きは選挙によって第一党となった「民主的」なはずの政党なのですが，最終的には他の政党の活動を「禁止」し，民主主義を殺しました。

実はファシズムのいう「みんな」(全体) は，本当の意味での「みんな」ではなく，あくまで「国家」の枠組みの中に収まる「みんな」(資本家と労働者) です。ですので，自国内に住んで働いたりしている外国人や，外国人と結婚したりして家族になっている人，国を超えてビジネスをしている人のように，「国家」の枠組みからはみ出す人たちは，「みんな」に含んでいません。でもそうしないと，不利益を押し付ける相手もいないので，ファシズムにとってはむしろ「みんな」からはみ出してくれる人たちがいるのは好都合なのです。ドイツのナチスの場合，それがまさに，独自の文化を持ち資本主義の世界で成功している少数派の「ユダヤ人」なのでした。

つまり「みんな」の範囲を国境線などによって意図的に限定し，その身内の利益を第一（ファースト）に考えるのが，ファシズムの大きな特徴なのです（あれ？　こんなことを言っている政党や国，意外と最近多くないですか？)。たしかに，身内を第一に考える，というのは心情的にも共感しやすい自然な理屈ではあるのですが，「身内」ってそんなに機械的に線引きすることもできない，というのも人間の現実なのではないでしょうか。いずれにせよ，そういう線引きをバッチリやってしまって，ユダヤ人を虐殺したのがナチスということは，現代を生きている私たち全員が忘れてはいけない歴史的事実でしょう。

少し話が逸れてしまったかもしれませんが，いずれにせよこうしたファシズム政党が急成長し，政権をとるまでになるのが，1920年代の終わりから1930年代にかけての時代なのでした（ナチスが総選挙で第一党になったのは1932年です)。

さて，この章に登場する社会学者たちが活躍したアメリカは，第一次，第二次の世界大戦でともに最終的に勝った側にいて，かつヨーロッパ諸国とは異なり「本土」はほとんど戦争の直接的被害を受けなかった国でした（ご存じの通り，ハワイは第二次大戦のとき日本軍による攻撃を受けています)。資本主義の危機も，フランクリン・ルーズベルト大統領によって，一部社会主義的な仕組みを取り入れたニューディール（まき直し）政策によって，何とか乗り越えます。そうしたことで，アメリカは現在に至る「世界のトップランナー」「世界のリーダー」としての地位を確立したわけですが，資本主義・民主主義の危機がなくなったわけではありませんでした。それらはあくまで本質的な矛盾を抱えており，いかにして（安定した）社会秩序を実現させるか，ということが，アメリカの社会学（者）にとっての，大きなテーマとなっていたのです。

(3) T・パーソンズとA・シュッツ

こうした時代を生きたアメリカの社会学者として，本章，そして次章にわたって取り上げるのが，タルコット・パーソンズです。本書で，とくにパーソンズを取り上げる理由は，彼がヨーロッパ（イギリス，ドイツ）に留学して，ウェーバーとデュルケムの社会学を融合させ，アメリカに導入した人だからです（ただ世代が違うので，彼が留学した頃には二人ともとっくに亡くなっています）。すでにアメリカでは，シカゴ学派の社会学者たちがジンメルを翻訳したりして影響を受けていましたが，パーソンズはとくにウェーバーとデュルケムを重視して，このまったく異なる方法論による二人の社会学を合体させたのです。そしてパーソンズは，もともとハーバード大学の経済学部で教えていましたが，1931年に社会学科ができてからは，そこで40年以上にわたって社会学を教えました。これまでも見てきた通り，第二次世界大戦後，世界のトップランナーとなったアメリカの有名大学であるハーバード大学の社会学科で初めから40年以上，ですから，それだけ後の時代の社会学に大きな影響を与えたことは想像がつくと思います。

ウェーバーやデュルケム以外にも，同じ時代に有名だった研究者は実はたくさんいるのですが，今日社会学の教科書をみたら，その歴史の最初の方に必ず出てくるのは，ウェーバーとデュルケムです（ジンメルはときどき）。そうなったのも，ほとんどパーソンズのせいだといっても過言ではないでしょう。しかし，もともと違う方法論として出発した二人の社会学理論でしたから，それらを融合させるには，それぞれの理論をしっかり理解した上で，矛盾のないように解釈し直して慎重に組み合わせていかなければいけません。理論的に非常に大変な作業になりますが，パーソンズは自分のことを「不治の理論病患者」といっていたくらい理論大好き人間でしたから，それを何とかやってしまったわけです。それをどうやったか，というのが次の節と次章のテーマです。

図4-1　タルコット・パーソンズ
（Talcott Parsons）1902-1979

同じ時代のもう一人の社会学者，アルフレッド・シュッツ（ドイツ語風の読みなら，アルフレート・シュッツ）のことも紹介します。彼はオーストリア＝ハンガリー帝国の首都・ウィーンの銀行家の家庭に生まれました。第一次世界大戦で従軍するも，敗戦により帝国は解体（ドイツ帝国の同盟国でした）。帰還してから後，オーストリアのウィーン大学で経済学・法律学を学び，卒業後も銀行で働きながら研究をしていたという苦労人です。1938 年，ナチス・ドイツがオーストリアに進行してきたことにより，アメリカに亡命しました。彼も「ユダヤ人」だったんですね。当時，アメリカはそうして亡命してくるユダヤ人たちを積極的に受け入れていました。ニューヨークには The New School for Social Research という研究教育機関があり，現在はニュースクール大学となっていますが，シュッツはここで社会学と哲学を教えました。シュッツはウェーバーの行為論を継承して発展させた重要な社会学者なので，「行為論 2 」でまず名前を出しましたが，この章ではパーソンズの紹介だけで尺をとってしまいますので，詳しい内容は第 6 章の「相互作用論 2 」で説明します。

図 4-2　アルフレッド・シュッツ
（Alfred Schütz）1899-1959

2　行為の主意主義的理論

(1)　ホッブズ問題とダブル・コンティンジェンシー

パーソンズはなぜ，いかにしてウェーバーとデュルケムの社会学理論を合体させたのでしょうか。これについては，まず 1937 年に出版された『社会的行為の構造』という本からみていきましょう。この本は，原書（英語）で 800 ページにのぼる大著で，日本語の翻訳も 1976 年以降順次出ていますが，分厚いハードカバーで，しかも「1　総論」，「2　マーシャル／パレート論」，「3　デュルケム論」，「4・5　マックス・ウェーバー論 1・2 」の 5 巻に分かれているくらい長いです。この構成をみていただくとわかる通り，翻訳 2 巻のマーシャルとパレートは経済学の理論で，それを踏まえてデュルケムとウェーバーが順に紹介されており，とくにウェーバーは 2 巻分のボリュームがあります。社会学は経済学の理論の上に乗っかっており，しかし経済学だけでは解決できない課題について，デュルケムとウェーバーを組み合わせることによって検討するわけです。

その「経済学だけでは解決できない課題」とは何か。それをパーソンズは「**ホッブズ問題**」と名付けて紹介しています。「ホッブズ」というのは，17 世紀イギリスの哲学者トマス・ホッブズ（科学者のガリレオと同時代人）からきています。ホッブズは「社会契約論」の提唱者の一人として，世界史や倫理の勉強で習った人も多いと思います。ここで注目するのはその彼が書いた『リヴァイアサン』の中に出てくるエピソード「万人の万人に対する闘争」です。これはある種の思考実験，つまり現実にはありえないことを頭の中でシミュレーションした話なのですが，人間は自然状態（国家や法律などが存在しない状態）では，自己保存の本能から自己の利益を合理的に追求しようとし，それによって必ず他者との間に闘争が起こり，社会秩序は不可能になる，というものです。

パーソンズはさらにこの問題を，日常的な相互行為の場面に置いて一般化します。それが，相互行為における自我の行為は他者の行為に依存するが，その他者の行為も自我の行為に依存してしまっている，という**ダブル・コンティンジェンシー**（二重の依存性）です。これは自分がどう行為するのかは相手がどう行為するかに依存するということです。たとえば，大学のキャンパス内あるいは街中で，あまり親しくない知り合いどうしが一瞬目を合わせたとします。そのとき，片方のＡさんは，一応知っている人だし，挨拶しようかな，でも相手は自分に気づいていないかもしれないし，もしかしたら自分のこと覚えてないかもしれないな，と迷います。でも実は，もう片方のＢさんも同じことを考えていて，どちらも挨拶した方がいいかな，と思っている間にすれ違ってしまう，なんてことがあるかもしれません。挨拶という相互行為は，相手も挨拶を返してくれるという予期・期待によって成り立つのですが，お互いがその予期に自信が持てないと，挨拶を返してもらえるかもしれないし，返してもらえないかもしれないという状況に直面して，身動きがとれなくなってしまうのです。

ホッブズ問題と比べると，この挨拶の例は極端に日常的ですが，いずれもダブル・コンティンジェンシーの問題だとまとめることができます。ホッブズ問題なら，仮に自分がルールを守っても，他の人がルールを守らないかもしれないし（依存性），ルールなんて守る意味ない（自分が損する）かもしれない，とみんなが考えてしまい，秩序が成り立たなくなるわけです。

ウェーバーのところでも確認した通り，（少なくとも当時の）経済学は基本的に自分の利益のために合理的に行為する個人を大前提にしていたため，こうした問題に直接答えを出すことができなかったのです。もっとも，現実には自然状態などありえず，国家や法律が存在して，人々の無秩序な行動を制御しているのだから，そもそもそんな問題は考える必要がないといえるかもしれません。しかし，現実の社会秩序について考えてみたとき，私たちが本能のままに利益を追求してしまうことがないのは，本当に国家や法律によって規制されているから，なのでしょうか。あるいは，そもそもなぜそんな国家や法律は成り立つのでしょうか。

社会が安定していると，あるいは安定していると「思い込んで」いると，なぜわざわざこんなことを考えるんだろう，なんて思うかもしれません。しかし，前の節で確認したように，パーソンズの生きている20世紀の前半は，資本主義も民主主義も大きな危機にさらされていて，いまある社会秩序が本当に正しいのか，本当にこれからも続いていくのか，わからなかったのです。社会秩序はどうやって成り立っているのか，という問いは，そういう文脈で生まれてくるのです。

(2) 行為の主意主義的理論

パーソンズは，そうした経済学では解決できない問題を解くため，ウェーバーとデュルケムの理論を導入するのです。ウェーバーは，行為論の視点から，人の行為はたしかに合理性に支配されている部分が多いけれども，それは経済学の考えるような目的合理性（目的合理的行為）だけでなく，価値合理性（価値合理的行為）によることも少なくないのだ，と考えました。この「価値」とは，嘘をついてはならないとか，人を裏切ってはならないとか，年長者は敬うべきとか，そういうもので，そのある種のパッケージがたとえば「宗教」であったり「道徳」であったりするのです。そのパッケージの内容，つまり価値の組み合わせは，国や社会，文化によって違います。ここまでくると，第２章で学んだデュルケムに近づいていっていることがわかりますね。つまり，価値合理的行為の根拠となっている「道徳」や「文化」（価値のパッケージ）は，デュルケムのいう社会的事実なのです。そして人々は，社会のなかで行為する以上，（実は伝統的行為にしろ感情的行為にしろ）この「価値」からは逃れられないのです。

パーソンズはこうして，「価値」を接着剤にして，ウェーバーとデュルケムの理論を合体させます。行為論の視点では，彼はウェーバーの行為の４類型というのを一回解体して，行為は（どんな行為でも）目的／手段／条件／規範の四つの要素から成っている，という風にまとめます。ウェーバーのように行為の種類を「分類」するのではなく，行為そのものを「分解」して，その要素の組み合わせによって行為の多様性を説明しようとしたわけです。ビールが飲みたい（目的）けど，今は仕事中で（条件），勤務中にお酒をのむべきではない（規範）から，水で我慢しておく（手段）という感じです。ここでいう「規範」というのは，これまでの「価値」と同じで，独りよがりのものではなく，社会集団に共有されているという意味で，「**共通価値**」と呼ばれます。この共通価値を各人が内面化して（学びとって），それを考慮して行為しているので，世の中は争いばかりにはならない（社会秩序が保たれる）というわけです。このような，客観的条件（規範や条件）に規定されつつも，行為者の主観的な意図（目的）に方向付けられている行為について明らかにする理論を，パーソンズは**行為の主意主義的理論**（voluntaristic theory of action）と呼びました。

ところで，パーソンズはこうした理論の構築と並行して，社会科学のなかでの社会学の位置づけも整理します。すなわち，「経済学」は資源の合理的な配分のための市場や交換といった経済に注目する学問。「政治学」は相手に影響を及ぼしたり，秩序を維持したりするために発生する権力に注目する学問。そして，「社会学」は社会生活のなかで相互の行為を調整する共通価値に注目する学問，という具合です。「社会学って何をする学問？」と聞かれたら，「価値について研究する学問です」とパーソンズなら即答するわけです（実際はもっと難しく説明しそうですが……）。「社会学とは何か」の話はまだまだ続くので，これが決定版ではないですが，明快ではあるので，よかったら参考にしてみてください。

(3) 価値のパターン変数

パーソンズはこのように，ウェーバーの社会的行為論を，行為の主意主義的理論として精緻化し，バージョンアップしました。その後彼は，こうした行為論を組み込んだ構造論として，社会システム論というものを展開していくのですが，それはまた次章で説明します。ここではもう少し，行為論の部分で注目すべき点を引き続きご紹介しておきましょう。1951 年に出版された『行為の総合理論をめざして』で，パーソンズは**価値のパターン変数**というアイディアを導入しています。「変数」というのは別に本当の数字を意味しているわけではなく，一定の範囲内で色々な結果を示すもののことを指しています。先ほど，「価値」のパッケージというお話をしました。その組み合わせは無数に存在するのですが，実際はある程度パターン（傾向）がいくつかにまとめられます。それを説明するためのものが，この価値のパターン変数です。

パターン変数には，「感情性－感情中立性」，「自己志向－集合体志向」，「個別主義－普遍主義」，「属性本位－業績本位」，「限定性－無限定性」の五つの対があります。「感情性－感情中立性」は，感情に従って判断する態度か（感情性），感情に流されずに合理的に判断する態度か（感情中立性）。「自己志向－集合体志向」は，自分中心で考えるか（自己志向），他者を含む集合体（集団）中心で考えるか（集合体志向）。「個別主義－普遍主義」は，何かを判断するときに主観的な基準で対応するか（個別主義），一般的な基準で対応するか（普遍主義）。法的には有罪なんだけど，今回のケースは事情を知るとかわいそうだから許してあげるべきなんじゃないか（個別主義）という意見に対して，いやそんな例外を認めるときりがないから法律をちゃんと適用すべきだ（普遍主義）という対立ですね。「属性本位－業績本位」は，人を評価するときに生まれや地位で評価するか（属性本位），「何ができるか」で評価するか（業績本位）。「限定性－無限定性」は，相手の特定の側面に反応するのか，もっと色々な要素をみようとするのか（無限定性）。顔で判断するというのは限定性で，性格や職業や相性も全部みて判断するというのは無限定性ですね。必ずしもこのすべてを使うとは限りませんが，これらを組み合わせて，たとえば日本文化は「集合体志向×属性本位」でアメリカ文化は「自己志向×業績本位」とか分析するわけですね。

これらはすべて「対《つい》」になっているのがミソです。五つの対の価値がありますが，それぞれ二つの値のどちらかしかとりません。たとえば「個別主義－普遍主義」なら，「個別主義」か「普遍主義」の必ずそのどちらかで，ときどき個別主義とか，その中間とかいうのはありません。それを言い出すと，わざわざパターン化する意味がなくなってしまいます。厳密にいえば色々なのはあたりまえなのですが，まずはそうやって細部は切り落とし，パターン化することで，組み合わせもざっくり絞り込むことができるのです。といっても，これでも対の組み合わせが五つで，２の５乗，２×２×２×２×２＝32通りになるわけですから，十分ごちゃごちゃしてますけどね。まあ，32通り名前をつけるよりは，二対が五つで10個の言葉で表現できるわけですから，まだ楽になっている方だと思いましょう。

3　パーソンズ批判の展開

(1)　シュッツによるパーソンズ批判

さて，ここまでで頭が痛くなった方には残念なお知らせですが，パーソンズが「不治の理論病患者」の本領を発揮して，複雑な理論を展開させていくのは，まだまだこれからなのです。それは次章の「構造論２」でご説明します。しかし，少しだけ朗報になるかわかりませんが，別にパーソンズのいっていることが訳がわからなくても，パーソンズ（の理論）が好きになれなくても，社会学をやっていくことはできます。パーソンズが社会学のすべてではないのです。もっとも，戦後のある時期は，パーソンズこそが社会学，という時代もあったようですが，1960年代以降，パーソンズの影響力はだんだんと弱まっていきます。

ここではまず，最初にプロフィールも紹介した，アルフレッド・シュッツによるパーソンズ批判を紹介しましょう。この批判はかなり早い時期のものです。パーソンズとシュッツは，1940年秋から41年春にかけて，手紙のやり取りを通して論争（意見交換）を行なっています。その内容は，『A・シュッツ－T・パーソンズ往復書簡――社会的行為の理論論争』として翻訳されており，2009年に改訳版が出ていて日本語で読むことができます。「論争」とはいっても，見落としてはならないのは，シュッツはパーソンズの理論をよく理解し，評価してもいるということです。プロフィールのところでもみたように二人は対照的な背景を持つ社会学者ですが，ウェーバーの行為論の継承者として，シュッツがパーソンズのよき理解者であったことは間違いありません。しかし，この手紙のやり取りのなかで，シュッツがどうしても引っかかった点があり，それが後の社会学者たちのパーソンズ批判にも大きな影響を与えたのです。

シュッツはパーソンズ理論の何に引っかかったのでしょうか。それは，パーソンズの理論が，行為者の動機よりも規範や共通価値の方を先行させて（優先させて）いるようにみえる点でした。つまり，誰もが共通価値に盲目的に従って行為しているわけではないのです。共通価値が行為を制御している側面はあるにせよ，パーソンズの行為論はあたかも個人を，プログラムがインプットされて動くロボットのように描いてしまっているのです（「価値のパターン変数」のところでそれを感じ取った人もいるかもしれませんが，この論争の時点ではまだそのアイディアは発表されていません）。これに対して，シュッツは行為論の継承者として，もっと行為者の生活世界の視点（詳しくは第6章で説明します）に立って，主観的にどう考えて行為しているのか，突き詰めるべきだといったのです。

では，シュッツはどのように行為者の主観を突き詰めて考えるべきだと考えたのでしょうか。シュッツは，行為論の原点に立ち返って，ウェーバーの理解社会学で掲げられていた，「動機の理解」とはどういうことなのか，あらためて問い直します。パーソンズと論争するより前，アメリカに亡命するより前の1932年に，彼は『社会的世界の意味構成――理解社会学入門』という本を書いています。ここで彼は「意味」という概念に注目しています。

ウェーバーは社会的行為の動機（＝思念された意味）を理解することで，それを4分類していましたが，シュッツはこの「動機」概念の曖昧さを指摘した上で，目的動機と理由動機に区別し，その両方を把握することが重要だといいます。**目的動機**というのは，これから行為をする時点で，未来に起こる結果を想定した動機で，たとえば「ヘビを避けるために回り道をする」の「～ために」にあたります。一方，**理由動機**は，行為が終わった（あるいは進行中の）時点で，その理由を回想して自分や他者に説明するときの動機で，「ヘビが怖いから回り道をする（した）」の「～から」にあたります。

なんのためにそんな細かい区別をしているのか，と思われるかもしれませんが，たとえばみなさんが「A大学受験の動機」というものを考えてみてください。受験生の時点でこれから受験する目的動機を説明するのと，すでに入学して在学生になった時点で受験した理由動機を説明するのでは，その内容は微妙に異なってくるのではないでしょうか。もちろん，何も変わらないという人もいるかもしれません。しかし，受験生の時点では，大学についてオープンキャンパスなどで知りえた限られた情報から，色んな想像をして志望動機を考えていたのに対して，在学生になった時点では，いい意味でも悪い意味でも実際の大学生活を知っているので，その知りえた情報から動機を（意識的にせよ無意識的にせよ）再構成するということもあるのではないでしょうか（「私は「この仲間」に出会うためにこの大学に入ったんだ！」みたいな）。

このように，行為の意味というのは，行為者自身が，過去にどんな経験をしてきて，これから未来にどんなことをしようとしているのか，その主観的な時間の流れの中で，目的や理由を選択するなかで作られるのです。だから，「～は何的行為にあてはまりますか」という質問に簡単には答えられないのです（見方によるし，いつ尋ねられるかによる）。

この時間の流れの中で作られる意味というのは，非常に主観的なものです。しかし，私たちは他者の行為を理解し，またその他者と関わっていく上では，結局その相手の主観的な世界に入っていかなければならないのです。泣いている人がいたとき，「客観的」な意味はただ「目から水分を出している人がいるな」だけですが，私たちは普通それだけではなく，相手の主観的な世界，時間の流れを想像して，「きっと何かつらいことでもあったんだな」と考えた上で，「話を聞いて慰めてあげる」とか「そっとしておいてあげる」などの行為を選択するのです。

シュッツが考えているのは，こうした「社会秩序」です。それは決して「客観的な意味」だけで成り立っているわけではないし，必ずしもパーソンズがいうように共通価値や規範が無ければ成り立たないというものでもないのです。泣いている人がいたら，「慰めてあげるのが規範だ！」とか考えてみんなが慰めるわけではないのです。お互いの主観的世界にある行為の意味を理解し合って，社会は成り立っているのです。

となれば，100%正確ではないにせよ，相手の主観というものを，私たちはどのようにして理解することができるのか，ということが大きな問題となります。これについては，またあらためてシュッツをとりあげる第6章で説明することにしましょう。

(2) パーソンズ批判の社会背景

パーソンズ理論への批判が盛り上がるのは，これからさらに20年以上経った1960年代以降です。この時代に何があったのでしょうか。社会背景にあるのは，第二次世界大戦後，世界のリーダーとなっていたアメリカの威信の低下です。その大きなきっかけであり，象徴的な出来事でもあったのが，ベトナム戦争の泥沼化でした。

さて，ベトナム戦争は，20世紀を理解する上で絶対に外せない出来事で，現代にもつながる重要なテーマがたくさんあるのですが，世界史の勉強ではちゃんと説明されないことが多いですね。理由としては，たぶん学校の先生たちにも「説明しづらい」「実はよくわからない」というのがあると思います。ですので，一応，時代の理解に必要なので，必要な範囲で簡単に説明します。

そもそも，ベトナム戦争とは，いつからいつまでで，何と何が戦争していたのか。これがなかなか複雑なのです。前後の流れをざっくりと説明すると，まずベトナムは19世紀からフランス（ナポレオン3世のフランス帝国）の植民地でした。それが第二次世界大戦中の大日本帝国軍の進駐などを挟んで，第二次世界大戦が終わる1945年に，ホー・チ・ミンらの勢力が独立宣言を発表，社会主義の「ベトナム民主共和国」（のちのいわゆる北ベトナム）を樹立します。

しかし，元の宗主国であるフランスはそれを認めず，アメリカら他の連合国もフランスの姿勢を支持します。その結果，1946年にはフランスとベトナム民主共和国は全面戦争状態になりました（インドシナ戦争）。とはいえフランスも第二次世界大戦後で相当弱っていましたし，1949年に中国では社会主義国家の中華人民共和国が成立し，ソビエト連邦とともにベトナム民主共和国側を支援したため，戦争は長引きました。一方，フランスはベトナム内の反共産主義勢力を立てて，「ベトナム国」を樹立し，アメリカに助けを求めました。しかし最終的に一番大きな戦いで敗れたフランスは，全国統一選挙を行なうことを約束して（ジュネーブ協定），1956年，ベトナムからは完全に撤退しました。ここまでが第一段階です。

ところが，アメリカはそこで手を引かなかったのです。南ベトナムのベトナム国も存続しました。アメリカは，資本主義国家のリーダーです。一方，社会主義国家のリーダーであったソビエト連邦は，戦後植民地状態から独立しようとする国々に働きかけて，社会主義勢力を拡大しようとします。アメリカは，こうした社会主義のさらなる拡大を防ぐため，どうしても社会主義の北ベトナムを認めるわけにはいかなかったのです。結局，フランス撤退後も全国統一選挙は行なわれず，南ベトナムだけで国民投票を行なってベトナム国は「ベトナム共和国」（いわゆる南ベトナム）となりました。こうして協定を反故にされた北ベトナムは，1960年に南ベトナム解放民族戦線（通称ベトコン）を結成して，南ベトナムに対するゲリラ活動を開始し，アメリカともたびたび軍事衝突を繰り返しました。

そしてここからの第二段階が，狭義の「ベトナム戦争」といわれるものです。1965年にアメリカが北ベトナムへの大規模な軍事攻撃（北爆）を開始し，北ベトナムおよび支援のソ連・中華人民共和国軍との戦争が本格化するのです。アメリカ側には，韓国も参加します（当時を描いた韓国ドラマや映画でもよくベトナム戦争のシーンが出てきます）。日本の米軍基地からも，爆撃機がベトナムへ飛んでいます。

この戦争で，アメリカはベトコンの粘り強いゲリラ戦術に大苦戦します。戦争を早く終わらせるつもりの大規模攻撃が，民間人をたくさん巻き込んだために，かえって国内的・国際的な非難を受けるようになり，アメリカの思惑は外れました。それからも戦争は何年も続き，多くのアメリカ人青年たちが兵士として命を落としました。アメリカ国内でさえも，一体何のための戦争だったんだっけ……となってくるわけです。もともとベトナムはフランスの植民地だったのに，アメリカがそもそもこんなに犠牲を出す必要あるんだろうか，となって，反戦運動が大きくなっていくわけです。

結局，1973年にアメリカ軍は全面撤退し，北ベトナムが南ベトナム政府を打倒，1976年にようやく全国統一選挙が行なわれて，ベトナム社会主義共和国が成立します。ここまででアメリカは完全に疲弊してしまうわけですね。ちなみに，そんな疲れ切ったアメリカの背後で経済的な繁栄を勝ち取っていくのが日本でして，1980年代の「ジャパン・アズ・ナンバーワン」（社会学者エズラ・ヴォーゲルによる1979年

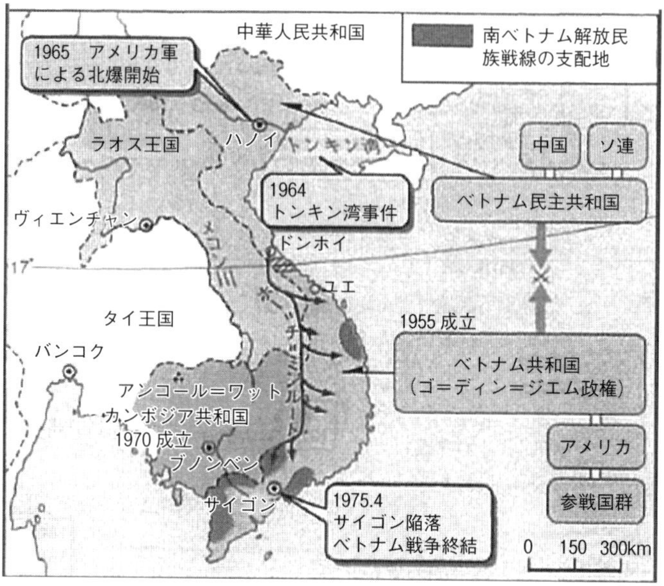

図 4-3　ベトナム戦争（1965〜75 年）

の著書のタイトル）の時代，やがてバブル景気へと入っていくわけです。この間，アメリカは経済では日本にしてやられて，かなり暗い時代です。1970 年代末から 1980 年代にかけて，ベトナム戦争を描いた映画はたくさんあります。『地獄の黙示録』（1979 年）とか，『プラトーン』（1986 年）とか，名作ですがめちゃくちゃ暗いです。その一方で，特殊撮影技術の発達もあってファンタジーテイストの映画もたくさん作られるようになって，私の大好きな『スターウォーズ』の第一作が公開されたのも，1977 年（生まれていませんが）。宇宙のかなたの善と悪の超わかりやすい戦争なので，現実逃避全開の娯楽作となり，大ヒットしたわけですね。

それはともかく。大事なことをあらためてまとめると，社会主義拡大阻止という大義はあるけれど，実は自国にもほとんど益のない戦争を長引かせ，たくさんの犠牲者を出したことで，アメリカの威信が著しく低下したのが，1960 年代だったのです。

とくに，1968 年という年は象徴的な年で，アメリカでベトナム反戦運動があっただけでなく，フランスでもそれに関連して五月革命（学生を中心とする一千万人のストライキで政権が退陣），日本でも東大紛争，社会主義圏でもプラハの春という民主化運動など，若者をはじめとする一般の人々が現在の政治体制について，一斉に異議を唱えて行動をおこしました。西欧諸国やアメリカでは，こうした市民や若者たちの声が，反戦だけでなく，アフリカ系アメリカ人への人種差別に反対する公民権運動，フェミニズム運動，さらに環境保護運動などにおいても高まりをみせ，従来の社会の支配的な価値観や秩序が大きく揺らいだのです。

こうしたなかで，パーソンズの理論は現状の社会秩序を前提としてその機能を説明する理論だったので，現状維持のための保守主義と強く批判されることになったのです。

(3) 様々なパーソンズ批判

こうした時代背景が，パーソンズ批判を勢いづかせました。なぜパーソンズがそんな槍玉にあげられたのか。パーソンズは一人の社会学者に過ぎず，ベトナム戦争を推進したとかいうわけではないのですが，やはりパーソンズ（理論）自体が，アメリカ社会の価値観を前提にしており，アメリカを一つの成功した社会秩序のお手本として構築されていたことが，だんだん明らかになってきたのです。大物だったから，なおさら容赦なく批判されます。「社会学的想像力」という言葉で有名なチャールズ・W・ミルズ（40代で亡くなったので写真も若いままです）は，パーソンズの社会学理論を「難解すぎる」，アルヴィン・W・グールドナーは「理論のための理論」だ，ハーバート・G・ブルーマーは「抽象化しすぎている」と批判しています。ちょっと辛辣すぎる感じもしますが，雑にまとめるとそんな具合です。

なぜ「難解すぎる」といけないのか。それは自分が見下されているみたいで気分が悪いから，というわけではなくて，社会学理論は人々が社会について理解するための道しるべにならなければならないので，もう少し人々の実感に寄り添う必要があるからではないかと思います。ミルズのいう「**社会学的想像力**」とは，巨大な歴史的状況が，多様な諸個人の内面的生活や外面的生産にとってどんな意味をもっているかを理解する力，という意味です。ベトナム戦争のような大きな歴史状況が，私個人にどう関係しているだろう，とミクロとマクロをつなげて考える想像力が大事で，社会学はその助けになるのが望ましいの

図4-4　チャールズ・W・ミルズ
（Charles Wright Mills）
1916-1962

です（実はそのために余談を挟みながら長々とベトナム戦争の話をしました）。こうした，もう少し人々の実感に寄り添う社会学，というのが，次の時代のテーマになります。

とはいえ，ウェーバーとデュルケムを総合して社会学の枠組みを確立したパーソンズの業績は，まぎれもなく大きなものでした。これによって，社会学はようやく一つの独立した学問としての地位を得ることができたのですから。複雑で多様な現実から有意義な知見を取り出すためには，抽象化や概念化もとても大切です。パーソンズはちょっとやりすぎたかもしれませんが。反パーソンズの社会学については，また先の章で詳しい内容を紹介しますので，次章ではもう少しだけパーソンズにお付き合いいただきます。

文献案内

① 高城和義, 2003,『パーソンズとウェーバー』岩波書店.
② 田野大輔, 2020,『ファシズムの教室――なぜ集団は暴走するのか』大月書店.
③ ミルズ, C. W., 伊奈正人・中村好孝訳, 2017,『社会学的想像力』（ちくま学芸文庫）, 筑摩書房.

「グランド・セオリー」から入ろうとすると，パーソンズ理論は非常に敷居が高いですが，本書でもそうしているように，まずはウェーバーの後継者としてパーソンズをみるとかなり理解しやすくなります。①はそんなパーソンズにおけるウェーバー理論からの影響を各時期ごとに紹介しています。なお，本書では触れられなかったジンメル理論との接点についても一章割かれており興味深いです。②は歴史社会学者によって書かれた一風変わったファシズムの入門書。ファシズムの入門書は色々ある中で，この本は筆者が実際に教育現場で実践してきた「ファシズムの体験学習」に基づき，ファシズムの仕組みを解説するというかたちをとっています。③の原著は 1959 年に出版されたものですが,「社会学的想像力」という言葉は今でも社会学を学ぶ人たちを刺激し続けているキーワードです。その原点となる本が文庫で読めるので，ぜひその魅力に触れていただきたいと思います。

第5章

構造と機能というアイディア（構造論2）

1　パーソンズの構造機能主義

(1) パーソンズの復習

この章は「構造論2」になりますが，前章の「行為論2」に引き続き，アメリカの社会学者タルコット・パーソンズの理論から入っていきます。なぜ行為論にも，構造論にもパーソンズが出てくるかというと，前章でも説明した通り，パーソンズはウェーバーとデュルケムの理論を組み合わせた社会学者だったからですね。どう組み合わせたかというと，共通価値という概念を接着剤にしました。パーソンズは基本的にウェーバーの後継者として，社会を「行為」という単位から分析しようとします。ウェーバーはその行為を目的合理的行為や感情的行為など四つに分類しましたが，パーソンズはどんな行為でもいずれにせよ，価値や規範に縛られている（枠づけられている）と考えました。そうでないと，社会秩序は成り立たず，「万人の万人による闘争」のような状態に陥ってしまうからです。

そして，その価値や規範というものは，個々人が勝手に作り出せるものではなく，社会的に共有されているはずと考えたのです。その社会的に共有されている価値というのは，まさにデュルケムが，個人を外から規定するとした社会的事実，あるいは集合意識だといえます。価値や規範というのは人々が作り出したものであるはずですが，それはあたかも私たちの外側に存在するモノであるかのように振る舞い，私たちの考え方や行動を規制します。たとえば「常識に縛られる」なんて言い方をしますが，常識は意志を持っているわけではないので，本来「縛る」わけがないのです。私たちが常識というものを社会的に共有していて，そういうものが個人の外側にあると考えて（思い込んで），自動的にそれが機能していると考えて（思い込んで）いるからこそ，そういう表現が出てくるのです。

こうしてパーソンズは，ウェーバーとデュルケムの社会理論を合体させた行為の主意主義的理論を作り出しました。というわけで，ここまでは前章の行為論で学びましたが，この章ではパーソンズがこうした社会理論をさらに体系化させた，社会システム論の考え方に進みます。

(2) 構造と機能

社会システム論の説明に入る前に，「構造」と「機能」という大事なキーワードの説明をしておきます。「機能」については，第３章の第３節，ジンメルのところでも説明しています。機能というのは，観察者から客観的にみた場合の意味や働きのことです。たとえ本人たちがそういう意味があるとは考えてはいなかったとしても，一歩下がって客観的にみると，そういう意味があるといえる，というものです。第３章では，コーザーの闘争理論を例に挙げましたね。闘争（争い）というのは，しばしば集団にとってネガティブなものと捉えられがちですが，実は集団の形成と存続に貢献するという「機能」がある，という話をしました。こうした「機能」という視点を持った考え方を「機能主義」といいます。もっとも，ジンメル自身が「機能」という言葉を使ったわけではありません。ジンメルは社会現象の具体的な「内容」から一歩下がって（抽象化して）その「形式」を捉えることで，相互行為の当事者たちが気づいていない意味を取り出すという点で，機能主義「的」な考え方をしていたのです。

こうした考え方は実はデュルケムにもみられます。これも第２章の第３節で触れましたが，デュルケムは社会の近代化にともなって，特定の専門分野を担う人々が増加する「分業」が進むことに注目していました。「分業」は一見すると，みんながやっていることがばらばらで，社会を解体してしまうように見えるけれども，実は逆に支え合わなければ社会が成り立たない，という状況を作り出しているのでした。これをデュルケムは，有機的連帯という新しい人間関係のあり方だと考えました。この考え方を，「機能主義的」に説明するなら，分業は一見すると社会をばらばらにするように見えるけれども，実は社会を統合する機能を持つ，といえるわけです。

次に，「構造」です。構造とは，社会の相対的に安定した要素（規範や制度など）のことをいいます。ここで，第２章で学んだデュルケムが「構造論１」に位置づけられていたことがつながってきます。デュルケム自身は，「構造」という言葉を使って社会を説明していたわけではありませんが，デュルケムの「社会的事実」の考え方が，「構造」の考え方の元になっているのです。社会的事実は，私たち個人を含む，人々が作り上げているものであるにもかかわらず，あたかも私たちの外側にあって，私たちの考え方や行動を規制しているかのようです。社会の法制度や常識といわれるものも，時間をかけて人々の間に共有されることで，社会的事実として，モノのように（客観的に存在するかのように）あらわれるのです。同じことが，経済，文化，家族といった分野でもみられます。

たとえば，幕間1のイデオロギーの話でも例に出しましたが，「ふつうの家族」なんてものを想像してみてください。父親がいて，母親がいて，（成人前の）子どもが一人か二人いる核家族のイメージが浮かんだのではないでしょうか。現実には，父親か母親のどちらかしかいない家族や，子どもがいない家族，成人した子どもと高齢の親の家族，同性カップルの家族など，色んな家族がいて，先にみたような「ふつうの家族」は必ずしも多数派ではありません。しかし，それが「ふつう」に思えてしまうのは，現在の日本社会がおおよそ安定した1960年代頃にちょうど核家族が一般的になり，みんながそれを「ふつう」だと思うようになって，さらに「そうであるべき」「それがあたりまえ」だと思うようになった（規範化した）からです。ここに至って，家族（についての「常識」）というのは一つの「構造」になっているといえます。こうして家族が一度社会の「構造」となると，仮に現実の家族のあり方が多様化してそこからはみ出すようになっても，しばらくは家族をめぐる私たちの考え方やふるまいを規制し続けるのです（「30歳を過ぎたんだからそろそろ結婚したら」とか）。

このように，デュルケムの社会的事実の考え方は，「構造」として考えることで，色々な分野に応用されるようになりました。たとえばそれは社会学にとどまらず，人類学のなかでも発達します。初期の人類学はいわゆる「未開」社会について調査したりしていたのですが，そのうち，実はその社会にはその社会なりの合理性や歴史があり，決して「未開」なわけではないということに気づいていきました。たとえば，「未開」社会の一見無意味にみえる親族関係をめぐる「しきたり」も，実は非常に複雑なルールに従って作られていることなどが，初期の人類学の研究のなかで明らかになりました。もっとも，本人たちは難しく考えてそのような「しきたり」を作っているわけではないのですが，個別の具体例を並べてみて，客観的にその「構造」に注目してみると，実はそれがその社会を成立させるために非常によくできているということがわかるのです。

このように，それぞれの社会は，社会的・歴史的に作られた「構造」の組み合わせによって成り立っています。そしてそれは人が作り上げたものではあるけれども，社会的に共有され，安定することで，個人の考え方やふるまいを規制します。こうした「構造」が，どんなときに，どんな人々の考え方やふるまいを，どのような方向に規制するのか，といった部分が「機能」です。複雑な機械の部品（構造）がそれぞれの役割や意味（機能）を持つのと同様に，社会においても，特定の「構造」が特定の「機能」を持つのです。そして大きな構造を構成する要素は，それ自体が構造として，さらに小さな要素に分解でき，その要素もまたそれぞれ構造として特定の機能を持っています。こうして「構造」と「機能」という概念を結びつける考え方を，**構造機能主義**といいます。つまり，社会の各要素（構造）が全体の（さらに大きな）構造を維持するために果たす機能を分析するのが，構造機能主義なのです。

(3) パーソンズの社会システム論

少し回り道をしましたが，ここでようやくパーソンズの社会システム論の話に入ります。パーソンズは，ウェーバー同様に「行為」という単位から社会を分析していたのですが，1951 年に発表された『社会システム論』あたりから，行為を規制する価値，その価値の背後にある「構造」に注目していくようになります。

先ほども，「構造」というのはその要素となるさらに小さな「構造」から成り立っていて，それぞれの「構造」は「機能」を持っている，というように，構造機能主義は複雑かつ有機的に結びついた「構造」（そして「機能」）イメージを持っていました。こうした複雑かつ有機的に結びついた「構造」のことを，「**システム**」（体系）といいます。「システマティック」なんて言葉がありますが，それもまさにそれぞれの要素がちゃんと意味を持っていて，有機的に結びつきながら構造を成り立たせている状態のことを指します。

ここまで社会的事実→構造→システムときて，また言い換えかと思うかもしれませんが，学問というのは常に検討され続けるもので，そのつど，より適切な用語をあてはめようとするものなので，そういうものだとあきらめてください。パーソンズという人は前章でも紹介した通り，もう理論の鬼なので，経済学や政治学だけでなく，生物学や化学，当時最新のコンピュータ科学なども学んで，「システム」という概念で（実は社会以外の分野も）説明することができると考えるに至ったのです。こうして「すべて」を説明することを目指す彼の理論は，「**グランド・セオリー**」と呼ばれました。

では，社会はどのようなシステムなのでしょうか。パーソンズはまず，社会の単位となる行為を，様々な要素から成る一つのシステムとみなしました。その上で，行為（システム）の四つの下位システム（システムを構成する要素となる小さなシステム）を挙げます。まずは，行動有機体。行為が起こるには，生物（有機体）としての身体が前提としてなければいけませんよね。次に，そうした行動有機体が相互行為を通して関わり合う場としての社会（システム）。そして，そうした相互行為をする私や他者はただ生き物（行動有機体）であるだけでなく，ある種の社会的な人格でもあります。デュルケムのいっていた，人は二重の存在であるというやつですね。そうした社会的な人格というものは，パーソナリティ・システムと呼ばれます。最後の一つは，文化システムで，私たちの行為や相互行為を規定する価値や規範です。そしてこの文化システムこそが，他の三つのシステムを制御（コントロール）するのだ，とパーソンズは考えました。

こうしたシステム的な考え方は，さらに細分化されて追究されていきます。そのなかで，様々なシステムは，行為システムと同様に，みな四つの機能を持つ下位システム（構造）に分解できるというアイディアがかたまっていきます。それが**AGIL図式**というものです。一つのシステムは，手段／目的，あるいは外部との関係（外部との関係処理）／内部との関係（集団内部の調整）という二つの分類軸の交差によって，四つの機能を持つ下位システムに分類できます（図5-1）。手段×外部向きの機能は，「適応（Adaptation）」，目的×外部向きの機能は「目標達成（Goal attainment）」，目的×内部向きの機能は「統合（Integration）」，手段×内部向きの機能は「潜在的パターン維持（Latency あるいは Latent pattern maintenance）」。これらの英語の頭文字をとって，「AGIL 図式」といいます。さきほどの行為の四つの下位システムも，この四つの機能A・G・I・Lに当てはめることができます。すなわち，自分のまわりの環境に適応（A）する行動有機体，なんらかの目標達成（G）を目指す社会システム，人を一貫性を持つ人格として統合（I）するパーソナリティ・システム，行為を制御し潜在的な秩序を維持する（L）文化システム，という具合です。

この AGIL 図式が，すべてを説明していきます。『政治と社会構造』（1969年）のなかでは，行為の下位システムの一つであった「社会システム」をさらに，下位システムに分解しています。すなわち，相互行為の場である社会は，経済システム（A），政治システム（G），社会的コミュニティ（I），学校や家族（L）から成り立ちます。「社会」の中に政治や経済という要素があるイメージですね。ただより狭義には，社会というのは他人どうしが相互行為しながら，統合された秩序を目指す領

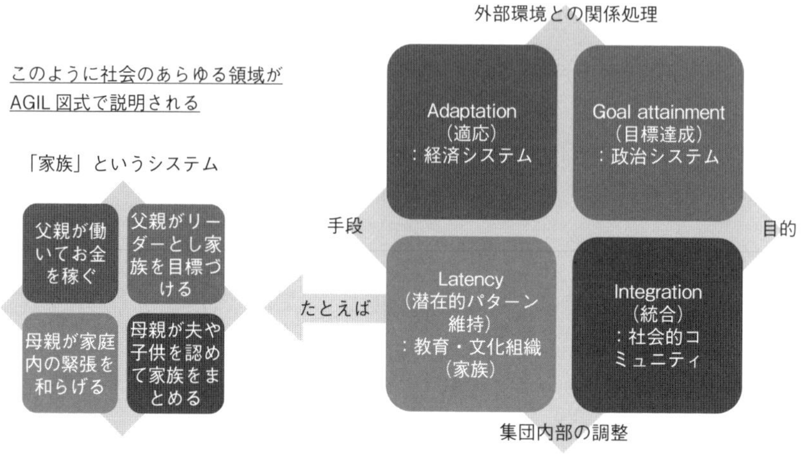

図 5-1　AGIL の 4 機能による説明

域（目的）で，それを可能とするのが，共通価値を生み出し，次の世代に受け継いでいくための学校や家族（手段）であるということになります。

さらに，この社会システムの下位システムＬにあたる家族という「システム」も，さらに AGIL の機能からなる下位システムに分解できます。『家族――社会化と相互作用』（1955 年，原題）のなかでパーソンズは，その機能を持つ下位システムを父親と母親に割り振っています。すなわち，家族が生活するために働いてお金を稼ぐという，環境への適応の機能（A），およびリーダーとして家族を引っ張っていくという目標達成の機能（G）が父親，家族のメンバーを受け入れてまとめていく統合の機能（I），および家族内の葛藤や緊張を和らげるというパターン維持の機能（L）が母親によって担われるとしています。

こんな風に，パーソンズは「完璧に」社会の成り立ちを説明しようとしました。すべての要素（構造）に機能があって，全体としての構造（社会や行為システム）のなかで，その機能をしっかり果たすことで，社会や社会秩序が成り立っている。父親は父親の役割（機能）を，母親は母親の役割（機能）をしっかり果たして，家族というものが成り立つ……。

みなさんはどう思うでしょうか。「よくできている」と思うかもしれませんし，「もしそんな風にできていたら，なんて理想的な社会だろう」と思うかもしれません。そうなのです。たとえばこうしたパーソンズの家族システムを，「すばらしい」と思うかどうかは別として，これはあくまでパーソンズ（あるいは当時のアメリカ社会）にとっての「理想」だったのです。

パーソンズは，いかにして社会（秩序）が成り立つのか，ということを考えるときに，第二次世界大戦後，とくに1950年代，繁栄を謳歌するアメリカ社会を前提にしていたのです。家族にしてもそうです。当時アメリカは女性の専業主婦率が75%に達していました。それも男性一人の稼ぎだけで十分家族を養える収入が賄えるほど，アメリカが経済的に豊かだったということもあります。だからこそ，父親と母親の役割（機能）が明確に切り分けられている家族システムが「理想」として描けたわけです。

ところが，前章でも最後に歴史的経緯を紹介したように，ベトナム戦争の泥沼化を背景として，アメリカ社会のダークサイドが次第に明らかになっていきます。「うまくいっている」ようにみえる社会秩序は，戦争という暴力，アフリカ系アメリカ人への差別，（社会で働きたい・働ける）女性を家庭内に押し込めるという犠牲によって成り立っているに過ぎない，ということが当のアメリカの人々にさえ自覚されるようになってきたのです。そんななかで，パーソンズの理論にも，次々と疑問が投げかけられるようになっていくのです。

2　パーソンズからマートンへ

(1)　手品師マートン

パーソンズは，ハーバード大学で教授として40年も君臨し続けた社会学者ですから，それだけに優秀な弟子がたくさんいます。そのなかで，パーソンズ自身が一番弟子だと認識していたのが，次に紹介するロバート・キング・マートンです。しかしこのマートン自身は，パーソンズに黙って従うタイプではありませんでした。

「マートン」というのは，実はもともとの本名ではありません。彼の父は東ヨーロッパ出身のユダヤ人で，移民としてアメリカに渡ってきた労働者でした。マートンはメイヤー・シュコルニクという名でこの世に生を享け，南フィラデルフィアのスラムで育ちました。彼は非常に手先が器用だっ

図5-2　ロバート・K・マートン
(Robert King Merton) 1910-2003

たらしく，手品師（奇術師）として収入を得ながら，地元の図書館で色々な本を読んで勉強したそうです。その手品師だったときの芸名が，「マートン」でした。これは魔術師マーリンをもじってつけたそうです。後にこの芸名を本名とするようになります。ちなみに，彼の息子もロバート・マートンといいます。息子は1997年にノーベル賞を受賞した経済学者で，晩年のマートンはそのことをとても喜んでいたそうです（21世紀に入った，2003年に亡くなっています）。

(2) マートンの機能分析

そんなマートンが，奨学金を得て大学に入学し，さらにハーバード大学の大学院に進学してパーソンズと出会います。マートンは当然パーソンズから大きな理論的影響を受けるのですが，彼はパーソンズのように「構造」と「機能」をしっかりとひもづけるのではなく，より「機能」に注目した研究を行ないました。もちろん，決して「構造」について考えることを否定したわけではありません。社会の「構造」とか，文化の「構造」とか，そういう用語はパーソンズから引き継いでいますので，彼の考え方はパーソンズの構造機能主義の順番をひっくり返して，「機能構造主義」なんて呼ばれたりもしました。しかし，彼自身はこの呼ばれ方は好きではなかったようで（「～主義」みたいなのが嫌いだったようです），彼の言葉では「**機能分析**」といいます。あくまで「機能」という概念を掘り下げていくということですね。

では，彼はどのように「機能」の概念を掘り下げたのでしょうか。そもそも「機能」とは，観察者から客観的にみたときに見えてくる，意味や働きのことでした。何かしらの行為をしている当事者が自覚をしていなくても，そういう意味があると，客観的にはいえる，ということですね。しかし，そういう意味（機能）を当事者が自覚している場合も，もちろんあります。このように，当事者が自覚しているかどうか，という区別を「機能」に導入したのが，「**顕在的機能／潜在的機能**」というものです。マートンはさらに，「機能」には（社会や関係の維持にとって）望ましい方向の意味ばかりではなく，それとは逆方向（逆効果）に向かってしまう「機能」もあると考え，「**逆機能**」と名づけました。逆ではない機能は，あえていえば「順機能」ということになります。「機能」=「順機能」です。

というわけで，当事者が主観的に自覚しているかどうか，またその結果が社会や関係の維持にとって望ましいかどうかの二つの区別を組み合わせて，全部で4種類の「機能」があるということになります。すなわち，顕在的（順）機能，顕在的逆機能，潜在的（順）機能，潜在的逆機能，の四つです。たとえば「雨ごいの儀式」をしている集団がいたとします。それで本当に雨が降ったら，「雨ごいの儀式」には顕在的機能があったといえるでしょう（本人たちが意図した通りなので）。そんなことをしても本当に雨が降るわけはないと，他の人たちは笑うかもしれません。しかし，実際には雨が降らなかったとしても，「雨ごいの儀式」自体は無意味ではないのです。というのは，「雨ごいの儀式」を通して，一緒に儀式を執り行なった集団のメンバーの結束力が強まるのです。とはいえそのことは，当事者たちに自覚されているわけではありませんので，それは潜在的機能ということになります。「雨ごいの儀式」には，集団の結束力を強化するという潜在的機能があるのです。

あるいは，官僚制の例を挙げましょう。ウェーバーのところでやったように，官僚制というのは，本来，優秀なプロフェッショナルたちが，自分の専門領域の仕事に集中して取り組む仕組みなので，非常に合理的で効率的なはずです。あまりピンときていない人も多いかもしれませんが，想像してみてください。膨大な量の仕事があるなかで，担当をとくに決めず，あまり自分の詳しくない分野の仕事まで頑張ってしたら，実はその仕事は他の人がすでにしていた……そんなおそろしい無駄の嵐になってしまうでしょう。官僚制は現在でも，かなり合理的な仕組みです。他にもっとよい仕組みが発明されない限り。しかしながら，現実には，「お役所仕事」と批判的にいわれるように，自分の担当以外には無関心だったり，全体を見通した臨機応変な柔軟な対応ができなかったりして，結果的に非効率であったり，非合理的な結果をもたらしてしまうことがあります。こうしたことは，まさに官僚制の潜在的逆機能といえます。そんなことになるのは，そもそも意図したことではない（潜在的）ですし，合理的なはずがかえって非合理的な結果をもたらすというのは，逆機能です。

また，ウェーバーのところでやった，『プロテスタンティズムの倫理と資本主義の精神』の話にも，あてはめて考えることができます。死後の救済のために，熱心にプロテスタントの教えに従う（天職にいそしむ）ことが，資本主義の発達を促した，というやつです。これは，当事者は死後救われたい，というのが第一ですから，その結果社会全体の資本主義が進行するなんていうのは，意図していませんので，潜在的です。ただしまあ，「逆」機能でもないでしょうから，これは潜在的機能の例だといってよいでしょう。ルイス・コーザーの闘争理論でいったら，闘争は当事者が意図せず，その関係をかえって良好なものにしてしまうことがあるので，その場合はやはり潜在的機能を持つといえるでしょう（実際関係が破綻したら，単純に顕在的逆機能でしょうね）。

本書では，社会学の色々な概念を学ぶわけですが，私が思うに，一番汎用性が高くて，社会学のことを知らない人にも面白がってもらえるのが，この「潜在的機能／逆機能」の話ではないでしょうか。本人たち，当事者は意図していないけど，客観的に観察すると，色々な意味がみえてくる，というのが「潜在的」の意味です。みんながよかれと思ってしたことが，よい結果を導くとは限らない。またその逆もあるかもしれない。そんな社会の謎，面白さを，「潜在的機能／逆機能」は浮き上がらせてくれるのです。

マートンは，この「潜在的逆機能」のことを「**意図せざる結果**」と呼んでいます。実際にあった事例ですが，1932年，ナショナル銀行という健全に経営されていた銀行がありました。ところが，その銀行がつぶれる（支払い不能になる）といううわさ（デマ）がたち，不安になった人々が預金を下ろしに殺到した結果，本当に銀行はつぶれてしまったのです。預金者にとっては，銀行がつぶれるのは望ましくないことですし，意図もしていません。ですので，「意図せざる結果」です。マートンはこの事例を「予言の自己成就」あるいは「自己成就的予言」ともいいました。まあ，「銀行はつぶれる」というのは厳密な意味で「予言」ではないので，あくまで比喩です。

(3) 中範囲の理論

ここまでの話でわかるように，マートンはパーソンズの理論の，とくに機能という概念を掘り下げつつも，パーソンズとはかなり異なる「芸風」です。パーソンズのように，「すべてを説明する理論」（グランド・セオリー）の構築ではなく，むしろ具体的な事例に沿って，それを社会学的に説明することを目指しました。もちろん，抽象的な理論を捨てたわけではありません。何度もいいますが，具体例にばかり注目していても，理論にはなりません。理論は他の色々な事例に応用して「使える」必要がありますから，まずは「抽象化」する必要があるのです。とはいえ，パーソンズは完璧な理論を作るという方向で，極端に進み過ぎてしまったきらいがあります。マートンはそこで，理論と，具体的な事例（経験的な調査）をバランスよく扱う必要を主張しました。それが，彼の**中範囲の理論**です。

中範囲の理論は，「日々繰り返される調査などで豊富に展開されている，小さな作業仮説」と「主要な概念図式を内容とする包括的思弁」をつなぐ理論です。私たちの日常の経験からも，これはよくある，と感じるパターンのようなものがありますよね。修学旅行の行先が沖縄になったと聞いて喜んでいたら，地元の別の高校に通っている友達に聞くと，そっちの学校ではハワイに行くという。がっかり，みたいな。これは，自分が修学旅行で行く沖縄にも本当は不満はないのだけど，友達の学校はハワイに行くから，比べてみると損したような気がする，という説明ができますね。こういう，「とりあえずのもっともらしい説明」が，いってみれば「作業仮説」です。しかし，これだけでは，日常の「あるある話」で，「だから何？」と言われてしまいます。具体例だけでは，理論にはならないのです。理論というのは，もう少し広く応用可能にするため，「概念図式」や「包括的思弁」とつないでやる必要があります。

マートンは，こうした中範囲の理論にあてはまる理論として，**準拠集団**論というものを挙げています。準拠集団というのは，個人の態度や意思決定の手がかりを与える集団のことです。これは，自分がメンバーとなっている所属集団と重なるとは限りません。先の修学旅行の例にあてはめれば，友達の学校（に通う人たち）が準拠集団です。自分が通う学校は所属集団ですが，「修学旅行の行先」という点で準拠集団と比べたとき初めて，「ハワイの方がいいな」と不満を覚えるわけです。マートンは（この修学旅行の例はマートンが挙げているわけではないですよ）こうした準拠集団を「比較型準拠集団」と呼び，その比較の結果生じる不満を，相対的不満と呼びました。相対的不満は相対的剝奪《はくだつ》（deprivation）ともいいます。もちろん，実際に「奪われ」ているわけでは決してないのですが，それくらい損した気分になっているということですね。

一方，比較対象とは違う準拠集団というのもあります。たとえば，みなさんがまだ高校生で，A大学に進学したいと思っていたとします。オープンキャンパスに行って，立派な先輩（在学生）たちの姿をみて，ああ自分もあんな風になりたいなと思い，高校時代どんな勉強をしたのかとか，色々聞いて，参考にしたとします。こういうときに，「A大学の学生」というのは，高校生のみなさんにとってまだ所属集団ではないけれども，準拠集団になっているといえます。この場合は，比較してみてどっちがいいとか悪いではなく，いわば目標としてお手本にするわけですから，マートンの言葉では「規範型準拠集団」といいます。また，こうした規範型準拠集団に準拠して，自分もそこに所属するのにふさわしい人間になろうとすることを，予期的社会化といいます。

ここでは，マートン自身が挙げている例が若干みなさんにピンときにくいかと思って違う例を挙げましたが，マートン自身も，実際の調査のなかで観察された具体的事実に基づいて「作業仮説」を作り，それを応用可能なように抽象化・一般化して理論としたのです。ここで見落としてはならないのは，具体例から出発したとはいえ，一方で既存の理論を勉強しておくことも大事だということです。マートンだって，集団（構造）が価値を通して，その要素としての個人の行為や考え方を規制する，というパーソンズの理論を知っていたから，いざ具体的な事例を一般化するときに「準拠集団」のような言葉を思いつくことができたのです。既存の理論というのは，私たちがものを考えるときのヒントやアイディアの宝庫です。それを使えば，自分の身の回りの色々な事例から，自分で新しい「理論」を作ることもできます。社会学の面白さというのは，すでにある理論を具体例に「当てはめて」みることより，むしろそういうところにあるのではないでしょうか。

3　ルーマンの等価機能主義

(1) システム論の継承者

本章ではもう一人，ニクラス・ルーマンについても紹介しておきます。パーソンズの社会理論が1960年代以降徐々に批判されるようになったことは前章でも見た通りですが，パーソンズが全否定されたわけではもちろんありません。やはりパーソンズは，ウェーバーとデュルケムの社会理論を統合して，現在の社会学の基礎を作った人ですから避けては通れないのです。前章で紹介したシュッツや，その他の批判者たちは，たとえばウェーバーやジンメルにまで戻って，パーソンズとは別の方法で社会という謎に取り組もうとしました（それについては次章の相互作用論2で説明します）。そして，マートンはパーソンズの概念や理論を受け継ぎつつも，すべてを説明しようとするグランド・セオリー志向は否定して，個別の事例にも応用可能な機能分析を目指しました。

こうしてみてくると，せっかくパーソンズが完成度の高い，包括的な社会理論を作ったのに，それ以降もっと完成度の高い社会理論を作った社会学者はいないのか，という質問がよく出てきます。結論からいえば，別にそんなものなくてもいいのです。「社会」とは一つではありません。あるべき「社会」の理想像もそうです。パーソンズなら，当時のアメリカ社会をモデルに社会の「全体」を想像できたかもしれませんが，グローバル化が進み多元化した社会では，そのような一つの「社会」理論は，実際あまり求められていません。そして，社会学とはいえ一つの学問分野に過ぎず，「社会」という複雑な対象を「すべて」説明しようとするのには，そもそも無理があるのです。社会学には社会学の得意な方法や考え方があるので，それを活かしつつ，他の心理学や経済学や政治学や歴史学や生物学など色々な学問とそのつど協力していけばいいのです。社会学ですべて説明しようとする必要は，そもそもないのです。

しかしながら，パーソンズの高い志を受け継いだ社会学者も，いないわけではありません。ドイツの社会学者，ニクラス・ルーマンです。先にみたマートンはパーソンズより８歳若く，ルーマンはさらにマートンより17歳も若いですから，本章で紹介する３人は（とくにルーマンは）同世代とはいえません。ですから，ここではあくまでパーソンズのシステム論の展開という点でのみ紹介し，その後のルーマンのシステム論の展開については第10章で説明することにします。

ルーマンは「ドイツ」の社会学者，といいましたが，これにはまたしても注意が必要です。ルーマンが生まれたのはたしかに，ドイツという共和政（ヴァイマル共和政といいます）の国です。これはウェーバーやジンメルのところで出てきたドイツ帝国が第一次世界大戦で崩壊し，革命によって生まれた国ですね。ドイツ（の中心であったプロイセン王国）はウェーバー，デュルケムの章でみた普仏戦争でフランスから多額の賠償金を獲得していましたが，今度は敗戦側になり，仕返しのように多額の賠償金を要求されます。それによって経済が崩壊状態になりますが，アメリカの経済的援助でなんとか1920年代には安定を迎えます。しかし，そのアメリカが1930年代に経済恐慌に陥ったことは，前章の冒頭でみましたね。アメリカ経済がドイツ（ヨーロッパ）経済を支えていたので，アメリカが転んだら世界が転んでしまうのです。ドイツは再び，経済の危機に直面します。そんなときに登場したのが，アドルフ・ヒトラーが指導するナチスだったわけです。

ルーマンが生まれたのはまさにこのナチスが台頭して戦争に突き進んでいく時代で，ルーマン自身も16歳で軍に動員され，戦中にフランスの捕虜になって強制労働に従事させられました。終戦後，勉強して大学に進学し，法学を学んで裁判所の助手になり，その後官僚になりました。やがて奨学金をもらってアメリカのハーバード大学に１年だけ留学します。そこでパーソンズに出会うわけです。ちなみに，戦後，ドイツは連合諸国に分割管理され，1949年にアメリカ・イギリス・フランス（資本主義経済諸国）管理地域がドイツ連邦共和国（西ドイツ），ソ連（社会主義経済国）管理地域がドイツ民主共和国（東ドイツ）となって，1990年に再び統一されるまで，分断国家でした。ルーマンはこの「西ドイツ」で人生の大半を過ごしたことになります。

ルーマンを有名にしたのは，同じドイツの哲学者であり社会学者のユルゲン・ハーバーマス（第７章で登場します）と1970年代に行なった論争でした。彼は官僚だった時期もありますので，この時点では研究者としてはまだそれほど有名ではなかったのですが，(歳は同じくらいですが) すでにキャリアのあったハーバーマスとの論争で対等にわたりあって，なんかすごい新人がでてきたぞ……と認知されるようになります。

そして，後に1984年に『社会システム』という，パーソンズのとそっくりのタイトルの本を出版して，その後継者（?）として有名になるのです。ただし，パーソンズの本は“*The Social System*”(1951年に出版され，1974年の日本語訳では『社会体系論』)，ルーマンの方は“*Soziale Systeme: Grundriß einer allgemeinen Theorie*”で，いずれも日本語に訳せば同じ社会システムなのですが，ルーマンの方のドイツ語のSystemeは複数形（英語でいえばsystems）であることに注意が必要です。この複数形のシステムというのが，ルーマンのポイントになります。

(2) 等価機能主義

ルーマンは社会学者としてのキャリアの開始は遅かったわりに，非常にたくさんの本を出しており，亡くなった後に出版されたものも含めると，60冊以上にのぼります（日本語ではまだ半分くらいしか翻訳が出版されていません)。それだけ厚みのあるルーマン自身の研究は，初期（1960〜1970年代半ば)，中期（1970年代半ば〜1980年代前半)，後期（1980年代半ば〜1990年代）くらいの段階に分けられます。この初期の段階は，ルーマンがパーソンズの理論を吸収し，独自のアレンジを加えていった時代（そしてハーバーマスと論争した時代）になります。

この時代のルーマン理論のキーワードは，「複雑性の縮減」と「等価機能主義」です。ここでは先に「**等価機能主義**」について説明しましょう。これは，パーソンズの理論に対する批判でもあります。パーソンズは，特定の構造と機能の関係を一対一関係で強く結びつけていました。それに対して，ルーマンは，必ずしもその構造でなくても，同じ機能を持ったもの（**機能的等価物**）があるのではないかと考えるのです。

具体例で説明しましょう。第1節のところでパーソンズによる家族の構造と機能の分析について紹介しましたが，家族というシステムは社会というシステムのなかで，L（潜在的パターン維持）の機能を持ち，ストレスや緊張を緩和する機能（役割・意味）を担うということでした。しかし，よく考えていただきたいのですが，家族にも色々あります。パーソンズがいうように，社会のなかでのストレスや緊張を癒してくれる家族ばかりでなく，家族自体がストレスのもとになってしまうようなケースもたくさんあるでしょう。そんな人にとっては，逆に仕事などの方が，ストレスや緊張を緩和（発散）してくれるものかもしれません。

また，パーソンズは「家族」というシステムの中でも，働いてお金を稼ぎ（経済），家族を目標づける（政治）役割を父親に割り当て，家庭内をまとめ（社会），家族の緊張を和らげて家族を維持する（文化・潜在的パターン維持）役割を母親に割り当てていましたが，これもまた，父親と母親の役割が逆だっていいし，父親だけ，母親だけでもこれらの機能を果たすことはあり得るわけです。

たしかにパーソンズは，彼なりに「うまくいっている」理想の社会秩序，家族像を理論化したつもりだったのでしょうが，現実にはそんな家族ばかりではないし，それが唯一の理想的な社会や家族のあり方とは限りません。癒しよりも，経済的な協力を第一に求める家族があったって，全然構わないのです。それによって，社会全体がうまく回ることだって考えられます。母親がリーダーになっている家族だって，現実をみたらいくらでもありますよね。こう考えると，パーソンズのように，特定の機能が特定の構造に紐づけられていると考えるよりも，同じ機能を果たす別の何か（構造）というのはたくさんあるし，あっていいよねということになります。ですので，問題は必要な機能を果たす構造がどこにあるのか，その等価物の多様な可能性を考えることになるでしょう。これが等価機能主義です。

(3) システム概念の捉え直し

もう一つのキーワード，「**複雑性の縮減**」とは，何やら難しい言い回しですが，複雑なものをシンプルにする，ということで，簡単にいうと，「システム」が現実をわかりやすくしてくれる，ということです。「社会」は複雑すぎて捉えきれない，という話は何度もしましたが，ルーマンも同様に，人をとりまく「環境」の複雑性に注目します。私たちのまわりにあるすべてが「環境」なのですが，そこにはあまりに多くの情報があり，私たちはそのすべてを把握することなどできません。今部屋にいるとして，視界に映っているすべてのものを認識して何がある，なんて，一瞬で脳が処理しきれませんよね。社会についても同様です。情報が多すぎる。複雑すぎるのです。そんな「環境」の複雑性を縮減する（シンプルにしてくれる）のが「システム」です。

実はルーマンの「システム」はパーソンズと同じ言葉を使っていながら，その中身はまったく別のものです。パーソンズにとっては，あるシステムはより大きなシステムの要素であり，さらに小さなシステムに分解することもできます。そうやってがっちり組み上げられた単一のシステムです。一方，ルーマンにとっての「システム」は，そのつど複雑な「環境」にはめられる額縁のようなものです。さきほど，等価機能主義について説明しましたが，ルーマンは構造と機能の紐づけを外し，構造どうしの隙間のない関係（AGIL 図式のような）を否定したのです。「そのつど」はめられる，というのは，同じものでも，状況によって，異なる「システム」と捉えられることがいくらでもありうるからです。だからこそ，複数形なのです。

たとえばルーマンは色々なシステムを挙げています。政治，経済，法，宗教，教育，家族，マスメディア，科学，芸術……これらはみな「システム」です。これらのシステムが作動するかは，コミュニケーションによって，そのつど決まってきます。ここでいうコミュニケーションというのは，実はルーマン独特の用語で注意が必要なのですが，ここでは様々なシステムが作動しうる，ということをひとまず理解していただくために，あえて私なりにアレンジして説明します。ルーマン研究の専門家には怒られてしまうような応用かもしれませんが，もう少し厳密な説明は第 10 章でしますので，あくまでルーマン自身はこのような説明はしない，ということを念頭に置いた上でご理解ください。

たとえば，みなさんが学校に出かける日に，家族の誰かがお弁当を作ってくれていたとします。そんなとき，おそらくみなさんは「ありがとう」といってお弁当を持って出かけることでしょう。でも，もし「このお弁当いくら？」なんて言ったらどうでしょう。家族の人もびっくりするかもしれません。お弁当を作ってくれて，「ありがとう」だけで自然なコミュニケーションが成り立つのは，それはお互いが家族だから（同じ家計で生活している，あるいは家族内の思いやりや愛情の範囲でしている）という前提＝家族システムが日常的に作動しているからでしょう。しかし「このお弁当いくら？」という発言は，そこで「経済システム」を作動させてしまうので，家族の人もびっくりしてしまうわけです。ただし，家族のあり方は様々ですから，そういうことが絶対にないわけではないですよね。

もう一つ。とくに特定の宗教を信じていなくても，「お墓参り」をしたことがある人は多いのではないでしょうか。「墓参り」というのはそれだけで十分宗教的な行為です。日本では「ただの習慣だ」とか必死で否定しようとする人が多いのですが，そういう習慣化されて意味を疑われない行為こそが非常に宗教的だといえます。それはさておき，仮にみなさんが，墓の下にはただのリン酸カルシウムとタンパク質の塊が埋まっているだけで，そこで手を合わせたりすることには何の意味もない，なんて家族に言ったらどうでしょう。そこでは「科学システム」が作動して，やはり家族はびっくりしてしまうかもしれません。でもそうならずに自然に「お墓参り」が行なわれているとすれば，そこではやはり「宗教システム」が作動しているのだといえるでしょう。

最後にもう一つ。1960年代に，「千円札裁判」というおかしな裁判がありました。これは前衛芸術家の赤瀬川原平という人が，当時の千円札の図版を加工して作った作品を「芸術」だとして個展に出品したところ，ニセ札製造の容疑（通貨及証券模造取締法違反）で起訴されてしまったという「事件」です。たしかに当時ニセ札が出回って世間を騒がせていたのですが，赤瀬川氏の作品はどうみても本物ではなく，起訴はされないだろうと思われていたのに，裁判にまでなってしまったのです。そこで赤瀬川氏は「そもそも芸術とは何か」を裁判官に説明するために，法廷に様々な作品を陳列し，法廷を現代アートの展示場のようにしてしまったのです。そもそもが，「芸術システム」が作動しているアートの領域で警察や検察が異質な「法システム」を作動させたことでややこしいことになったといえますが，今度は赤瀬川氏が「法システム」が作動する裁判の場で「芸術システム」を作動させて余計ややこしくなったわけです（赤瀬川氏はそれをあえてねらってやったのかもしれませんね。さすが前衛芸術家！）。もちろん，「芸術システム」によるコミュニケーションと「法システム」によるコミュニケーションがつながってはいけないわけではなく，あくまでそれが「可能」であるからこそ，こういうおかしなコミュニケーションが生じるのだといえます。

このように，ルーマンの考え方は，コミュニケーションによって様々なシステムが作動しうる，というものでした。ルーマンのシステム論は，その後神経生理学のオートポイエーシス論なども導入してますます進化していきますが，詳しくは第10章で説明したいと思います。

文献案内

① クロザーズ, C., 中野正大・金子雅彦訳, 1993,『マートンの社会学』世界思想社.
② 佐藤俊樹, 2011,『社会学の方法——その歴史と構造』ミネルヴァ書房.
③ クニール, G. & A. ナセヒ, 舘野受男他訳, 1995,『ルーマン——社会システム理論』新泉社.

マートンの理論はいきなり原著の『社会理論と社会構造』に挑戦してもよいですが，まとまった入門書としては①があります。残念ながら現在絶版ですが，図書館などにあればぜひ。②は本来序章の文献紹介で挙げてもよかったのですが，デュルケム，ジンメル，ウェーバー，パーソンズ，マートン，ルーマンの６人に絞って，社会学の考え方を解説してくれるものです。パーソンズからルーマンの間にマートンを位置付けてくれていることで，理論がどのように発展していったか，流れが非常によくわかります。難解といわれるルーマン理論はその解説書も難解なのですが，比較的手にとりやすく読みやすいものが③です。ただし，この本が刊行された1993年時点ではルーマン本人は存命で，1998年に亡くなるまで旺盛に新しい研究を発表し続けていたので，その全体像がカバーされていないことには注意が必要です。

第6章

意味をめぐる相互作用としての社会（相互作用論2）

1　現象学的社会学

(1) 現象学とは

第4章から2章にわたり，パーソンズの社会理論についてみてきました。パーソンズは最終的に壮大な社会システム理論を築き上げましたが，その原点にあったのは，ウェーバーの流れをくむ社会的行為論でした。しかし第4章では，アルフレッド・シュッツが，まさにその行為論の観点からパーソンズの理論への批判を展開したことに触れました。パーソンズは人々が社会的行為に先立つ規範（価値）によって統制されていると考えましたが，シュッツは互いの行為の動機（意味）を作り出す主観的世界を理解し合うことで「社会」が成り立っている，と考えました。ではその互いの主観的世界の共有というのは，なぜ，どのように可能になっているのでしょうか。

シュッツは自らの社会学理論を展開するにあたって，「現象学」という近代哲学の考え方を参照しています。現象学は，一般にオーストリアの哲学者で数学者だったエトムント・フッサール（1859年生まれなので，デュルケムやジンメルと同世代，シュッツの40歳上です）が基礎を作ったといわれています。その後の，ハイデガー，アーレント，サルトル，レヴィナス，メルロ＝ポンティ，リクール，リオタール，デリダなど，20世紀を代表する哲学者たちは，だいたい現象学の後継者です。現象学の特徴は，主観よりも客観の方が優れているという考え方を捨てる，さらにいえば主観と客観という区別を乗り越えることにあります。

そもそも，「客観的」って何でしょうか。十円玉は丸い，と私が「主観的」に思って，Aさんもそれに同意してくれたら，「客観的」なのでしょうか。Aさんもたまたま「主観的」にそう思っただけではないでしょうか。では，さらにBさんにも聞いてみて，やはり丸いと言ったら，「客観的」でしょうか。しかしこれも，Bさんの「主観」がたまたま同じだっただけではないでしょうか。もし，この後CさんからZさんまで聞いて，みんな四角いと言ったとしたらどうでしょう。何人以上の見方が一致すれば，「客観」になるんでしょうか……。

そんな線引きに意味がないことは，おわかりになるでしょう。つまり，ここでの「客観」（と思われているもの）はあくまで相対的なものです。ふだん私たちは「客観的な事実」とかいうときに，それを「唯一の真実」のように思い込んではいないでしょうか。「真実はいつも一つ」なんて某名探偵が言っていますが，仮に事件の現場を直接目撃した人が複数いたとしても，その目撃情報は「見間違い」かもしれないし，「思い込み」で情報を補っているかもしれないし（「暗くてよくみえなかったけど，あれはたしかにAさんでした！」とか），さらにいえばその状況の解釈も人それぞれです（「明らかに殺意があるように見えた」「そうは見えなかった」とか）。

たしかに，（「神」の視点からすれば）その場一回限りたしかにあったこという意味で，「真実」はあるのでしょう。しかし，私たちがふだん「客観的な事実」と言っているのは（そして一応「神」ではないはずの某名探偵が言っている「真実」というのは），「とりあえず今のところ否定される材料がないという意味で，もっともらしいとされている状況の解釈」に過ぎないのです。そして実は「科学的事実」というのも，これと同じです（新たな発見や実験結果があれば覆される）。そういう意味で，相対的な意味での「客観」はたしかにありうるけれども，それは唯一の「真実」とイコールではないのです。

では，「主観」はどうでしょうか。自分がたしかに見て，感じていることなのだから，そんなもの疑いようがないと思いますか。さっきも言った通り，「見間違い」とか「勘違い」かもしれませんよ。そして，私たちが「主観」（自分が見た）と思っていることでも，実は人から聞いたことの受け売りだったり，そうした情報に基づいた「思い込み」だったりするかもしれません。

フッサールは，こうしたノイズを排除して，「主観を突き詰める」方法として，**現象学的還元**というテクニックを使います。それは，私たちが「あたりまえ」だと思っていることを一旦カッコ（　）に入れることを通して，私たちがものごとを実際どのように経験しているのかを分析する，という方法です。

私たちはふだん色々なことを「あたりまえ」だと思って，それを前提に日常生活を送っています。たとえば，自分が見ている現実を他人も同じように見ているはず，とか，素朴に客観的な事実というのはあるよね，とかいう態度です。そういう態度のことを，フッサールは**自然的態度**といいます。しかし，実はこうした自然的態度というのは，私たちが実際に経験している世界（**生活世界**）をきちんと見て・理解していなくて，自然科学などの「理念の衣」に覆われてしまっている，というのです。

たとえば，以前「時は金なり」と言った人として紹介したベンジャミン・フランクリンは，「雷は電気だ」ということを実験で証明した発明家でもありました。「雷は電気だ」というのは現代の私たちにとっては「常識」で「科学的事実」と思われています。しかし，フランクリンのように，自分で確かめた人がどれだけいるでしょうか。これでは，宗教を信じているのと何も変わらないのです。「科学」というのは，実は宗教以上に，私たちを「わかったつもり」にさせてしまうのです（もちろん，本当の意味での科学はそういうものではないですよ）。

フッサールは，こうした自然的態度に基づく「あたりまえ」を一旦捨てる，あるいは（　）に入れることをエポケーといいました。「判断を保留する」という意味の古代ギリシア語です。自然的態度を否定する，というわけではありません。否定するにしても，肯定するにしても，わからないことはわからないのですから，（　）に入れておく（＝保留しておく）のです。「わかったつもり」にならない，というとても誠実な態度ですね。こうした方法で，「わかったつもり」「あたりまえ」を外していくことで，実際に自分たちがどのようにものごと（生活世界）を経験しているか，明らかにしていくのです。

しかしながら，エポケーを徹底して，「わかったつもり」「あたりまえ」をずっと外していったら，人はそれぞれの感じ方で，生活世界を生きているにもかかわらず，なぜみんな同じ世界に生きていて，同じものを認識していると思い込めるのか，という問いに突き当たります。そこで，フッサールは「**間主観性**《かんしゅかんせい》」という概念に到達します。それはつまり，主観というのはばらばらに存在するのではなく，世界の中で他の主観とも絡み合いながら，共にはたらいていて，そのなかで客観性（のようなもの）が生み出されている。それが間主観性だ，ということです。

結局，客観性を間主観性と言い換えただけのようにみえますが，大事なのは，仮に客観性にみえるものも，唯一の真実（「神」の視点）などではなくて，主観の集まりにすぎない，ということです。客観だって，主観の集まりに過ぎないのですから，その主観が不確かなら客観だって不確かです。逆に，主観だって，現象学的還元によって研ぎ澄ますことはできます。このようにして，「主観－客観」の対立図式を壊し，乗り越えたのが，フッサールの現象学だったのです。

こうしてみてくると，「科学は「客観的」なものであり，客観の否定は主観なのだから，主観は「非科学」」という考え方が，もう「思い込み」＝非科学なのです。ウェーバーの章でも説明しましたが，正確には，科学は「客観的だから正しい」のではなく，「徹底的に疑われ，批判されるからこそ正しい」のでした。であれば，科学的な態度としては，「客観性」さえも「徹底的に疑い，批判する」のが正しいのです。

(2) シュッツによる現象学の社会学への応用

こうした現象学を踏まえて，シュッツは，社会的世界における日常的思考，すなわち「あたりまえ」の「意味」というのは，社会的に作られると考えました。第一の前提となるのは，これまでにもみてきた間主観性です。私たちはお互いが主観を持っていて，その主観が重なり合う間主観性によって捉えられる世界が存在するということです。その上で，私たちは目の前で起こる出来事や他人の行為の意味を理解しようとするわけですが，それが「ただの主観」ではなく，それなりに妥当な解釈になるのは，「知識の社会的在庫」があるのと，「類型化」を行なっているからです。

「知識の社会的在庫」というのは，親や教師から教えられた知識や，伝統や習慣から学んだ知識のことで，それがとりあえず私たちに共有できる「意味」を与えてくれるのです。先にみた「雷は電気だ」というのは学校で学ぶような科学的知識ですが，これを知識の社会的在庫として共有しているから，相互行為が成り立つのです。私が「雷は電気」と思っていても，友達が「神様がお怒りになっている」と理解していたら，話がかみ合いませんね。

そして，「類型化」というのは，私たちは日ごろの経験から，パターン化して意味を考えることができるということです。教室で授業をしていて，居眠りをしている人が多いと，授業がつまらないのだろうなと，（教師の方も自分の経験から）わかります。授業がつまらない→居眠りというパターン（類型）です。居眠りしている人が多ければ，ああこの授業はつまらないんだなと，教師にとっても，学生にとっても意味が共有できます。もし，この類型化が機能しないと，「昨晩遅くにそんな面白いテレビ番組があったのか？」とか，「何者かによって眠気をもよおすガスが散布されているのかも！（お前や）」とか，的外れな解釈をしてしまいかねません。

こんな具合に，シュッツはどうして人々が出来事や行為をみて，同じ意味を共有できるのか，ということを考えたのです。それはつまり，相互行為・相互作用がいかにして可能になっているのかということでもあります。パーソンズ風にいえば，社会秩序はいかに可能なのかということを，シュッツは現象学の考え方を使って，「意味」という視点から考えたのです。

図 6-1　ドン・キホーテとサンチョ
（ギュスターヴ・ドレによる挿絵）

さらに，シュッツが面白いのは，こういう「意味」が必ずしも共有されるとは限らない，相互作用やコミュニケーションが必ずしも成り立つとは限らないということも，視野に入れていたことです。1954 年に発表された「ドン・キホーテと現実の問題」という論文のなかでシュッツは，**多元的現実**という概念を提示しています。これは，注意の向け方やその強度によって，人々にとってリアルな世界は多様に変化するというものです。

その例として，シュッツは彼が子供のころから愛読していたという「ドン・キホーテ」の物語を引用します。この「ドン・キホーテ」は激安ディスカウントストアのことではなく，17 世紀スペインのセルバンテスという作家による小説です。物語の主人公は騎士道物語の読み過ぎで現実と物語の区別がつかなくなった 50 代のおじさんです。騎士道物語というのはベタなパターンがあって，騎士が見知らぬ土地を冒険して，住民たちを苦しめる強大な敵（ドラゴンとか巨人とか）を倒し，美しい女性を助け，王に認められるという，だいたいそんな話です。まあ今でいうラノベ（ライトノベル）ですね。それを読んで，自分が物語の騎士だと思い込んでしまったイタイおじさんが，ドン・キホーテと名乗って旅に出て，風車を巨人だと思って突撃して大けがしたり，周りの人に馬鹿にされたりしながらも健気に「冒険」を続けるという話です。

シュッツはここから，現実というのは一つではなく，多元的であることを示します。ドン・キホーテにとっては彼が生きている世界が「現実」なのです。人々は彼を狂人だと「笑う」わけですが，後半に入るとだんだん，ドン・キホーテ自身が自分の狂気を自覚し，ものすごい冷静に状況を分析したりし始めます。その一方で，彼をいじったりネタにしたりしていたまわりの人たちが狂気から戻ってこられなくなる。果たして正気と狂気の境界とはどこにあるのでしょうか。

そもそも，シュッツという人自身が，昼は銀行員をしながら，夜は社会学者という二つの世界，亡命によってヨーロッパとアメリカというやはり二つの世界を生きた人でした。そしてユダヤ人であるという背景から，多数派（マジョリティ）が見るのとはまた別の世界をみていました。そんなプロフィールからみてみれば，彼のいう多元的現実というのも，わからなくはないのではないでしょうか。現代の私たちだって，リアルとバーチャル（ネットの世界）でキャラを使い分けたりすることが，珍しくはないでしょう。シュッツも，この多元的現実として，夢，幻想，遊び，演劇，宗教，芸術，科学，狂気と色々なものを挙げています。人によって現実の見え方は色々，というだけの話ではなくて，同じ人にとっても，アクション映画を見て手に汗を握っているときはそれがそのときの現実，リアルな夢をみてドキドキしたときはそれがそのときの現実，なのです。もちろん，そういうときでも，たいていは「現実」に帰ってきます。そういう「現実」をシュッツは「至高の現実（paramount reality）」と呼びました。しかしそれもまた，相対的なものなのです。

(3) シュッツの再評価

さて，こうしたシュッツの現象学的社会学は，後の社会学にどのような影響を与えたのでしょうか。彼の直接の「弟子」としては，ピーター・バーガー（2017年没）とトーマス・ルックマン（2016年没）（二人ともシュッツと同じくユダヤ系のルーツをもつヨーロッパからアメリカへの亡命者でした）がいます。ニュースクールでシュッツに学んだ二人は，彼の現象学的社会学の理論を整理して体系化しました。それが1966年に発表された『現実の社会的構成』です。1950年代などはパーソンズ社会学の黄金時代で，シュッツとの論争などほとんどの人が注目していなかったのですが，1960年代以降，パーソンズ社会学の権威が批判されるようになって，シュッツも再評価されるようになります。この本もそうした潮流の一環でした。私たちの現実は，常識的知識と，それに基づいて営まれる相互作用によって構成され，維持される，という主旨です。基本的には，シュッツの『社会的世界の意味構成』での，間主観性や知識の社会的在庫，類型化の話と同じです。ただそれを，ウェーバーやデュルケム，パーソンズやマートン，そして次の項目でみる同時代のシンボリック相互作用論などと関連づけつつ，理論的に整理しています。

キーワードは三つです。社会の「外在化（externalization）」，「対象化（objectification）」，そして「内在化（internalizaiton）」です。順番に説明します。社会の外在化とは，まず人間が社会を作るプロセスです。社会は人間がいなければ存在しませんから，社会は人間の産物といえます。次に，社会の対象化とは，そうして人間によって作られた社会を，客観的なものとして人々が認識するプロセスです。ここで間主観性が機能して，私たちは社会についての色々な知識や情報を共有し，同じ現実，同じ社会を生きていると自覚するようになります。その際，社会についての知識は，伝統や科学，広告，イデオロギーなどによる第二次的知識（間接的に知った知識，「知識の社会的在庫」ですね）によって正当化されます。これによって，「現実」「社会」というものは，あたかも私たちの外側に客観的に存在して，かつ私たちの考え方や行為を規制するもののように現れてくるのです。何か思い出しましたか。デュルケムの「社会的事実」ですね。「社会は厳しい」とか「社会が悪い」とか，言葉の上ではいうかもしれませんが，実際「社会」なんて複雑なもの，一言でまとめられるはずがないんです。それを，あたかも「モノ」のようにいってしまう，それが「社会的事実」なのですが，それは理論的な概念というだけでなく，私たちの実感としても，実はあるものなのです。そして最後に社会の内在化です。これは，共有された社会の「現実」についての知識を私たちが学び取って，自ら心の中にあるそれに従って考えたり行為したりするようになることです。人間が作った社会が，人間の中に戻ってきて，内側から人間を作り上げる。こうして，「社会は人間の産物である」だけでなく，「人間は社会の産物である」という状況が生まれるのです。

図6-2　ピーター・L・バーガー
(Peter Ludwig Berger)
1929-2017

2　シンボリック相互作用論

(1) シカゴ学派とブルーマー

ところで，本章は「相互作用論2」なのに，「相互作用論1」でやったジンメルからつながっていないと思われた方もいるのではないでしょうか。たしかに，本章第1節で紹介したシュッツの，間主観性によって意味が作られるという考え方は，ジンメル的な相互作用によって起こる社会化と非常によく似ていますが，直接的には

図6-3　ハーバート・G・ブルーマー
(Herbert George Blumer)
1900-1987

現象学という哲学の理論に基づいていました。

その一方で，より直接的にジンメルの影響を受けていたのが，アメリカのシカゴ学派の社会学だったということは，「相互作用論１」で確認しましたね。とはいえ，シカゴ学派はジンメルの考え方を理論的に発展させたというよりは，それよりも調査を通して事例をたくさん蓄積する，という方向が強かったといえます。その点，比較的地味で実用的な研究志向だったので，1950年代まではパーソンズのような体系的な理論（グランド・セオリー）の方が目立っていたのです。

しかしそんなシカゴ学派も，第三世代といわれるハーバート・ブルーマーが教えるくらいになると，独自の理論を作り上げていきます。ブルーマーは1900年生まれなので，シュッツより１歳下，パーソンズよりは２歳上でだいたい同世代です。彼は大学院からシカゴ大学に進学し，第二世代でジンメルにも学んだことのあるロバート・パーク（第３章で出た，「ズボンの尻を汚してこい」の人）の指導を受けています。ちなみにこの大学院生時代，ブルーマーはシカゴ・カージナルス（現在のアリゾナ・カージナルス）に所属するプロのフットボール選手でした。シカゴ大学には27年勤めて，その後カリフォルニア大学バークレー校に移るのですが，ここもまた現在アメリカの社会学の中心の一つになっています。

(2) 社会心理学からのヒント

では，ブルーマーはどのように相互作用の社会学理論を作り上げたのでしょうか。シュッツには現象学がアイディアの元にあったように，ブルーマーの場合は，社会心理学の諸理論がありました。とくに彼にとっては，シカゴ大学で教わった心理学者のジョージ・ハーバート・ミードの影響が非常に大きいといわれています。ミードは，年齢でいうとウェーバーの１歳上になりますので，パーソンズにとってのウェーバーが，ブルーマーにとってのミード，みたいな関係ですね。ミードはまた，同世代の社会学者のチャールズ・クーリーの影響を受けています。クーリーが考えた重要な概念に，「**鏡に映った自己**（自我）」というものがあります。それは，人間は他者を鏡として自己を知る，というものです。人間は，他者が自己をどのように評価しているか，他者との相互作用を通して知り，それに基づいて自我（社会的自我）を形成するのです。そしてその社会的自我が形成される場である家族，仲間集団，近隣集団などの基本的な社会集団を，**第一次集団**（primary group）と呼びました。

これをさらに理論的に精緻化したのが，ミードです。自己を形成する他者との相互作用とは，具体的にどんなものか。それは，他者からの**役割期待**というものです。教師なら教師らしくしてほしいとか，きょうだいがいる姉や兄なら姉・兄らしくしてほしいとか，そういうものです。人との関係にはたいてい何らかの役割関係というものがあります。友達，というのもある種の役割かもしれませんし，そのなかでもボケとツッコミとか，さらに細分化された役割があるかもしれません。今風にくだけた言い方をすれば，キャラというのに近いかもしれませんが，どちらかというと，上のような姉・兄だとか，先輩・後輩だとか，もう少し一般化されたものを「役割」といいます。いずれにせよ，私たちは他者と関係しているときに，何らかの「役割」を期待されているのです。他者と関わるなかで，こうした期待を私たちは内面化していきます。「あ，今はこういう役割を期待されているな」といちいち個別の場面に合わせて考えなくても，「父親というのはこういう役割を期待されるものだから，そう振る舞おう」とか，「先輩というのは……」「社会人というものは……」という具合です。このように，私たちのなかに「**一般化された他者**」が形成されて，その一般化された他者の役割期待に沿って，私たちは自我を形成するのです。

もう少し詳しい話をすると，ミードはこうした社会的な役割期待を内面化した自我を「客我（me）」，それに基づいて実際に決断し行為する主体的な自我を「主我(I)」と区別しました。たとえば，他者や世の中から求められている自分の姿，こうありたいと思っている自分の姿がわかっていたとしても，実際にそのような自分になれるとは，限りませんよね。その絶妙なずれを，この主我と客我は表現しているような気がします。いずれにせよ，他者からの期待に応えて，ピシャっとそんな人間になれるわけではなく，それを目指して変化（成長？）していく自己像を，ミードは描いているのではないでしょうか。

こうした変化する自己イメージは，発達心理学者のエリク・エリクソンが提唱した「**アイデンティティ**」という概念にも重なります。今では広く色々な場面で使われるようになっているこのアイデンティティという言葉ですが，もともとエリクソンが自我同一性（自分はこういう人間だという認識）という意味で使ったものです。

彼は，人は青年期の自我同一性の危機を乗り越えて自分自身を形成すると考えました。青年期には，「自分って何なんだろう」「何のために生きているんだろう」なんて悩んだりして成長していく，らしいです。このアイデンティティ論をミードの話にあてはめれば，青年期には家族や学校という「社会」から，それとはまた別の「社会」（会社とか新しい家族とか）へと移行することで，他者からの役割期待が変わるから，自我がゆらぐ，と考えられるでしょう。だから，結婚したり，子どもが生まれたり，転職したり，引越しして近隣関係が変わったりすれば，人はしばしば青年期でなくても「悩む」のではないでしょうか。

(3) シンボリック相互作用論

こうした社会心理学，とくにミードの理論を参照して，ブルーマーは**シンボリック相互作用論**の理論化を行ないます。ここでは，1969年に発表された『シンボリック相互作用論』に基づいて内容を紹介します。この本の中で，ブルーマーは，シンボリック相互作用論の三つの前提を示しています（三大前提といわれます）。一つ目は，「人は意味にもとづいて行為する」。意味のない行為はない。そんなことはないんじゃないか，と思う人もいるかもしれませんが，そもそも社会学では「行為（act）」と「行動（behavio(u)r）」を区別します。これらは一般的に用いられるときは混同されていることも多いのですが，社会学では，何らかの意思や意図を持った行動を行為と呼んでいます。ですので，行為というからには必ず意思や意図がある，すなわち意味があることになります。二つ目は，「意味は社会的相互作用から作られる」。その行為の意味というのは，主観的なものにせよ，客観的なものにせよ，社会的な相互作用を通して作られています。この点は，先に見た現象学的社会学の間主観性と似ていますね。というか実質的には同じです。そして三つ目，これがシンボリック相互作用論の新しいところですが，「意味は解釈される」。二つ目の前提が他者との相互作用を通じて意味が作られる話だとすれば，この三つ目は，自分のなかでの自分との相互作用で意味が作られる話だと考えることができます。意味（現実）は社会的に作られて共有されるわけですが，それも人の解釈により異なってくる，というわけです。

ちなみに，シンボリック相互作用論は，「象徴的相互作用論」とも翻訳されます。シンボル＝象徴ですが，このシンボル＝象徴というのは，「意味」を運ぶものだと思っていただいて構いません。わざわざ「シンボル」というのは，意味を媒介する（運ぶ）のは言葉だけでなく，非言語のものも含むからです。たとえば，身振りとかです。そういったシンボル＝象徴を媒介して意味のやり取りが行なわれる相互作用だから，シンボリック相互作用論なのです。もっとも，そうなるとシンボルを媒介としない相互作用なんてないのだから，ただの「相互作用論」でいい，という考え方もあります。

さて，ここまで学んできた現象学的社会学やシンボリック相互作用論は，しばしば「意味学派」と呼ばれます。社会的に作られ，共有され，解釈され，人の行為や相互作用の基礎となる「意味」に注目し，それがどのように（どのような相互作用を通して）作られるか，共有されるかを研究するからです。自称ではないものの，この「意味学派」はパーソンズ社会学への批判という共通のスタンスを持っていたことも重要です。

パーソンズ社会学にとって，最も重要なものは「価値」でした。社会学は価値を研究する学問だ，というのが彼の説明でしたね。そこで納得して安心された方たちには大変申し訳ないのですが，ここでまた異なる立場が登場してしまいました。社会学は，「意味」を研究する学問だ，というものです。とはいえ，その両方だ，と考えればまあよいのではないかと思います。「価値」にせよ「意味」にせよ社会的に共有されるのですから。ただ，どちらに重点を置くかによって，アプローチは結構変わってきます。「意味」よりも「価値」の方が，カチッとセッティングされたイメージです。先ほどみたシンボリック相互作用論のように，「意味」は解釈されますが，「価値」は解釈される・解釈するとはいいません（日本語的にも）。いずれも歴史的・社会的に共有されるプロセスがたしかにあるのですが，「価値」はとりあえずそうあるもの，という前提なのです。ですから，より人々の主観や生活世界に寄り添いつつ，社会が作られていくプロセス（ジンメルのときにやった「社会化の過程」を思い出しましょう）に注目する社会学にとっては，「価値」よりも「意味」というのが重要なものになってくるのです。

ブルーマーは，パーソンズに対して「要約の誤り」という批判をしました。もっとも理論というものは，個別具体的な事柄から，他の事例にも応用可能なように作り出される知見です。そのためには，具体例の詳しい細部は削ぎ落して抽象化し，そのエッセンスだけを取り出さなければなりません。それが，モデル化であり，「要約」です。これをしないと，その詳しい細部が邪魔して，他の事例にあてはめられません。しかし，ブルーマーからすれば，パーソンズの理論はこの理論化（要約）の過程で，現実の事例の本当に大事なところ（エッセンス）を誤って削ぎ落してしまっているのです。それがすなわち，個人が相互作用のなかで意味を作って共有したり，主体的に意味を解釈したりというプロセスの部分だったのです。

3　参与観察という方法

(1) 当事者の目で世界を見るということ

では，こうしたシンボリック相互作用論は，どのように具体的な事例に応用できるのでしょうか。やはり「意味」が作り出され・共有され・解釈されるプロセスに注目するわけですから，それはインタビュー調査，日記や手紙の分析（ドキュメント分析），参与観察などの**質的調査**とセットにして使われます。質的調査は，統計など数値化できるデータに基づく量的調査に対して，数値や量に還元できない情報を扱う調査です。

たとえば，なぜある人たちが宗教を熱心に信仰しているのかとか，なぜ若者の「車離れ」が起こっているかとか，なぜあんなに苦しんでまで「ラーメン二郎」のラーメンを完食しようとするのかとか，数値だけでは語れない社会の謎がたくさんあるのです。そんなとき大事なのは，この人たちにとって，「宗教」や「車」や「ラーメン」が何を意味しているのか，ということです。そしてその「意味」は，机の前でいくら考えてもわかりません。まずは現地に行き，当事者に直接尋ね，当事者の目線で世界を眺めてみる必要があるのです。その方法の一つとして，調査者自身がそうした当事者の世界に身を投じて，観察を行なう**参与観察**というものがあります。

「ラーメン二郎」の例でみてみましょう。ご存じない方のために少しだけ解説すると，「ラーメン二郎」というのは東京の三田《みた》に本店があるラーメン屋の名前なのですが，その「ラーメン」がとにかく量が多くて，脂っこいので有名です。味はおいしいという人もいるのですが，「おいしいかどうかは関係ない」とか，「これはラーメンではなくて「二郎」という食べ物だ」とか，よくわからないことをいうファンが多いことでも有名です。しかも，注文の仕方に独特のルールがあったり，食べ残すと店員さんが怖かったり，何かとハードルが高い店らしいのです。それでも全国に熱狂的なファンがいて，二郎からのれん分けされた店や，「二郎インスパイア系」といわれるよく似たコンセプトの店があって，今ではある種のジャンルとして確立されているようです。

私はふだん大学で学生の卒論指導をしているのですが，何年か前の担当学生が，「なぜ人は「二郎」を食べるのか」というテーマで卒論を書きました。その学生は女性なのですが，男友達に二郎系の店が好きな人たちがいて，いつも楽しそうに二郎に行った話をしているので気になっている，ということでした。というわけで，私はとりあえず彼らと一緒に二郎（系の店）に行って，ラーメンを食べてきなさい，考えるのはそれからだ，と指導しました。

後日，「あまりおいしくはなかったけど，一応完食した」「男友達も苦しみながら食べていた」「店の人は案外大丈夫だったけど，まわりの客の目が怖かった」などの報告を受けました。また，一緒に行った男友達が，女性である彼女と行くのをとても嫌がっていたという話も聞きました。ここまでで，色々な「謎」がありますよね（「二郎」が好きな方にとっては，「あるある」かもしれませんが）。なぜ「おいしくない（？）」のに苦労してまで食べようとするのか，なぜ彼らが女性と一緒に行きたくないのか，などです。そこで次には，彼女に「二郎」好きな男友達に，直接インタビューをしてもらいました。

そのなかでわかったことは，「二郎」は食事というよりも，スポーツのようなものだ，ということでした。男友達の話によると，男同士でともに苦労して二郎を完食すると，不思議な達成感や連帯感が得られるのだそうです。そこに（少食な）女性が一緒だと，気を遣ってしまったりして，純粋に楽しめない，ということのようでした。まあ，必ずしも女性が「少食」とは限らないので（実際彼女は「完食」しています），ここには彼女の男友達，そして多くの二郎のファンにあるホモソーシャリズム（異性を排除する構造）があらわれているのですが，卒論ではそこまで論じるのはちょっと難しかったみたいです。しかしいずれにせよ，彼女は自ら「二郎」愛好家たちの世界に身を投じてみることによって，「二郎（のラーメン）」がたんなる食事ではなく，スポーツという「意味」を持っていることを「理解」したのです。ラーメンは食事，という常識からは，この「二郎」の事例は理解できません。「二郎」愛好家（少なくともこの事例の男友達どうし）の間では，「二郎」はスポーツである，という「意味」が成り立っており，その「意味」は一緒に「二郎」に通っていくなかで，彼らの間に共有されたのでしょう。

インタビュー記録をみていて面白かったのは，そういう「スポーツのようなもの」という意味も，その男友達から最初から出てきた言葉ではなかったということです。「よそ者」である女性にインタビューされて，「なんでやろうなあ」と悩みながら，「もしかしたら，スポーツみたいなもんかもしれんな」という言葉が出てきたのです。つまり，あらためて本人がそう「解釈」したわけです。社会的な意味が，生み出され，共有され，解釈されるというのは，こういうことです。私たちは「意味」を通じて相互行為をしているのです。

(2) ベッカーとラベリング理論

学説史の話に戻します。シカゴ学派はもともと地道な質的調査をこつこつ蓄積する伝統を持っていましたが，第三世代のブルーマーに至って，社会心理学の概念などを利用して理論化が進み，そして次の第四世代になるとそうした理論も活かしてさらに多彩な事例研究が数多く生み出されました。代表的な社会学者を挙げると，本書でも後に紹介するアーヴィング・ゴッフマンや，ハワード・ベッカーといった人がいます。ここではベッカーについて少し紹介しておきましょう。ベッカーは1928年生まれ，ブルーマーよりは28歳若く，ルーマンより1歳若くて，2022年3月現在，まだご存命です。彼は実はジャズピアニストでもあります。YouTubeで調べてみてもらうと，アメリカ社会学会の懇親会で仲間と演奏するベッカーの動画もみられます。めちゃくちゃかっこいいおじいさんです。

このベッカーの初期の代表作が，『アウトサイダーズ』(1963年) です。彼はもう10代の頃からミュージシャンとして酒場で演奏したりしていたそうですが，そのなかで，独特の文化を持つミュージシャンの世界を知っていきます。ミュージシャンたちは，主流の社会にとってのアウトサイダー（はみ出し者・異端者）としての顔を持ち，独自の世界を作っています。たとえば，ミュージシャンはアーティストとしてのプライドを持っていて，しばしばあまり音楽のことをわかっていないお客のことを実は見下しています。しかし，その一方で，お客やお店に気に入られないと，仕事をもらえません。そこで，ミュージシャンどうしで裏で悪口を言ってストレスを発散したり，仕事を融通しあったりして，ミュージシャンの独自のネットワーク，意味世界を作っていくのです。

ベッカーはミュージシャンとしての能力と人脈を活かしつつ，こうしたミュージシャンの意味世界を，自らその一員として彼らの目線から観察しつつ（参与観察），それを社会学の言葉に置き換えて説明しようとしたのです。そのなかで，彼はマリファナ（大麻）使用者への聞き取り調査（インタビュー）を行ないます。マリファナはアメリカでは当時から連邦法で規制されていますが（現在では州によって合法化されているところもあります），ミュージシャンの中に，マリファナ使用者が多かったんですね。ベッカーはこの人たちに，なぜマ

図6-4　ハワード・S・ベッカー
(Howard Saul Becker) 1928-

リファナを使うのか，どのように楽しむのかなどを質問していきます。かなりきわどい調査なわけですが，同業者ということで相手も信用して話をしてくれたのでしょうね。さらに，雪だるま式（スノーボール）サンプリングといって，話をしてくれた人に，また別の人を紹介してもらって話をきくという方法で，サンプル（事例）を増やしていきます。雪だるまが転がっていくにつれて大きくなっていくイメージですね。こうした調査では，そもそもマリファナ使用者の統計調査，なんてとれないので（「マリファナ使用者です」なんて表立っては言えませんので），こうした方法で情報を増やしていくしかないのです。

こうした調査から得られた知見から，彼は**ラベリング理論**という有名な理論を作り出します。事例調査を元に，もう少し抽象化して理論化したものなので，マートンのいう「中範囲の理論」にあたりますね。それは，逸脱とは，人や事物に内在する特性ではなく，人々による「逸脱」というレッテル貼り（ラベリング）の産物である，というものです。ここではマリファナ使用という「違法行為」が逸脱（規範から外れた行為）にあたります。ただここでは，当事者の視点からものごとの「意味」を明らかにする必要がありますから，違法行為が本質的・倫理的に「善か悪か」という話は，一旦カッコに入れておく必要があります。

そもそも，アメリカには1920年代に禁酒法というのがあって，お酒さえ違法だった時代があったのです（そのためかえって，酒を密造密売するギャングが儲けて勢力を増してしまうということになりました）。ですが，現在は飲酒は合法で，誰も「悪」とはまでは思いませんよね（限度というものはありますが）。マリファナも，国によって，州によって合法です。つまり，マリファナや酒が本質的な悪かどうかという問題ではなく，あくまで人が（社会が）それを「逸脱」とラベリングしたから，逸脱になっているという話なのです。

これは，「意味」は社会的相互作用によって作られる，というシンボリック相互作用論の前提の応用です。マリファナは悪だ（逸脱だ）というのがここでの「意味」です。その意味は，ラベリングという相互作用によって作られます。それと同時に，マリファナ使用者にとっては，マリファナを楽しむにもやはりコツがいるらしく，それを仲間どうしで教え合って，だんだん学習していきます。つまり，彼らもまた解釈によって，マリファナに独自の「意味」を持たせるのです。

さらに，ベッカーはここからさらに面白い議論を展開します。ラベリングの話に，マートンの予言の自己成就を合わせます。すなわち，社会から「お前は逸脱者だ」とラベリングされた者は，そのラベルを内面化して，本当に（ますます）逸脱を繰り返す，というものです。これは「逸脱」に限らず，他の様々な事例にあてはまります。「お前は頭がよくないから，勉強なんてしても無駄だ」と言われ続ければ，本当に勉強をしなくなってしまうでしょう。「血液型がＢ型の人はマイペースだ」なんて世の中でよく言われていると，「私はＢ型でマイペースだから勘弁してね」みたいなことを本人も言い出したりします（だから血液型占いは当たる，というわけです）。これらはみなラベリングの効果です。逸脱者を減らすために，逸脱者を厳密に取り締まっていくと，逸脱者はかえって逸脱者としてのラベルを内面化してしまい，よけい逸脱に走る。ここでは逸脱者の取り締まりが，マートンのいう意図せざる結果（潜在的逆機能）をもたらすのです。マリファナは本質的悪ではない，なんていうと不謹慎にみえるのですが，こういう視点を導入することで得られる知見もあるということです。

(3) 参与観察法の可能性と限界

本書は調査法のテキストではありませんので，あまり踏み込むときりがないのですが，本章で学んだような「意味学派」の社会学理論は，質的調査とセットで使って初めてその長所が活かせるものです。そこで，ここでは最後に，質的調査の方法論についてもう少しだけ補足しておきましょう。基本的にこの話は参与観察に限らず，質的調査（インタビュー調査や，日記などのドキュメント分析など）全般にあてはまります。

まず，質的調査は統計学を利用するような量的調査と比べると，量的調査だけではわからない豊穣な情報が得られたり，量的調査をすること自体が難しい特異な事例について調べられたりといった利点と意義があります（だから，どちらが「優れている」という話は意味がなく，テーマに合わせて使い分けることが重要です）。その一方で，いくつかの弱点も指摘されています。一つは，客観性・中立性の問題です。参与観察の場合，調査対象者と近づきすぎたり，主観が入ったりしてしまうのではないか。資料を選ぶ際には，都合のいい資料を（意識的にせよ無意識的にせよ）選んでしまうのではないか，などです。もう一つは，検証可能性の問題です。これは結構深刻な問題で，調べた人（調査者・対象者）によって結果が異なってしまうとしたら，それは「科学」ではないのではないかということです。ベッカーのマリファナ使用者への調査を，もし他の人がしようとしても，そもそも話さえ聞かせてもらえないでしょう。とすると，そこで記録された話の内容が正しいのかどうか，解釈が妥当なのかどうか，誰にも確かめられないわけです。そして，倫理的問題です。これにはプライバシーの問題などがあります。

これらは残念ながら，簡単に「克服」できるものではありません。しかし，先に述べた通り質的調査でしか得られない情報や利点があることは確かなのですから，弱点があるからといってすべてナシにしてしまうのは，あまりにもったいないのです。社会学者たちは，なんとかこうした調査の弱点をカバーする方法を考えて，日々改良を続けています（これは量的調査においても同様です。サンプリングによる統計的誤差の修正など）。たとえば，客観性・中立性，および検証可能性については，**分析的帰納法**という方法を採用することで，かなりカバーできるといわれています。ベッカーなどもこれを採用していますが，分析的帰納法とは，事例分析により構成された仮説が他の事例に適合しない場合には仮説を再構成し，適合しない事例がなくなるまで仮説の再構成を繰り返す，という方法です。

私もよく卒業論文の指導中に，「何人にインタビューすればいいですか」なんて聞かれるのですが，そういうときは「仮説が検証できたといえるまで」と答えます。だから運がよければ，4～5人で終わることもあれば，10人でも，20人でも終わらないかもしれません。そして，仮説を立てずに，漠然とAさんBさんに聞いただけで，「だいたいこんな話？」ではいけません。手順を踏んで，入念に確かめていく，そのプロセス，メソッドがちゃんとあるのです。

最後に，倫理的問題については，たしかに難しい問題がたくさんあるのですが，学会レベルでは倫理規定が作られており，大学や公的機関などから研究費が出るときはたいていそうした倫理規定に沿った研究をするように研究者は誓約させられるようになっています。たとえば，データの取り扱いや，結果の公表の仕方など，色々細かく規定があります。日本社会学会の場合，「日本社会学会倫理綱領」が定められており，またそれにもとづく「研究指針」も示されています。参考までに，ネットで調べてみてください。

このように，質的調査の信用性を高めるために様々な工夫が考えられているのですが，それでもなお，量的調査や理系の学問と比べてなんだかいい加減だな，と思うかもしれません。しかし，実は「理系」だって同じような問題を抱えているのです。量子力学（物理学の一分野）の有名な理論の一つに，「（ハイゼンベルクの）不確定性原理」というものがあります。それによると，物質を構成する小さな単位の一つである電子は，常に動いているのですが，それを観察するため光をあててしまうと，どうしても光の影響を受けて運動量を変化させてしまうというのです。つまり，対象に影響を与えない観察は原理的に不可能であるということです。電子の世界ですらそうなのですから，様々な要素，人間の織りなす複雑な社会ならなおさらでしょう。とすれば，大事なのは対象に影響を与えない観察ではなく，対象にどのような影響を与えたかについての考察も含む観察，ということになるでしょう。

意味学派の社会学は，当事者にとっての意味や解釈というものを重視するだけに，「客観的」な「科学」という一般の人々の信念からすると，しばしばいい加減，素人くさい，というように思われがちです。しかし，この章を通してみなさんに一番お伝えしたかったのは，そもそもみなさんが思っているほど主観と客観というのははっきり切り分けられるものではないということ，科学イコール真理ではないということ，そして意味学派はそんななかで色々と知恵を絞って理論やメソッドを作り上げてきた，ということなのです。

文献案内

① 谷徹, 2002,『これが現象学だ』(講談社現代新書), 講談社.

② バーガー, P. & T. ルックマン, 山口節郎訳, 2003,『現実の社会的構成——知識社会学論考』新曜社.

③ 岸政彦他, 2016,『質的社会調査の方法——他者の合理性の理解社会学』有斐閣.

現象学は近代以降の哲学を知る上で必修の内容です。入門書は色々ありますが，ここではフッサールに焦点を絞った①をお薦めします。②はシュッツの現象学的社会学を他の社会学理論と関連づけてさらに発展させた研究書であり，概念がよく整理されています。③は本書でも紹介した質的調査について，もっと知りたい人にお薦めしたい本です。

幕間 2

「自由」と「社会」の変質（イデオロギー論 2)

1　イデオロギーの終焉？

(1)「どっちでもいい」という意味で

第Ⅱ部冒頭では，資本主義対社会主義のイデオロギー対立による冷戦が，20 世紀の「社会」をめぐる思考の背景となっていることをみましたが，21 世紀を生きるみなさんにとって，こうしたイデオロギーの対立というものはあまりリアリティがないかもしれません。幕間 1 でも，イデオロギーは資本主義や社会主義といったものばかりではなく，科学のような私たちにとって常識と思われている考え方にもあてはめて考えられるということをみましたが，ここでも行為論，構造論，相互作用論の 2 巡目が終わった後のインターミッションとして，再びイデオロギー，とくに冷戦後のそれについて考えておきたいと思います。

イデオロギーには色々な意味があるとはいえ，20 世紀の前半ではマルクス主義的な用法（資本主義批判としてのそれ）が大きな力を持っていました。とはいえ，資本主義の支持者からすれば，ソ連などの社会主義の方が，イデオロギー的にみえていました。ですから，冷戦期においては，アメリカとソ連が，お互いの社会のイデオロギー性を批判し合うことになったわけです。こうしたイデオロギーの暴露合戦の不毛さを指摘し，新たな論点を提示したのが，社会学者のダニエル・ベルです。

彼はアメリカ生まれのロシア系ユダヤ人で，若い頃は共産主義にひかれて政治活動をしていたものの，反対派を厳しく粛清するスターリン体制下のソ連の実態を知って幻滅したそうです（その後ソ連の指導者スターリンは 1953 年に亡くなります)。彼は 1960 年に『イデオロギーの終焉』という本を出します。この本のタイトルにも

図 幕2-1　ダニエル・ベル
（Daniel Bell）1919-2011

ある「イデオロギーの終焉」という言葉は，当時世界的な流行語になりました。彼の議論の要旨は，1950 年代を経て，資本主義陣営のアメリカでも，社会主義陣営のソ連でも，いずれにせよ経済的豊かさが実現され，どちらの方が優れた（あるいは正しい？）社会の仕組みであるかなんて，もうどっちでもいいじゃないかという話です。それよりも，これからは，産業社会のリソース（資源）をいかに配分するかの方が問題になるだろう，と論じたのです。

同様の楽観的な「イデオロギーの終焉」論は，数十年後にまた別の視点からも提起されます。フランスの哲学者ジャン・フランソワ・リオタールの『ポスト・モダンの条件』（1979 年）です。リオタールは，フランスの植民地だったアルジェリアで教育に携わった後，本国フランスに戻った経歴を持ちます。ベルが経済成長の観点から「イデオロギーの終焉」を指摘したのに対し，リオタールは思想・文化の観点から同様のことをいいます。すなわち，今日では（彼にとっての「当時」）自由，解放，人間性がある程度実現されてしまい，理念やイデオロギーが機能しなくなった，というのです。というわけでやはり，資本主義か社会主義かで争うのはもう無意味だ，ということになります。

彼の議論で非常に有名になったのは，「**ポスト・モダン**」と「**大きな物語**から**小さな物語**へ」という部分です。「大きな物語」というのは，資本主義や社会主義，あるいは科学による社会の進歩，民族の独立，といったような，社会全体で共有され価値観の拠り所とされるような考え方であり，イデオロギーもまた大きな物語の一つだと思っていただいてよいでしょう。モダン，すなわち近代の社会は，まさにこの大きな物語の対立の時代でした。しかし先にみたように，こうしたイデオロギーの対立がもう無意味なものになったという意味で，現代の社会はモダンの後の時代，すなわちポスト・モダン（近代「後」）だというのです。

「大きな物語」が有効性を失った後，人々の関心が向かうのは，無数の「小さな物語」だとリオタールはいいます。それは個人個人が，好きな人と付き合いたいとか，会社で出世したいとか，才能を世の中に認められたいとか，もっと自分らしく生きたいとか，そういうものです。人々が「身の丈」に合うことを考えるようになった，ともいえますが，自分と「社会」とのつながりを考えることをやめて，自分のことにしか興味を持たなくなった，ともいえます。

以前，パーソンズの社会学の影響力の低下の要因として，ベトナム戦争の泥沼化によるアメリカの威信の低下，というものを挙げましたが，実はそれだけでなく，パーソンズの考えていた共通価値というものもイデオロギーのようなもので，それがポスト・モダンの時代に入って有効性を失ったということも指摘できるでしょう。パーソンズ批判以後に出てきた社会学の理論が，人々によって多様に解釈される「意味」に注目していたのも，「小さな物語」の時代に対応していたとみることができます。

ちなみに，これから第8章で学ぶ，ギデンズやベックのいう「後期近代」という考え方は，ポスト・モダンとは逆に，現代が近代社会と連続しているという側面に注目した考え方になります。どちらが正しいというよりは，物事の両側面として捉えてください。

(2)「もう資本主義しかない」という意味で

さらに時代が進むと，1989年にドイツでベルリンの壁が崩壊（翌年東西ドイツが統一），同年末にアメリカのブッシュ大統領とソ連のゴルバチョフ大統領の会談によって冷戦が終結，それからまもなく1991年にはソ連が崩壊・解体するという出来事が起こりました。すでに見た通り，「イデオロギーの終焉」は以前からもいわれるようになっていたのですが，こうなると事情はだいぶ変わってきます。それは，資本主義でも社会主義でも「どっちでもいい」ではなくて，「社会主義の失敗」と「資本主義の勝利」と解釈され，「もう資本主義しかない」という意味で「イデオロギーの終焉」が主張されるようになります（もっとも，現在でも社会主義の国は存在しています）。

こうした状況を踏まえて「イデオロギーの終焉」を論じたのが，アメリカの政治学者のフランシス・フクヤマです。名前からわかるように，日系の人です。このフクヤマは『歴史の終焉』（1992年）のなかで，ソ連の崩壊を受けて，これは自由と民主主義，自由経済（資本主義）の勝利だと高らかに宣言しました。

しかし，現実をみると，世界はそんなに楽観視できるような状態ではありませんでした。それまで冷戦構造によって抑えつけられていた，民族対立や宗教対立が表面化したのです。資本主義対社会主義，というわかりやすい図式ではなく，世界中の様々なところで諸勢力どうしが争い合う時代です。その様子が凝縮された地域が，たとえば旧ユーゴスラヴィアです。

ユーゴスラヴィアというのは，不思議な国です。第一次世界大戦後，セルビアを中心としてオーストリア・ハンガリー帝国から離脱したいくつかの国や地域が連合して王国を作ったのが元となっています。その後，第二次世界大戦中にナチス・ドイツの侵攻に抵抗したパルチザンのリーダーだったティトーが主導して，社会主義国家（いわゆる旧ユーゴスラヴィア）の建国を宣言しました。このユーゴスラヴィアは，「七つの国境，六つの共和国，五つの民族，四つの言語，三つの宗教，二つの文字，一つの国家」といわれるように，民族構成も宗教も言語も実に様々な人々が社会主義の理念のもと（そしてティトーの権力とリーダーシップのもと）に結集した国家でした。

しかし，この指導者ティトーが亡くなって十年ほど経った 1991 年，このユーゴスラヴィアからスロヴェニアとクロアチアが独立を宣言して，連邦の解体が始まりました（ソ連の崩壊と同年ですが，こちらの方が先でした。また，「ユーゴスラヴィア」という国名自体は，残った国が名乗ったりして，2003 年まで残っていました）。ただ色々な人が混じり合って暮らしていた国ですから，連邦からの独立を試みる民族や共和国があっても，そのなかにまた別の民族がいて独立に抵抗したり（少数派になってしまうから），その民族が多数派を占める別の地域が同じ民族の支援を試みて介入したり，とにかく地図上で表現できないほど混乱した状態になってしまったのです。とくに 1990 年代には旧ユーゴスラヴィア内で色々な紛争が続き，自勢力の領域内の民族を単一にしようとする思想が「民族浄化」と呼ばれる過激な排除や虐殺をもたらし，国際問題になりました。20 世紀最後の 10 年に起こった，歴史的な悲劇です。

(3) 映画でみるユーゴスラヴィアの歴史

この悲劇を描いた映画もいくつか有名なものがあります。その一つが，自称「ユーゴスラヴィア人」のエミール・クストリッツァ監督による『アンダーグラウンド』という映画です。1995 年に公開され，カンヌ国際映画祭でパルム・ドール（最高賞）を受賞した映画です。私は高校生のときにたまたまついていたテレビで観て，生まれて初めて映画で「魂を揺さぶられた」経験をしました。

この映画は，旧ユーゴスラヴィアの建国から崩壊後の紛争までを，3 部に分けて，二人の男と一人の女の視点からみた話です。設定は一見「おとぎ話」のようになっていて，「むかし，あるところに国があった」という字幕から始まります。第二次大戦中，ナチス・ドイツに抵抗して地下室で武器を作っていたマルコとクロという親友どうしの男二人が，ナチス将校から女優ナタリアを奪還し，クロとナタリアは結婚するものの，ナチスの襲撃を受けてクロは大怪我を負います。それがきっかけで，クロは療養も兼ねて一部の仲間とともに地下室にこもって対ナチスの武器製造に専念し，マルコとナタリアは地上で反ナチスの活動をしてクロに指示を出すようになります。やがて戦争は終わるのですが，なんとマルコとナタリアはそのことをクロたちに告げず，戦後もずっとまだ戦いが続いているとだまして，地下室の人々に武器を作らせ続けるのです。その一方で，自分たちは夫婦となり，ティトーの側近として共産党内で出世します。そんな「裏切り」も知らず，クロたち地下の人々は「祖国」ユーゴスラヴィアのため武器を作り続けるが……という話です。ここまでで半分くらいで，一番面白いところはこれからです。

図 幕2-2　映画『アンダーグラウンド』ポスター

物語は，彼らの「祖国」ユーゴスラヴィアが崩壊して，もはや現実には「存在しない国」になってしまった内戦の時代をも描きます。かつては確かに存在したのに，今はもう「存在しない国」をめぐって，クロとマルコ，ナタリアたちの関係はどうなるのでしょうか。日本に住んでいる「日本人」にとっては，「祖国」があることはあたりまえのように感じるかもしれませんが（むしろあたりまえすぎて意識することさえないかもしれませんが），「国」というのもまさに人が作り出したイデオロギーなのであり，人々はそのために，ときに殺し合ったり，命を捨てたりもしてきたのです。

資本主義対社会主義というイデオロギーの対立は，資本主義の勝利のようなかたちで終わったけれども，実はそれは決してフクヤマのいうようなハッピーエンドではなく，本当の意味でのイデオロギーの時代の始まりだった，といえるかもしれません。「民族」というイデオロギー，「国家」というイデオロギー，そして一人勝ちしてしまったせいでもうイデオロギーであることを認識さえされなくなってしまった「資本主義」。それが「あたりまえ」になってしまったときこそ，私たちの「考え方」や社会の仕組みは，比較の対象を失ってしまい，よりいっそう絶対的なものとして私たちを縛るようになったのではないでしょうか。そんなとき，今や古臭い言葉となってしまった「イデオロギー」の考え方をもう一度見直してみてもいいかもしれません。

2　現代政治の対立軸

さて，資本主義対社会主義というイデオロギー対立がリアリティを失っていく過程をここまでみてきましたが，実はこうした対立軸は，資本主義国の内部でもかたちを変えて影響力を持っていました。現在でも，より資本主義的な政策をより推し進める新自由主義と，社会主義的な政策を一部導入する社会民主主義という対立軸が，1991 年に旧ソビエト連邦が崩壊して以降，とくにヨーロッパ政治を理解する上で重要なものとなっています。そこで，ここでは基本となる資本主義と社会主義とはどういうものだったかについて復習しつつ，現代政治の対立軸となる新自由主義と社会民主主義について説明しておきたいと思います。

(1) 資本主義とその問題

まず資本主義は，（土地や機械などの）生産手段を所有する資本家が，生産手段を持たない労働者に賃金を払って働かせ，作った商品を市場で売って，利潤（もうけ）を獲得するという経済の仕組みでしたね（序章）。そしてここでのポイントは，人間の労働力まで金に換算される（労働者を雇って賃金を払う）という点でした。現代社会では，かつてあった奴隷制度や領主－領民関係というのは（表向き）なくなり，そのかわり（一見）対等な人間どうしの関係で成り立っています。働く人も，対価（賃金）をもらう契約のもとで，納得の上で働いていることになっています。

しかしこれがまったく対等ではないと批判したのがマルクスでした。彼は資本主義が発展しつつある現実のなかで，貧富の格差が下手をすると前近代以上に広がっていることを目の当たりにしていました（しかもそれは「対等な関係」という建前によって隠されています）。その格差の根本には，もともと工場や大農場のような大きな設備（生産手段）を持っている「資本家」と，それを持たず自分の身体を使って労働力を売るしかない「労働者」の関係が階級として固定化してしまっていることがあると考えたのです。しかも資本家たちは，もうけを増やすために，「あなたじゃなくても，他に人はいるから」ということを盾に，賃金をカットしたり，同じ時間内でもっと生産性を上げるようにプレッシャーをかけたりしてきます。こうやって不均衡な関係を利用して不当な利益を得ることを，マルクスは「搾取」といいました。

さらにもう一つ，資本主義には大きな問題がありました。自由な取引を原則とする資本主義社会は競争を生み，競争は必ず勝者と敗者を生みます。いま「強者」だと思い込んでいる人たちも，たとえばビジネスの失敗などで，いつ「弱者」の立場に転落するかわかりません。それは競争の結果なのだから仕方のないこと，と割り切ってしまうわけにもなかなかいきません。競争の勝者が一部の人々に極端に偏ってしまったり，敗者がもう再起不能（たとえば死ぬとか）にまでなってしまったら，もはや競争そのものが成り立たなくなってしまい（独占状態），資本主義が内側から崩壊してしまうのです。このこともまた，100年前だけの話ではなく，現代の資本主義にも当てはまる問題です。

(2) 共産主義へのステップとしての社会主義と，資本主義国への影響

こうした資本主義の問題に対して，マルクス（およびその盟友エンゲルス）は革命によって資本家階級による生産手段の独占状態を打倒し，労働者たちが生産手段を共同所有する平等な社会を作ることを構想しました。さらに，この生産手段の共同所有というのが広がっていくと，やがて国家というものも消滅すると考えました（国という括りで囲い込む必要がなくなるから）。これが**共産主義**です。実はマルクス以前にも，資本主義の問題を指摘し，社会主義の社会を構想した思想家は何人もいたのですが，マルクスらはしょせんそれらは空想的な理想論にすぎない，「空想社会主義」として批判しました。それに対して，マルクスらは経済学を徹底的に学び，理論的にも説得力のある社会主義を目指しました（「科学的社会主義」）。ですので，実際には社会主義はマルクス以外にも色々あるのですが（近年それらが再び見直される動きもあります），結局はやはり理論がしっかりして説得力があるとされるマルクス流の社会主義（マルクス主義）が社会主義者たちの主流になっていくのです。

こうしたマルクス流の社会主義を実現させようとした国家が，ソビエト連邦でした。しかし，マルクスらによれば，国家というのはいずれは消滅するはずのものでした。マルクスらは自分の国の範囲内だけを平等にすることを目指したのではなく，「万国の労働者」の団結を目指しました。ですので，ソビエト連邦も社会主義の考え方や仕組みをいずれは世界全体に拡大し，「万国の労働者」を資本家による搾取から解放することを目標にしていたのです（だから「社会主義」は「共産主義」実現への一ステップにすぎないと考えられていました）。だからこそ，資本主義の国々（のとくに資本家たち）は，社会主義が世界に拡大するのは絶対に避けたいと考え，ソ連や追随する社会主義国を徹底的に潰そうと考えたのです（とはいえ，第二次世界大戦後，

ソ連は公式にはこうした世界革命路線は放棄し，平和共存路線を採用しています）。

さて，こんな**社会主義**の国ではどのように経済や社会が動いていたのでしょうか。これは当時でもまったく新しい社会の仕組みですから，一応理論はあるけれど，ノウハウがあるわけではありません。壮大な社会実験の連続です。その先頭に立っていたのが，ソ連でした。ソ連は計画経済を採用しました。社会主義国は，資本家を倒して労働者たちが自ら治めることになっている国ですから，生産手段（工場とか土地）を労働者みんなで所有していることになります。しかしここでまた「みんな」問題が出てくるのですが，みんなのものをみんなでどう使って，そこから得られる生産物をみんなでどう分けるか，ということを決めなければいけません。誰が決めるのでしょうか。ソビエト政府（実質的には共産党）です。

よく「社会主義は平等主義だから，いくら働いても平等に分配されてしまうため，働く人のモチベーションが上がらない」なんていわれることがありますが，それはあまり正確ではありません。社会主義には社会主義の，労働者のモチベーションを上げる方法がありました。それはたとえば，地域なら地域，工場なら工場に生産量のノルマを課して，それを予定より早く達成できたとか，ノルマをどれくらい上回ったかで，表彰したり（非常に名誉なことでした），ボーナスを与えたりしました。仕事ができない人も最低限は保障されるけど，頑張ったら頑張ったできちんと得もするようにはできているのです（大学の成績評価でいったら，全員に合格を保証した上で，きちんと得点差もつけるような感じです）。だから，社会主義の問題を，モチベーションの問題だけに還元するのはきわめて不十分なのです。

話を戻しますが，このように社会主義経済では，結局国（政府）が生産計画を立て，その生産物をどのように分配するかを，計画を立てて運営するわけです。これは基本的に，国が経済をコントロールするという考え方です（ただし，ソビエト連邦でも，すでに1920年代にNEPといって一部市場経済，すなわち個人間の自由な取引を認めるなどしていました）。

こうした社会主義のやり方は，資本主義の国にも影響を与えました。第4章の「資本主義の危機」の話でもしたように，1910～20年代には実際に各国で革命が起こり，社会主義的な理念を掲げた政党が結成されて急速に成長していきます。そうしたなかで，本当に世界革命が起こるのではないかとおそれた資本家たちは，労働者たちの意見も聞き入れ，失業保険や社会保障制度の導入にも譲歩するようになっていったのです（また同時に，これは第一次・第二次世界大戦の勃発に際して，労働者たちも国に協力してもらうための「アメ」でもありました）。

さらにそれだけでなく，実際に経済の仕組みのなかに社会主義を部分的に取り入れることさえ起こります。1930年代アメリカのニューディール政策は，世界恐慌による失業者の急増に対して，国が公共事業を作り，仕事を発生させることによって，間接的にお金を再分配する（悪くいえば「ばらまき」です）という政策でした。それは，国が経済に介入する（計画し，コントロールする）という意味で，社会主義「的」な政策だったといえます。それは，個人や集団間の自由な取引を原則とする資本主義の考え方からは外れるものですが，従来の資本主義のやり方のままでやっていたら，世界恐慌が起こってしまったので，このときは国が経済に介入せざるをえなかったのです。

第二次世界大戦後は，とくに戦争の痛手から復興していく西ヨーロッパ諸国において，資本主義の枠組みの中で，労働者階級にも利益をもたらす社会主義「的」な政策を実現しようという政党がたびたび国政の主導権を握りました。こうした政策を**社会民主主義**といいます。経済的発展には産業の発展が欠かせず，そのためには産業を支える労働者たちの支持が欠かせませんでしたし。そして，ソ連を始めとする社会主義諸国との対抗のためにも，社会主義的政策を利用までして資本主義を「防衛」する必要があったのです。

(3)　ソ連の崩壊と新自由主義の台頭

このように，現実に向かって動き出し，資本主義国にも影響を与えた社会主義でしたが，なぜ現在では「失敗」したといわれているのでしょうか。名目上社会主義国の中国も現在では実質的に市場経済に移行していますし，ソビエト連邦はすでに崩壊してしまいました。これには色々な論点があるのですが，重要なものを一つ挙げれば，それは計画経済の限界，というものです。計画経済では，複雑な社会，際限のない人の欲望に対応しきれない，ということです。とくに，ソ連や中国のような大きな国では，政府が一元的に経済をコントロールするなんて，できるはずがないという考え方もあります。実際，中国を除けば，いま現在続いている社会主義の国は，朝鮮民主主義人民共和国（北朝鮮）とかキューバのような比較的規模の小さい国ばかりです。

社会主義が重視した「平等」という理想は，資本主義が重視する「自由」と並んで，現代社会でも決して価値や支持を失ったわけではありません。しかし，それを実現するための計画経済という仕組みや，資本主義の中にそれを取り入れて経済をコントロールしようという考え方は，ソ連の崩壊によって急速に力を失っていくのです。そんななか，「複雑な経済や人の欲望というものは，人間の理解を超えたものである。だから，中途半端に介入したりコントロールしたりしようとすれば必ず失敗する。むしろそういうことはしない方がいい。結局，資本主義はかつてのように「個人間の自由な取引」の原則に立ち返るべきだ」という考え方がでてきます。それが**新自由主義**の思想です。

18世紀までにあったもともとの資本主義の考え方を支えていた（古典的）自由主義が現代に復活したから「新」なのですが，大きな変化は，国による経済のコントロールが一時強まった時期（(2) でみた20世紀前半）を経ているという点です。その上でポイントは二つ，個人の自由や市場原理の再評価，政府による経済への介入は最低限に，ということです。ですから国の政策としては，公共事業の削減，民営化，（国の法律による）規制緩和，といったものになります。公務員の「特権」を批判して，もっと「世間」の荒波にもまれなさい（まあここでいう世間というのはあくまで競争的な市場経済という意味でしかありませんが），というのもこうした思想からくるものです。

こうした新自由主義は，とくにソ連が崩壊して社会主義という巨大な仮想敵が消滅したことで，資本主義社会において急速に力を持つようになりました。しかし，「新」自由主義といったところで，かつての資本主義の問題は何も解決されていません。あくまで社会主義を取り入れた折衷的な資本主義の問題を排除しただけ，なのです。ですので，資本主義が引き起こす苛烈な競争や格差の問題は依然として残ったままなのです。

だからこそ，2010年代以降でも，マルクスの資本論を意識したトマ・ピケティの『21世紀の資本』が世界的な大ベストセラーになったりしたのではないでしょうか。2011年9月にはニューヨークで「ウォール街を占拠せよ（Occupy Wall Street）」と呼ばれる経済界・政界への抗議運動が起こりました。この運動は，アメリカにおいてこの数十年，上位1％の富裕層の資産が増加し続けていることを指摘し，“We are the 99%” をスローガンにして政府による富裕層への優遇措置を批判しました。また，国際NGO「オックスファム（Oxfam）」が2019年に発表した報告書によると，世界で最も裕福な26人が，世界人口のうち所得の低い半数に当たる38億人の総資産と同額の富を握っているといいます。事態はもはや，階級対立のような状況をはるかに超えてしまっているのです。それでもなお，こうした極端な格差を，「一生懸命働いた」結果の豊かさだとか，「貧しい人は怠けているからだ」なんて言えるでしょうか。

さらにいえば，資本主義の行きすぎは，地球環境にも大きな負荷をかけています。

ノーベル化学賞受賞者のパウル・クルッツェンは，人類の経済活動が地球の地質や生態系にあまりに大きな影響を与えたこの年代を「**人新世**（**じんしんせい，ひとしんせい**，Anthropocene)」と呼び，2000年代後半以降たちまち普及したこの言葉は，今や自然科学や社会科学はもちろん，様々な場所で使われるようになっています。こうした環境問題の文脈でも，資本主義，そしてそれを加速させる新自由主義というものは大きな問題を指摘されているのです。

3　イギリスの場合

(1)「英国病」とサッチャーの登場

前節でみてきたように，現代政治の対立軸は，資本主義を前提としたうえで，その原理を突き詰める新自由主義でいくか，それとも福祉や労働者の保護もしっかりしようという社会民主主義でいくか，というものになってきています。それはアメリカでもヨーロッパ諸国でも，日本でも同じです。ただしそれが実際の政党によってきれいにわかれているわけではなく，一つの政党のなかでも色々な立場があったり時期によってぶれたりするので，わかりにくいのです。

さて，こうした中で次章からの第Ⅲ部では，再びヨーロッパの社会学者の活躍が目立つようになります。そこでここでは，これまでみてきたような現代政治をめぐる理念がどのような「社会」を構想し，実際に作り出しつつあるのか，一つの事例としてイギリスに注目して紹介しておきたいと思います。なぜ日本でなくイギリス？と思われるかもしれません。それは第二次世界大戦後のイギリスでは，保守党と労働党の二大政党が並び立ち，政権交代も何度かあったため，政治的対立軸が日本よりも比較的わかりやすいためです。

イギリスの場合，とくに労働党が社会民主主義的な政策を提案し，実際に政権についてそれを実現させてきました。すなわち失業保険の充実，社会保障制度の整備などの福祉政策に加え，石炭や鉄道，通信などの重要基幹産業の国営化を行ないました。つまり人々の生活の上で欠かすことのできない重要な産業については計画経済にしてしまうということです。1950年代から60年代前半にかけては，保守党内閣の時代が続きましたが，そこでも基本的にこうした社会民主主義的な政策は維持されました。

しかしこうした政策は，国営企業の運営などの面で国からの支出などコストがそれなりにかかりますので，第二次大戦後，イギリスの国力の衰退と相まって国の財政の負担となり，経済の悪化をもたらしました（こうした状況は「英国病」と呼ばれました）。そこで1979年にイギリス初の女性首相であるマーガレット・サッチャーが保守党から登場し，それまでの国による経済への介入を徹底的に「やめる」政策を打ちだしたのです。つまりは新自由主義です。サッチャーは，当時の国営企業（電話・ガス・空港・航空・自動車・水道）の民営化を推し進めていきました。これには当然ながら，国営企業で働く人々とその労働組合が猛烈な反対をしたのですが，彼女は「鉄の女」と呼ばれるくらいの強固な意志で改革を断行したのです。

ところで，彼女の有名な言葉に，「社会というものは存在しないのです」というものがあります。これは彼女の政治理念をわかりやすく示しているだけでなく，新自由主義の「社会」観を凝縮したものとしてしばしば言及されるものでもありますので，ここでも少し長く引用して紹介しておきましょう。

> 社会などというものはないのです。いるのは個人としての男女，それに家族だけです。そしてどんな政府であっても，人々を通して以外には何もできないのであり，人々が第一に自らの世話をしなければなりません。私たちの義務は，自らの世話をすること，そして次に隣人の世話もするということです。

「社会」なんてない，というのは「社会」とは何かを考え続けている社会学にとっては非常にショッキングな発言なわけですが，同時にいっていることは非常に素朴な事実に聞こえます。社会なんてなくて，あるのは個人と家族だけ。政府はそれに対して働きかけるだけだというのです。「社会」なんて捉えどころのないものを前提に物事を考えるより，はっきり存在している個人と家族から考えるわけです。その上で，個人はまず自分のことは自分で責任をもって世話をすべきという「自己責任」の論理が接続されて，それは個人の「義務」だというのです。ここから，自分のことを面倒見切れずに「社会」や「政府」に助けを求める人は「義務を果たしていない」（から助ける必要はない）し，「自己責任」だという考え方が出てくるのです。

近年はサッチャーに関する伝記的映画などがいくつも発表されたりしていて，彼女自身が相当な努力家で苦労人だったことが知られています。そんな事実は，ここにみた彼女の政治思想に強く影響していると考えられますし，一定の説得力も持たせているようにみえます。しかしその一方で，人は何もない真空空間に生まれてきて，まったく同じスタートラインから人生をスタートさせるわけではありません。人は自分が生まれてくる家族や地域環境を選ぶことはできませんし，本当の意味で

「一人で」生きていくことなどできないのです。それでも，サッチャー自身がそう思っているように，どんな厳しい環境にあっても自分の努力でつかみとろうとすればできるんだ，という人もいるでしょう。でもそんな人の努力やその結果もまた，（環境的要因という偶然的な）「運」によっても左右されうることに気づいていないだけかもしれません。

「社会」なんてものが本当にあるのか，そもそもそれが何かが十分にわかっていないにせよ，社会学は「人は一人では生きていけない」ということを前提に展開してきた学問であることは間違いありません。そういう意味で，サッチャーの「社会などというものはない」という発言は，新自由主義が席巻する現代における社会学の意味をあらためて問い直す重要な手がかりになるのではないかと思います。

(2) サッチャリズムの謎――スチュアート・ホールとカルチュラル・スタディーズ

さて，このようなサッチャーの「社会」観はおいておくとしても，国営企業の運営が国の財政負担になっていた，ということなら，民営化はひとまず妥当な選択肢だったのではないか，と思われるかもしれません。では実際のところ，こうした政策はイギリス社会にどのような影響をもたらしたのでしょうか。

実は，サッチャー率いる保守党が政権の座についてから，イギリスの失業率は第二次世界大戦後最悪の記録を更新しました。また所得格差も拡大しました。にもかかわらず，サッチャーは1979年の就任から1990年まで，十年以上もの間首相の座を維持したのです。もちろん，支持率が低迷することもありましたが，労働組合に対して強硬な政策を行なったにもかかわらず，労働者階級からも階級を超えた支持をとりつけて長期政権を実現したのです。では，なぜ一部の労働者階級の人々は，自分たちに不利益になるかもしれない政策を掲げるサッチャー政権を支持したのでしょうか。

こうした「謎」に取り組んだ社会学者の一人に，スチュアート・ホールという人がいます。彼はイギリスの植民地だったジャマイカの出身で，父方にアフリカ系のルーツを持っています。父親は地方出身で貧しく，肌の色が濃かったようですが，母親は裕福な家庭に預けられていたため宗主国であるイギリスの文化を愛する人だったようです。父親似で肌の色が濃かったホールは，そんな母親の希望で文学の研究をするためにイギリスに留学するのですが，植民地の出身者が宗主国の文化を研究する矛盾と葛藤したのでしょう。新左翼（ニューレフト）運動に接近していきます。新左翼というのは，ソ連を支持する主流のマルクス主義（旧）左翼に対して批判的な一

図 幕2-3　スチュアート・ホール
(Stuart Hall) 1932-2014

派でした。そのなかで，彼は従来のマルクス主義の経済決定論的思考（経済という土台＝下部構造がすべてを規定している）に疑問を持ち，上部構造として軽視されてきた文化の重要性にも注目すべきだという新左翼の主張に共鳴したのです。この時代ホールはたとえば「広告」に注目しています。広告は労働者階級の人々に対して，新たな商品の魅力を訴えかけ，労働者ではなく「消費者」としての自由に目を向けさせます。それによって労働者たちは階級的問題からは目を逸らされて，気づかないうちに資本主義を受容してしまうというのです。

このように，文化という観点から社会について考えるホールのスタイルは，やがて**カルチュラル・スタディーズ**（以下 CS）という学問領域を生み出していきます。1964 年に設立されたバーミンガム大学現代文化研究センター（CCCS）で研究員となり，1969 年にはセンター長となったホールを中心として，カルチュラル・スタディーズは社会学や人類学や哲学，文学理論や芸術理論などの知見を縦横無尽に応用しつつ大衆文化やサブカルチャー，メディアについて研究する潮流として発展したのです。

CS の対象というのはいうまでもなく文化（カルチャー）なのですが，それはいわゆる高級文化（古典絵画・文学やクラシック音楽など）だけでなく大衆文化（ポピュラー・カルチャー）を含み，また日常生活の中の習慣やふるまいといった意味での文化も含みます。そうしたいわゆる非常に身近な文化現象が，イデオロギー，エスニシティ，階級，ジェンダーといった問題とどのように関連しているかということを研究するのが CS です。また CS は，とりわけ文化の受け手（観客や聴衆，読者など）が具体的にどのように受容し，解釈するかにも注目したという点で，従来の文化を対象とした研究から一線を画していました。つまりたとえば「世間一般」からは「低俗」と思われているような文化についても，実際にそれを楽しんでいる人の視点から，なぜ，どのようにそれが受容されているのかを探ってみるわけです。

ホール自身は CS とはこういうものだ，と定義してその枠を狭めてしまうことを避けましたが，具体例として有名な研究をいくつか挙げてみます。人気テレビ番組への様々な解釈が，視聴者の（年齢，エスニシティ，ジェンダー，階級など）様々な属性の重なり合いから生み出されていることを明らかにしたデヴィッド・モーレーの『ネーションワイド・オーディエンス』（1980年）。「荒れている」「落ちこぼれ」と思われている労働者階級の少年たちが学校や職業というものについて何を考えているのか，実際に少年たちに張り付いて調査したポール・ウィリスの『ハマータウンの野郎ども』（1977年）。パンクスタイルなどの抵抗的な若者ファッションについて研究したディック・ヘブディジによる『サブカルチャー』（1979年）。さらにはヘブディジの研究が男性にばかり注目していると批判して，女性向け雑誌などを手がかりに少女や若い女性に研究を広げたアンジェラ・マクロビーの『フェミニズムと若者文化』（1990年）などがあります。これらの研究は，いわばそれまで分析する価値もないと思われていた文化の中に，社会（政治や経済）を動かす主役になれない人々の声なき声やエネルギーを見つけ出そうするものだったともいえるでしょう。

さて，労働者階級がなぜ，サッチャー政権を支持したのか，という話でしたね。ここまでの説明でなんとなく想像できたかもしれませんが，その謎を解く鍵は「文化」にあるとホールは考えました。前節で詳しく紹介もしたサッチャーの政治理念は，彼女自身の名前から「サッチャリズム」として広く知られていますが，何を隠そうこの「サッチャリズム」という言葉は，スチュアート・ホールが名付けたといわれているのです。

ホール自身はサッチャーの政策に反対の立場ではあるのですが，その一方で，こうしたサッチャーの大勝利を予測できなかったのは，労働者階級は当然支持してくれると思い込んでいた労働党の見通しの甘さと硬直性のためだと厳しく指摘したのです。サッチャーが支持されたのは，政治的経済的な覇権を失って傷つけられたイギリス国民のプライド，移民の増加などによる社会の変化からくる不安に訴えかけたからだと，ホールは考えました。

その一例として，1982年に起こったフォークランド紛争（あるいはマルビナス戦争）をめぐるサッチャー政権の対応が挙げられます。1982年4月，イギリスが実効支配を続けていた南大西洋上のフォークランド諸島に，アルゼンチンが領有権を主張して軍隊を上陸させたことがきっかけとなって起こった戦争です。フォークランド諸島（アルゼンチン側ではマルビナス諸島と呼んでいます）は150年前にイギリスが占領していたのですが，かつて領有権を持っていたスペインから独立したアルゼンチンがずっと返還要求をしていたのです。イギリスにとっても本土から遠く離れていて戦略的にも領有する価値があまりなかったことから，いっそのことアルゼンチンに売却してしまえという案もあったくらいだそうですが，サッチャーはこのときのアルゼンチンの行為に対して，断固として抵抗し，出兵することを決断したのです。結果として，多くの死傷者や多額の戦費負担を出しながらもイギリス側が勝利し，サッチャー政権もその後の総選挙で勝利することになりました。

そもそも，第二次世界大戦後，世界中に持っていた植民地の経営が負担になっていたことから，それらを手放していったイギリスだったわけですが，フォークランド紛争では一転して，損得でいえば損かもしれない遠方の植民地の防衛に多額の戦費とリスクを賭けて突入したのです。サッチャーは出兵に際してたびたび「大英帝国」という言葉を繰り返し，イギリス国民の「過去の栄光」へのプライドを刺激しました。ホールはまさに，こうした戦略が，プライドを失いかけていたイギリス国民の支持を，階級を超えて引き出したのだと考えたのです。

このように，イデオロギーというのは，資本家階級なら資本主義，労働者階級なら社会主義を支持するというような，単純なものではなかったのです。ホールは，20 世紀前半に活躍したイタリアのマルクス主義思想家アントニオ・グラムシの**ヘゲモニー**という概念でこれを説明しています。ヘゲモニーとは覇権とも指導性とも訳されます。従来のマルクス主義では，イデオロギーというのは支配階級から被支配階級へと押し付けられるものと考えられていたのですが，グラムシは支配階級といえども被支配階級の様々な道徳や文化や価値観に訴え，交渉しなければその支配的地位を獲得できないと考えたのです。つまり，被支配階級である大衆は，しばしば支配階級に対して影響力を持ち，陣地の奪い合いをしているようなものなのです。

とすれば，労働者階級はいかにしてサッチャリズムからヘゲモニーを，陣地を奪い返すことができるかを考えるべきで，そのためには文化による政治の重要性を学ぶべきだとホールは考えたわけです。

(3)「第三の道」とその批判

しかし結局，イギリスの保守党は 1987 年の総選挙でも勝利し，その後サッチャーが人頭税の導入をめぐって支持を失って 1990 年に党首・首相辞任に追い込まれた後も，1997 年まで政権を維持することになりました。対する二大政党の労働党は，1979 年の下野から 20 年近く，野党の座に甘んじていたわけです。そもそもサッチャー政権の政策によって，労働党の支持基盤である国営企業の労働組合も大打撃を受けていました。そこで労働党は，生き残るために大きな転換をしなければならなかったのです。かといって，保守党と同じ路線をとったのでは，存在意義を失ってしまいます。実際，サッチャーの経済政策によって，国の経済は改善に向かったもののの，その一方で失業率の上昇，経済格差の拡大が大きな問題になっていました。労働党はそこに目をつけ，市場の効率性を重視しつつも，国の補完による公正の確保を指向するという，新しい路線を打ち出したのです。これが，「第三の道」です。つまり，新自由主義でもなく，かつての社会民主主義でもなく，ということですね。

従来の労働党による社会民主主義とどう違うのか，ということを具体的に説明し出すと大変なのですが，たとえば，失業者に対しては失業保険で補償する，というだけでなく，職業訓練を受けるための補助をする，といったようなものです。つまり，あくまで競争は前提にするけれども，競争からこぼれ落ちた人たちが，再び競争に戻るためのサポートをちゃんとする，という発想（セーフティネット）ですね。困ったら助けてあげるけど，自分でも頑張りなさい，という感じの配分です。経済での競争に敗れると，社会でも居場所を失ってしまうようなことはないように，きちんと社会が包み込む，すなわち**社会的包摂**といいますが，そうやってすべての人に社会に参加する機会を保障するというのが，労働党の政策になったのです。このことによって，労働党は「ニューレイバー（新しい労働党）」と呼ばれ，1997年の選挙で大勝利し，ブレア首相としては2007年まで，労働党としては2010年までの長期政権を実現したのでした。

この政策を理論的に裏づけて労働党党首，トニー・ブレアに提案したのが，第8章で詳しく紹介する，社会学者のアンソニー・ギデンズでした。経済だけではなくて，社会の力が大事であるという，社会学者ならではのアドバイスだったといえるでしょう。こうした功績が認められて，彼は2004年に男爵（バロン）として終身貴族院議員の称号を与えられています。

一方で，かつてサッチャリズムの本質を見抜き，労働党のふがいなさを厳しく批判したスチュアート・ホールはこの「第三の道」をどのようにみていたのでしょうか。実はホールもまた，従来のイギリス（人）のアイデンティティとして謳われていた「イングリッシュネス」に対して，より多様な人々を包摂しうる「ブリティッシュネス」という概念を新たなイギリス国民の連帯のために提案するというかたちで，ニューレイバーの政策立案に貢献した研究者の一人でした。しかしホールは「第三の道」については，基本的にグローバル化や競争を前提として受け入れてしまっている点で，新自由主義と大して変わらないと批判的に評価しています。ギデンズはそんなホールを，頭のかたい古い左翼だと言い返すわけですが，ホールがかつて新左翼として硬直的なマルクス主義者たちを批判していたことを考えれば，不思議な感じがしますね。

ところで，現在のイギリス政治はどうなっているのでしょうか。2010年からは再び保守党に政権が戻りましたが，ブレグジット（イギリスのEUからの離脱）で揺れに揺れています。今後も引き続きEUとどう付き合うか，ということが大きな政治的対立軸になるでしょうが，ここで学んだ新自由主義対社会民主主義という対立軸もそれに複雑に絡み合っているのです。

文献案内

① 上野俊哉・毛利嘉孝, 2000,『カルチュラル・スタディーズ入門』（ちくま新書）, 筑摩書房.

② 稲葉振一郎・立岩真也, 2006,『所有と国家のゆくえ』NHK出版.

③ 斎藤幸平, 2020,『人新世の「資本論」』（集英社新書）, 集英社.

①は新書で手軽に手に取れるカルチュラル・スタディーズ（CS）の入門書です。CSが生まれた背景から，主な論者による議論の紹介まで，まずざっくり知りたい場合に有用です。②は「なぜ不平等は生じるのか」について国家と市場の仕組みやその背景にある思想にさかのぼって対談形式で考えるものです。現代政治の対立軸を理解する上で大いに参考になるでしょう。③は今も現在進行形で進められている『資本論』の解読作業に基づいて，エコロジストとしてのマルクス像を浮かび上がらせる画期的な本です。「SDGsは大衆のアヘンである！」という強烈なメッセージを，具体的なデータや明快な論旨で説得力を持って展開しています。

第Ⅲ部　近代社会の変質と多元化の時代

第二次世界大戦後の20世紀後半という時代は，21世紀の現在にもつながる国際秩序が成立した時代であると同時に，1970年代を境として大きな転換点も経験しています。

一つは，資本主義陣営 対 社会主義陣営の冷戦構造の揺らぎです。1965年以降，1975年まで続くベトナム戦争が泥沼化するなかで，1966年には中国で文化大革命が起こり，ソ連を激しく批判する一方で，1971年には（それまで「中国」を代表していた台湾の中華民国政府に代わり）中華人民共和国が国連に参加します。資本主義陣営のなかでは，いち早く中華人民共和国を承認（1964年）していたフランスが，社会主義陣営の封じ込めのために結成されていたNATO（北大西洋条約機構）を脱退（1966年）するなど，独自の動きをみせます。さらにヨーロッパでは，フランス，西ドイツが核となり，現在のEU（欧州連合）に発展することになるEC（欧州共同体）が発足しています（1967年）。

もう一つは，産業構造の転換による社会の変化です。第二次世界大戦後，資本主義陣営ではアメリカの援助のもとヨーロッパ諸国の戦災からの復興が進みますが，1973年の第4次中東戦争をきっかけとして起こったオイルショックによって大きな打撃を受けます。都市部では製造業が衰退し，失業率も大幅に上昇します。これによって，欧米諸国はそれまでの工業中心の社会の発展モデルを見直さなければならなくなります。

こうした転換点を経た1980年代以降の社会のあり方を一言でいえば，多元化，ということになるでしょう。米ソのイデオロギー対立だけでは世界情勢の説明がつかなくなり，産業や社会のあり方が大きく変化するなかで，若者や女性，エスニック・マイノリティなどが社会の矛盾に対して声を上げ始めます。この「正解がない」時代に，社会学者たちはどのように向き合ったのでしょうか。

第7章

複合化する行為（行為論3）

1　合理的選択理論

(1) 経済学における「合理性」

ここではパーソンズとシュッツ以降の様々な行為論の展開の一つとして，**合理的選択理論**という，経済学から生まれた考え方を紹介します。ウェーバーも「人間の行為を直接に支配するものは，理念ではなくて利害である」として（第1章参照），社会（的行為）について考えるときには，経済学の考え方が外せないことは明言していました。ただし，人間はそうした「損か得か」（利害）という経済学が想定する行為だけをするわけではない，というところで，ウェーバーの社会学（社会的行為論）は始まったのでしたね。実際，ウェーバーのいう目的合理的行為というのが，経済学でいう人間の行為の性質を表していました。そこで，経済学との差異化を図るなかで，一見（目的）合理的でない宗教的な価値や，文化や伝統に注目するという傾向を社会学は持つようになったとも考えられます。

では，目的合理性の本家である経済学では，「合理性」についてどのように考えられてきたのでしょうか。近代経済学の主流といえる新古典派経済学（アダム・スミスやマルクスらの「古典派」に対してこう呼ばれます）では，個人は自らの効用を最大化しようと合理的に行動するものと前提されています。「効用」というのは主観的な満足度のことです。お酒の飲みすぎは体に悪い，と周りは思っていても，本人はお酒が大好きで健康を害したって構わないと思って楽しんでいるなら，その人にとって飲酒の「効用」は非常に大きいといえます。つまり新古典派経済学の考える「合理性」は，あくまで主観的なものですから，個人がその目的の実現を目指して実際にどのような行為を選択するかというときの「合理性」もまた，（本人がそう思っているという意味での）主観的な合理性として捉えられます。

そして新古典派経済学は，こうした個々人の（主観的な）合理的選択が集まってもたらされる帰結としてすべての経済理論を組み立てます。需要と供給のバランスによってものの価格が決まるという考え方も，ここから出てきます。できるだけ高く売りたい企業と，できるだけ安く買いたい消費者は，いずれも合理的選択をしていて，それが価格の決定という帰結をもたらすわけですね。ポイントを先取りしておくと，この個々のミクロな選択が集合してどのような帰結をもたらすか，という視点が，社会学が合理的選択理論に注目する理由になります。

(2)　経済学者たちによる応用

20世紀半ばになると，こうした合理的選択の考え方が経済以外の社会的決定や集合行為などの場面に応用されるようになります。たとえば経済学者のケネス・アローが考えた「不可能性定理」というのが有名です。これは，簡単にいうと，個々人の選好順位を総計しても，社会全体の選好順位と一致するとは限らない，ということです。一例を挙げると，選挙でＡ党から２人，Ｂ党から１人の候補者がいたとき，政党としてはＡ党の方がＢ党より支持率が高くても，Ａ党の候補者２人の間で票が割れて，結局Ｂ党の候補者が当選してしまう，というようなケースがありえます。Ａ党の候補者を選んだ人たちにとっては，Ａ党の候補者なら２人のどちらでもよくて，とにかくＢ党の候補者でさえなければいいと思っていたわけですから，結果としては不本意な思いをする人の方が多くなってしまうわけです。こういうことがあるから，政党も候補者の出し方は工夫しなければなりませんし，有権者も色んなパターンを想定して，戦略を立てて投票をしなければならない，ということになるわけです。

他には，やはり経済学者のマンサー・オルソンによる社会運動を対象とした研究が有名です。彼は，人々は自分が社会運動に参加するための負担（コスト）と，それを負うことによって得られる成果（集合財）の分け前（利益）を比較して，利益の方が大きければ社会運動に参加するだろうと考えました。しかし実際には，わざわざ自分が参加しなくても影響はないだろうと考えて運動に参加しないまま，その集合財の便益だけを受け取る人もいます。たとえば労働組合に参加しないで，従業員の給料アップという組合の交渉の成果（集合財）の恩恵だけ受けるような人々です。オルソンはこうした人々を**フリーライダー**と呼びました。

こうした現象は社会運動以外でも，たとえば，NHK（公共放送）の受信料を払わずに番組を見るとか，出席を取られない授業で，出ていた人にノートだけ見せてもらうような行為などにも当てはめられます。しかし，いずれの例にしても，フリーライダーが増えてしまうとどうなるでしょう。公共放送は続けられなくなりますし，使えるノートがどこにもない（そして全員が単位を落とす？），という事態になります。これを防ぐための手立てとして，オルソンはインセンティブ（誘因）の必要性を提案しています。たとえば，フリーライドをしていない人には報酬や名声を与えたり（正のインセンティブ），逆にフリーライダーにはペナルティを設けたり（負のインセンティブ）といったものがあります。また，これはみんなの協力で成り立っていますよと，集団や社会の連帯感を強調するのも一つの方法と考えられています。

(3) 社会学における合理的選択理論

このように，アローやオルソンといった経済学者によって，合理的選択理論は政治学や社会学の領域にも応用されるようになったのですが，やはり経済活動以外の現実の社会的場面においては，純粋な「合理的選択」以外の要素がどうしても絡んできてしまうことがわかると思います。その一つがまさに，パーソンズなど社会学が長らく注目してきた「規範」というものでしょう。合理的に考えればフリーライダーになった方が得かもしれないのに，あえてそうしない人もいるのはなぜかといえば，「ズルは（道徳的に）よくない」と（規範的に）考えるからではないでしょうか。

1980年代になって合理的選択理論を本格的に社会学の理論として位置づけようとしたのが，アメリカの社会学者ジェームズ・コールマンです。経済学では，長らくこの「規範」については考えないことにするか，合理的選択の結果（つまり規範に従った方が「得」だと個人が考えているから，規範が存在する）と考えてきました。一方社会学は，そうして経済学が扱わない「規範」をあえて重視することで，経済学との違いを表現してきたし，規範は経済学が考える合理性とは無関係に存在するものだと考える傾向がありました。しかしコールマンは，このどちらの考え方も退けます。規範は，たしかに個人の合理的選択の結果として生じるが，それはあくまで個人にとっては「意図せざる結果」として生じるというのです。

どういうことでしょうか。それは先に触れたアローやオルソンの議論からも自然に導き出される帰結です。つまり，仮に個々人が合理的な選択をしていたとしても，それが集まって生まれる結果は個々人が意図していたように合理的なものとは限らないのです。場合によっては，全員にとって不本意な結果だってありうるでしょう。こう考えれば，合理的選択理論が考える「個人は自己の効用を最大化するように合理的に行動する」という前提と，社会に（場合によっては非合理・理不尽にみえる）「規範」が存在するという現実が矛盾なく説明できます。

社会学では，長らく個人の行為や相互作用といったミクロ現象に注目するアプローチと，社会全体のマクロ現象に注目するアプローチが併存し，それがどうつながっているのかというミクロ・マクロ・リンクが問題とされてきました。たしかにパーソンズも行為論と構造論を合体させたのですが，それは構造としての規範が行為を規定するという，一方的な説明であり（構造→行為），その「規範」がそもそもどこからやってくるのかについては，説明がありませんでした。それに対してコールマンは，個人の行為（合理的選択）が集まることによって社会が作り出されるという集成メカニズムを説明することで（行為→構造），ミクロ・マクロ・リンクを両側からつないだのです。

図 7-1　ジェームズ・S・コールマン
（James Samuel Coleman）
1926-1995

このリンクの構図は，コールマン・ボートあるいは社会学的バスタブとも呼ばれています（図 7-2）。マクロな原因がいきなりマクロな結果に結びついてしまうのではなく，①マクロな原因が②ミクロな原因に影響し，そこから③ミクロな結果がもたらされ，それが集まって④マクロな結果となるのです。コールマンは第１章でも説明したウェーバーの『プロテスタンティズムの倫理と資本主義の精神』の議論をこれにあてはめて次のように説明します。すなわち，①プロテスタンティズムの世俗内禁欲などの教義（マクロな原因）が②個々のプロテスタント信者の価値観（ミクロな原因）として内面化され，③経済活動に没頭させ（ミクロな結果），それが集まって④資本主義の発展（マクロな結果）をもたらします。つまりプロテスタンティズムの教義から資本主義へのマクロ水準の因果関係を，プロテスタントの価値観とその経済行動というミクロ水準の要因を迂回させて説明したわけです。

こうしたコールマンの理論は，1990 年に出版された『社会理論の基礎』にまとめられて今や社会学の古典となっています。また彼自身 1991 年から 92 年にかけてアメリカ社会学会の会長も務めているのですが，なぜか日本では紹介されることがあまり多くありません。ただ例外的に，言語による推論の限界を数学的モデルによって克服しようとする数理社会学の分野では，コールマンはそのパイオニアとして必

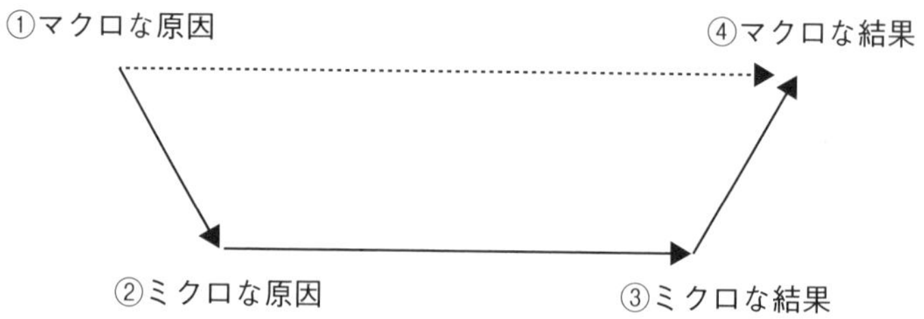

図7-2　コールマン・ボート

ずといっていいほど言及されています。なぜこんな温度差が生じるのでしょうか。これは私見でしかありませんが，日本の社会学が「文系」(だけ) の分野だと思い込まれていて，(経済学との差異化のために) 一見合理的でない要素に注目するという特徴 (たとえば「常識を疑え」) ばかりが強調されてきた結果でもあるのではないかと思います。「社会」という謎を解き明かすのに，文系も理系もありません。必要であれば経済学であろうが生物学であろうが積極的にその知見を取り入れて発達してきたのが社会学なのですから，日本でももっとこうした合理的選択理論の評価や理解が進むとよいですね。

2　コミュニケーション的行為

(1) ナチスのトラウマとフランクフルト学派

ここまで行為論1 (第1章)，行為論2 (第4章) で色々な行為論の展開をみてきましたが，それらを再び一つの理論体系にまとめたのが，ドイツの哲学者であり社会学者のユルゲン・ハーバーマスです。このハーバーマスは社会学という分野を超えて，フランクフルト学派の第二世代としてしばしば紹介されます。そこで，ここではまずこのフランクフルト学派とその問題意識について簡単に紹介しておきましょう。

戦後，ユダヤ人虐殺に関与したヒトラーの右腕アドルフ・アイヒマンの裁判を記録した哲学者ハンナ・アーレントは，アイヒマンの第一印象を「凡庸な悪」と表現しました。アーレントはユダヤ人で，大量虐殺を主導したアイヒマンはどんな鬼みたいなやつだろうと思って裁判を傍聴したら，驚くほど「ふつう」のおじさんでびっくりしたわけです。そのことを素直に表現したのがこの「凡庸な悪」という言葉だったのですが，この表現によってアーレントは同胞のユダヤ人からもすごく叩かれた (炎上した) んですね。極悪な人間を凡庸＝普通だとは何事か，と。しかしアーレントは別にアイヒマンが悪くないとは一言もいっていなくて，むしろそうした「ふつう」の人間が想像を絶する「悪」を犯してしまうということの恐ろしさをいいたかったのです。だから，もしかしたら誰でもアイヒマンになってしまうかもしれない，ということなのです。アイヒマンは，ただのつまらない「官僚」で，ヒトラーの命令通り，ユダヤ人を収容所に送り，ガス室に送ることを許可する書類にハンコをついていただけだと。「何も考えていない」からこそ，そんなことができてしまったともいえます。つまり，そういう「何も考えていない」ことこそが，最大の悪なのだという，私たち人間全体への警鐘なんですね（アーレントの目から見た裁判の様子は，2012 年に『ハンナ・アーレント』という映画にもなっています）。

戦後ナチスの「犯罪」が明らかになっていくなかで，ハーバーマスだけではありませんが，当のドイツ人たちもその実態を知り衝撃を受けます。ナチス（だけ）が悪い，国民は何も知らされていなかったのだ，という人もいましたが，そもそもそのナチスを選挙で第一党に選んだのは，ドイツ国民でした。後にナチスは他の政党を禁じて独裁政権となりますが，それにもまた一定数の国民の支持があったのです。そういう意味では，国民も「無実」ではないし，民主主義がナチス，あるいはヒトラーというモンスターを生んでしまったということに，世界中が戦慄したのです。

ナチスは「科学的」に人種・民族の線引きを行なってユダヤ人を定義し，合理的に組織化された官僚がユダヤ人を排除するための法制度を整備し，拘束したユダヤ人を鉄道によって時間通りに収容所に送りこみ，労働力として合理的に利用・管理し，最後は効率的にガス室で（スイッチを押すだけで）抹殺しました。まったく無駄のない，よくできた機械のように，ユダヤ人を抹殺したのです。現代の私たちが，食用の牛や豚を殺すことに何の心の痛みを感じないとすれば，それは私たちが食用という合理的な理由があると信じ，かつ直接的に牛や豚を殺す場面を見ずに済む巧妙な仕組みがあるからです。実はユダヤ人の虐殺も，これとまさに同じ「ロジック」「仕組み」で遂行されたのです。

この吐き気のする様な事実から目を背けず，近代社会の合理性がはらむ問題をいかに批判し，克服することができるか，という大きな問いに取り組んだのが，ドイツのフランクフルト大学社会研究所を拠点とした**フランクフルト学派**でした。シカゴ学派と同じような「学派」ですが，このフランクフルト学派の特徴は，社会学のみならず初めから学際的な研究として発展したことです。それは，シカゴ学派のように都市を研究するためのフィールドワークのような「方法」によってまとまる学派というよりも，（ナチス・ドイツの経験を踏まえた）近代社会批判という「テーマ」

によってまとまる学派だったことによるのでしょう。

近代社会はなぜ批判されるのか（何がまずいのか）。一つには，近代社会の大きな特徴の一つといえる，合理性・合理主義への批判があります。マックス・ウェーバーの話の最後で，近代社会の特徴は合理性であると学んだのを思い出してください（第１章）。科学への信仰にせよ，専門家による官僚制にせよ，「時は金なり」というビジネスマン的な生活態度にせよ，みな合理性が原則となっています。近代より前の社会と比べて，近代の社会はこうした合理性の面で大きく前に進んでいる。だから近代社会は，近代以前の社会より優れている，と近代の人たちはずっと思い込んできました（もしかしたらみなさんもそうかもしれません）。しかし，フランクフルト学派の人たちは，まさにそういう合理性の追求が，近代社会の最大の闇でもあり，ナチスを生み出したと考えたのです。

さらに，フランクフルト学派のもう一つの特徴は，その「考え方」にありました。共通する「考え方」とは，まさに，このような「社会」へのアプローチと個人の「心理」へのアプローチの合体にありました。具体的には，マルクス主義とフロイトの精神分析の合体です。

マルクス主義は，近代（資本主義）社会というものが二層構造でできていると考えます。すなわち資本家階級と労働者階級です。そしてこれは社会の構造にも対応しており，資本家階級が主な担い手となっている**上部構造**と労働者階級が主な担い手となっている**下部構造**（あるいは土台）に分類されます。上部構造は，法律や政治，宗教，哲学，イデオロギー，あるいは学問や文化といったものに対応していますが，それらはみな社会の経済構造である下部構造（土台）によって支えられています。つまりは，社会制度や文化なんてものも，みんな誰か（労働者）が働いて人々の生活に必要な土台を作ってくれなければ成り立たないということです。それなのに，実際世の中を支配しているように見えるのは上部構造である法律や政治だし，学問や文化芸術は資本家階級が独占して，下部構造を押さえつけるようなかたちになっていると考えるのです。この抑圧された下部構造が爆発し，上部構造にあった法律，政治や文化を労働者の手に取り戻す，というのが革命のプログラムでもあるわけです。

一方，オーストリア出身のジークムント・フロイト（ちょうどデュルケムやジンメルと同世代の人です）によって創始された精神分析は，人間には無意識というものが存在し，それが人の行動を左右するという仮説のもと，ヒステリー（現在の解離性障害や身体表現性障害）などの治療を行なおうとする理論です。ある種の心理学ですが，今日の心理学はどちらかというと実験心理学など自然科学的な性格を強めているのに対して，この精神分析は人文思想や社会科学など隣接領域に大きな影響を与えたのが特徴です。なんといってもキーワードは**無意識**というもので，私たちの日常語としても意図しないでしてしまうことを「無意識にやった」とかいうかたちで浸透していますし，夢分析だとか，セラピー，カウンセリングなど，おそらくみなさんになじみのある「心理学」は結構この精神分析にルーツを持っています。

無意識というのは海のようなもので，私たちの自我のうち海面上に出ている部分は氷山の一角にすぎず，実はその大半は無意識の海の下にあるとされます。無意識下には私たちがふだん意識上で表出できない本当の欲望が抑圧されており，多くの精神的な疾患はその無意識下に抑圧された欲望が原因で，それを解放，あるいは自覚することで治療ができるということなのです。テスト前で勉強しなければいけないとわかっていても遊びたいという欲望は沸き起こるでしょうし，食べたら太るとわかっていても食べたいという欲望は沸き起こるのです。私たちは通常，理性によってそうした欲望をコントロールし，押さえつけて生きているのですが，その押さえつけられた欲望は消えてなくなってしまうのではなく，「無意識」下で抑圧されたかたちで残るのです。それがあまりに蓄積されてしまうと病的なかたちでそれが暴発する可能性があるのです。

以上，一見まったく関係がないようにみえる，マルクス主義の社会構造に関する理論と，フロイトの無意識を仮定した精神分析の理論なのですが，実はこの両者にはそっくりな部分があります。それは，いずれも対象を二層構造で捉えているということです。マルクス主義における上部構造と下部構造，フロイト精神分析における意識と無意識です。なんか安易な感じもしますが，この二つを重ね合わせてみると，不思議なことに色々な説明がしっくりとあてはまることがわかります。つまり上部構造の社会制度や文化，芸術はいわば社会の「意識」の部分であり，下部構造の経済や労働は社会の「無意識」である。ふだんはその下部構造は顧みられることがないが，そこに色々な矛盾や葛藤が抑圧されると，全体に大きなゆがみを生み出して社会を病んだ状態にさせてしまうのです。

フランクフルト学派には様々な論客がいますが，その多くがこうしたマルクス主義とフロイト精神分析の組み合わせを駆使して社会や人の心理を分析します。そして彼らの共通の関心の対象である近代社会は合理性を特徴としており，それはまさに「意識」のレベルから人々の欲望を「無意識」下へと抑圧するのです。こうした抑圧の仕組みを，個人レベルではなく，社会集団にあてはめて考えることができるかもしれない，というのがフランクフルト学派の発想です。

こうした考え方に基づいて，フランクフルト学派の論客たちは，ナチスを生み出した近代社会の合理性の闇についてアプローチしたわけです。その第一世代にはナチスを支持した人々に共通する精神構造を分析して『自由からの逃走』(1941 年) を著したエーリッヒ・フロムや，同じくナチス支持者に共通する権威主義的態度を測定するためのＦ尺度というものを開発したテオドール・アドルノらがいます。ハーバーマスは，このフランクフルト学派の第二世代にあたり，同様のテーマについて社会学の行為論の視点から考えた人だったのです。

(2) ハーバーマスとコミュニケーション的行為論

ハーバーマスは 1962 年に発表された『公共性の構造転換』という本で有名になり，21 世紀に入っても社会学のみならず政治哲学や様々な立場から社会的発言を続けた知識人です。2022 年現在もご存命です。本書では，行為論の流れで紹介するので，公共性（公共「圏」と訳されることも多いです）についての議論はあまり立ち入りません。ハーバーマスの考え方，研究テーマに大きな影響を与えたのは，やはり彼がナチス時代のドイツで送った少年時代の経験です。彼は，父親がナチスの党員で，自分自身もヒトラー・ユーゲント（ナチスの青少年組織）の一員でした。

ハーバーマスは 1950 年代からフランクフルト学派の継承者として頭角を現しましたが，実はフランクフルト学派がテーマとしている合理性・合理主義批判には，少なからず疑問を持つようになっていました。第一世代による合理性批判はわかるのだけれど，しかし本当に合理性はすべて悪なのだろうか。合理性がダメなら何が現代社会の原理となりうるのか，と。1967 年から 68 年にかけて，彼はアメリカのニュースクールに出講します。覚えていますでしょうか。シュッツが教えていたところですね。そこでハーバーマスは，シュッツはもちろん，アーレントとも出会って大きなブレイクスルーを得ます。その結果生まれたのが，現象学的社会学の影響を受けたコミュニケーション的行為の理論なのでした。

ハーバーマスの行為論の全体像がわかりやすく示されているのは，1981 年に発表された『コミュニケーション的行為の理論』です。ここで彼は，パーソンズ以来あらためて様々な社会的行為の分類を四つか五つに整理しています。

一つ目は，**目的論的行為**です。これは，「行為者が一定の状況のもとで効果を期待できる手段を選択し，適切な仕方でこの手段を用いることによって，一つの目的を実現する，あるいは望ましい状態への到来を促す」行為です。これはウェーバーのいう目的合理的行為に相当するものです。

図7-3　ユルゲン・ハーバーマス
（Jürgen Habermas）1929-

この目的論的行為から派生するのが，**戦略的行為**です。これは，目的論的行為の一種なのですが，他者の選択を計算に入れながら，あるいは他者の選択に影響を与えることによって，自己の目的の実現を目指すものです。本章の第１節で，やりましたね。これは合理的選択理論が前提としている行為です。この戦略的行為を別にカウントすると，分類が四つから五つになります。ハーバーマスは目的論的行為のなかでも，とくにこの戦略的行為に注目します。というのも，それは「他者」を計算に入れるといっているように，とくに対人的に行なわれる行為だからです。しかも，他者を自分の目的の通りに動かすために，権力や貨幣が使用されることがあります。つまり，近代社会の理念である合理性が，人間（他者）に向けられたときにあらわれる行為なのです。なぜハーバーマスがこの行為に注目したか，わかるでしょうか。

行為の分類の三つ目は，**規範に規制される行為**です。これは，「共通の価値に照らして行為する社会的集団のメンバーにかかわる」ものであり，集団のメンバーは集団のなかで妥当している規範に一致する行為を互いに相手に対して要求します。これはパーソンズの行為の主意主義的理論が強調した，共有された価値規範にしたがって目的と手段の選択を行なう行為に対応しています。そしてさらに，あと二つの新しい類型を付け加えます。

四つ目は，**演劇的行為**です。これはアーヴィング・ゴッフマンという社会学者が展開したアイディアで，「たがいに観衆となり，観衆の目前で自己を表現する相互行為の参加者に関係をもつ。行為者は多少とも目的をもって自分の主体性を明らかにすることによって，自分自身の一定の像や印象を観衆のなかに植えつける」というものです。これについては第９章であらためて説明しますので，今はそういうものがあるという理解だけでよいです。

そして最後に，ハーバーマスは彼独自の行為類型として**コミュニケーション的行為**を導入しました。これは，言語を媒介として，自己と他者の間で相互了解をめざして行なわれる相互行為です。ここにきて，ついに行為論と相互作用論の区別はほとんどなくなります。行為というのは真空空間で行なわれるものではなく，（たとえ対面的ではなくても）社会あるいは具体的個人という相手がいて行なわれるものです。

ここでこのコミュニケーション的行為の対《つい》になっているのが，先にみた戦略的行為です。それは自分の目的のために，一方的に，他者を合理的に動かす（利用する）行為だといえます。それに対して，コミュニケーション的行為は，いまみたように相手と言葉で了解を取り合いながら行なわれる行為なのです。この「相互了解」を目指す上で大事なポイントは，真理性，誠実性，正当性という三つの妥当性の要求としてまとめられています。

先生が学生に「水を持ってきて」と言う例でみてみましょう。真理性とは，客観的世界における妥当性です。「水を持ってきて」と言われた学生は，たとえば「今日は断水しています」という客観的事実があれば，先生の言葉を拒否することができます。誠実性とは，主観的世界における妥当性です。これは，「本当に先生は水を飲みたいのか」ということです。たとえば，先生はこの学生が自分の言うことを聞くかどうかを試しているだけかもしれない。先生が本当にのどが渇いている（主観的事実）のであれば，かわいそうだし持ってきてあげてもいいけど，そうでないならイヤ，というのもありなわけです。そして正当性は，社会的世界における妥当性です。それは，そもそも学生はパシリではないのだし，先生がその立場を利用して（本来の役割でないはずのことを）学生に命令するのは，不当だ（たとえばパワーハラスメントだ）といったものです。このように，「水を持ってきて」と頼まれる学生も，その依頼の内容が妥当だ（客観的に水を持ってくることは可能で，先生は本当に喉が渇いていて，権力的な脅しをともなっているわけでもない）と判断し，「持ってきてあげてもいい」と了解・納得する（あるいは，「イヤです」と言える）状況であれば，初めて先生の「水を持ってきて」という行為はコミュニケーション的行為になるわけです。ここで先生が，「水を持ってこないと単位をあげないよ」とか「金を払うよ」とか言ったら，それは言語によって相互了解を目指すコミュニケーションではなく，権力や貨幣によって人を動かす戦略的行為になってしまうのです。

以上，ハーバーマスによる四つ（ないし，戦略的行為を別に数えれば五つ）の行為類型をみてきました。ここで注意していただきたいのは，これらの類型が「あんな行為もある，こんな行為もある」とただ列挙されているわけではなくて，これまでの行為論の研究史を踏まえているということです。

ウェーバーによる行為の４類型では，たとえば目的合理的行為と価値合理的行為は「合理的」という共通点はあるものの，基本的には別個の理念型として考えられていました。それは感情的行為や伝統的行為についても同様でした。しかし，パーソンズによる行為の主意主義的理論になると，目的と規範（価値）というのは別々に

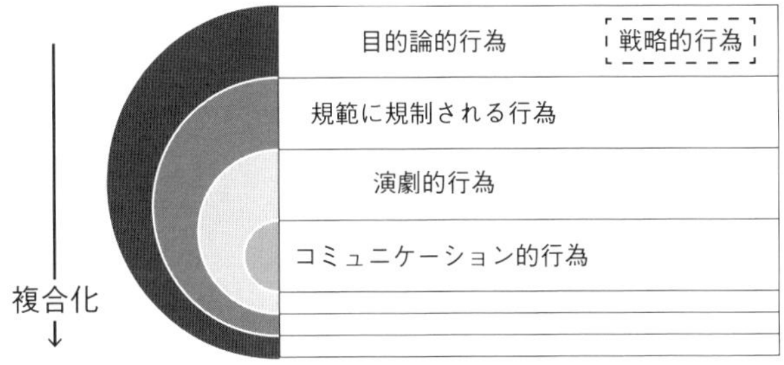

図7-4　ハーバーマスによる行為類型の整理

扱われるのではなく，いずれも手段，条件と合わせて行為を構成する要素ということになります。つまり，食欲を満たすために店でラーメンを食べる（目的合理的行為）ときであっても，ちゃんと代金を払うべきという規範を前提にして食べるように，私たちは目的合理的に行為するときも何らかの規範（価値）に規制されているからこそ，社会秩序が維持されるのです。ただ現実には，規範に規制されずに，金はなくてもただ腹が減ったからと欲望のままにラーメンを食べてしまう（ただ食い？）という純粋に目的合理的な行為だってありえなくはないわけですが，「社会秩序がいかに維持されるか」を第一に考えているパーソンズにとっては，それは説明図式の中に入ってこないわけです。それがパーソンズの行為論の弱点でもありました。

それに対して，ハーバーマスの行為論はそれぞれの行為類型が，重なり合わず別個というわけではなく，またすべてが規範（価値）でカバーされているというわけでもなく，重なり合いながら徐々に複合化（複雑化）していくようなイメージで構想されている点がポイントです（図7-4）。つまり，どんな行為も何らかの意図（目的）を持っているという意味では，目的論的行為といえます（意図がない場合は，たんに「行動」といいます）。規範に従うこと（規範に規制される行為），何らかの社会的役割を演じること（演劇的行為），他者とコミュニケーションして相互了解を目指すこと（コミュニケーション的行為），このいずれも広い意味で目的といえます。だからこそ，先の説明にもあったように，目的論的行為は「目的合理的行為に相当する」といいつつ，わざわざ別の言葉を使っているわけです。厳密には目的合理的行為というより幅が広いからですね。同様に，演劇的行為も，コミュニケーション的行為も，広い意味では「規範に規制される行為」に含まれるといえます。たとえば演劇的行為の場合は他者の前で何らかの社会的役割を演じ，ふさわしいふるまいをしなければならないという「規範」です。そしてコミュニケーション的行為は，こうした，目的，規範，演劇のすべての要素を複合した上で成り立つと考えられます。先の，先生が学生に「水を持ってきて」という例でいえば，のどの渇きを潤したいという「目的」，でもだからといって勤務中に酒を飲むべきではないという「規範」，一応先生らしく振る舞おうという「演技」のもとで，三つの妥当性（真理性，誠実性，正当性）を踏まえて，頼む相手である学生に納得してもらえるように働きかけて，初めてコミュニケーション的行為となるということです。

こう考えると，「水を持ってきて」という何気ない事例であっても，コミュニケーション的行為はとても成立条件の難しい，難易度の高い行為のようでもありますね。「水を持ってこないと単位をやらないぞ」とか「お金をあげるから」のように権力や貨幣を使って相手をモノのように動かそうとする戦略的行為の安易さと比べると，それはなおさら明らかです。では，ハーバーマスはなぜ，そんな難易度の高いコミュニケーション的行為にこだわったのでしょうか。

(3) 生活世界の植民地化

ハーバーマスは，コミュニケーション的行為の基盤となり，またそれによって生み出される空間を，シュッツにならって生活世界と呼びました。生活世界は間主観性によって作られる世界なので多様なのですが，私たちはお互いに「意味」を共有したり解釈したりして，相互作用しているわけです。ハーバーマスはそのゴールとして，相互了解，合意というものを置きました。実はこのコミュニケーションを通した相互了解や合意にとって必要なものも，合理性なのです。これをハーバーマスはコミュニケーション的合理性と呼びました。こうしてフランクフルト学派第一世代が一緒くたにして批判した合理性から，コミュニケーション的合理性という概念を切り離して救い出すことで，彼は現代社会が進むべき道を見出したのです。

しかし，合理化が進んだ近代社会では，生活世界が危機にひんしているとハーバーマスは考えます。日常生活のいたるところで「システム化」が進み，戦略的行為の領域が増えているといいます。どういうことか。ハーバーマスは近代社会において高度に合理化された官僚制などの政治システムと，やはり損得や効率という面で合理化された経済システムが強く結びついていると考えます。システムというのは，その政治経済システムのことを指します。システムの根本的原理はやはり合理性です。ウェーバーが近代社会の原理を合理「化」といったように，システムはあらゆるものを「合理化」しようと働き続け，やがて私たちの生活世界まで合理化しようとするのです。しかしここで注意が必要なのは，このシステムによる合理化は私たちが望もうが望むまいが，一方的に押し寄せてくるということです。先ほどハーバーマスが目的論的行為からあえて戦略的行為というものを取り出して強調したこととも関連するのですが，この合理性の原理は，一方的に，他者に向けられているものです。それは，他者（人間）をカネや権力によって管理・操作しようという合理性（システム的合理性）です。

こうしたシステム的合理性が生活世界にまで進出してくることを，ハーバーマスは「**生活世界の植民地化**」と呼びました。これはいま現在も私たちの身近で起こっていることですが，一つ例を挙げてみましょう。たとえば，「少子化」をめぐる政治家の発言が色々あります。これらはすべて実際にあった発言ですので，どの政治家が言ったのか，気になる人は自分で調べてみてください。「子どもを一人も作らない女性が，年をとって税金で面倒をみなさいというのは本当はおかしい」，「私は子どもが2人いるので，最低限の義務は果たした」，「子どもを4人以上産んだ女性を表彰することを検討したらどうか」などです。何がおかしいかわからない，という人もいるでしょうか。

これは政治的な立場や考え方の問題ではありません。まず，大前提として，子どもを産みたい人たちが産めない，という社会的状況に対して，政治がなんとかしようとするという意味での少子化対策は，いうまでもなく必要です。しかし，それ以前に，子どもを産むことは「義務」なのでしょうか（少なくともそんなことを定めた法律はこの国にはありません）。国や経済のために，子どもを産むのでしょうか。結果的に，子どもを産み育てて，国や経済に貢献するということは立派なことかもしれませんが，それは「義務」ではありません。国民には，というか人間には，自分の人生を自分で決める権利があるはずです。国や経済に貢献するなら，各自ができる方法，やりたい方法ですればよいのです。政治家がこういう発言をしてしまうこと，そしてもしかしたら私たち自身がそれがおかしいと気づけなくなってしまうことがまさに，「生活世界の植民地化」です。人間が人間らしく生きる領域に，政治の論理や経済の論理（人間を「納税者」や「労働力」，あるいは「子どもを生む機械」としてしか見ていない）が入り込んできてそれをゆがめてしまうのです。

ハーバーマスはこうした政治や経済システムの合理性の論理が，人間の生活世界を侵してくることに大きな危機感を持っていました。何しろそれこそが，ナチスの論理だったわけですから。私たちも，ナチスの非道を非難しながら，平気な顔で，ナチスと同じことをしてしまうかもしれない（しているかもしれない）。そうならないために，ハーバーマスは，生活世界におけるコミュニケーション的行為・コミュニケーション合理性の重要性を主張したのです。

3　身体化された行為

(1) ブルデューとアルジェリア

ハーバーマスの行為論は，パーソンズ以来の新しい行為理論もあらためて整理した総合的な理論だったわけですが，これまで学んだ行為論のなかで，ハーバーマスの行為論には回収されていないものがまだありますね。ウェーバーの類型にあった，伝統的行為と，感情的行為です。このうちとくに感情的行為はその後も比較的展開が十分にされていない分野ですが，「感情」というものに関わる行為としては，また第9章で少しだけ扱います。ここでは，ウェーバーのいう伝統的行為に相当するものを理論化した，ピエール・ブルデューの学説を紹介しておきましょう。

ブルデューは，フランスの社会学者で，初め哲学を学んだあと，若い頃はリセ（日本でいう高校）の先生をしていました。それが1954年に始まったアルジェリア（北アフリカにあるフランスの植民地）の独立戦争で陸軍に徴兵され，アルジェリアに渡ります。ちょうど同じく植民地だったベトナム独立を阻止しようとしてフランスが戦争して（インドシナ戦争），敗色が濃厚になってきた頃に，今度はアルジェリアが独立しようとしたわけですね。ちなみにこの戦争でも，フランスは長い争いののち敗北して1962年に社会主義のアルジェリア民主人民共和国が成立しています。この間，フランスはアルジェリアで核実験を行なったり，独立運動家を拷問して殺してしまったり結構ひどいことをしていました。

ブルデューはこうした状況のなかでアルジェリア社会に強い関心を持つようになり，兵役が終わってもアルジェリアに留まります。1958年にはアルジェリアのアルジェ大学に助手として着任し，フランスの植民地当局による強制移住政策に翻弄される農民たちの状況を描いた人類学的研究を行なっています。こうした現実社会への強い関心と人類学的なフィールド調査の経験を持って，ブルデューは1960年にフランスに帰国し，次々に研究成果を発表していきます。アルジェリアという外側からの視点で，フランスという近代国家・社会について考えたわけですね。

(2) ハビトゥスとプラティーク

では，ブルデューはどういう視点から近代社会について考えたのでしょうか。あくまで行為論という点に限定して説明すれば，彼は行為に影響を与える社会（構造）というものに注目しました。さらに，逆に行為が社会（構造）にどのような影響を与えるのかについても考察しました。行為に影響を与える社会構造，というと，パーソンズの行為の主意主義的理論を思い出すでしょう。しかし，ブルデューの場合は，ウェーバーのいう伝統的行為を，構造と関連づけて理論化しました。伝統的行為とは，身についた習慣・慣習によってしてしまう行為，でしたね。たとえば，何も考えなくても毎日食事の後に歯をみがく，というようなこともあてはまります。ブルデューは，こうした習慣や，あるいはもう少しスケールを大きくして伝統といったものは，社会構造によって作られていると考えたのです。パーソンズの主意主義的理論で扱われている行為は，一応「考えて」する行為ですが，こうした伝統的行為は，同様に構造に影響を受けるけれども，わざわざ考えなくても，「身体にしみついて」いる行為です。

実はこうした考え方は，ブルデューが最初にしたわけではありません。以前デュルケムの章（第２章）でちょっとだけ名前の出た，社会学者・人類学者のマルセル・モース（デュルケムの甥）は，文化によって**身体技法**が異なったり変化したりするということを，ブルデューより50年くらい前に論じています。たとえば，歩き方や泳ぎ方は，人類共通のようでいて，実はそうではないのです。江戸時代の日本人は，現代の日本人がするような四泳法（クロール，平泳ぎ，バタフライ，背泳ぎ）ではなく，「横泳ぎ」（明治以降，古式泳法と呼ばれる）しかできませんでした。どんな泳ぎ方かは，YouTubeか何かで調べてみてください。逆に，現代の私たちは，横泳ぎをしろといわれても，かなり難しいですね。実は歩き方も違います。実際に手を振って歩いてみてください。左足が出るのと同時に右手が出て，右足が出るのと同時に左手が出る，という人が多いのではないでしょうか。しかし，こうした歩き方は近代になって西洋式の歩兵訓練を日本人が受けて，それが学校での行進などに取り入れられて，いつの間にか日本人が無意識でもできるようになったものに過ぎないのです。かつての日本人の歩き方というのは，力士や神社の神官の歩き方（右手・右足，左手・左足が同時に出る），武道での歩行法（すり足）などに残っています。

ブルデューは，こうした無意識に私たちの身体や行為にしみこんでいる伝統や習慣から，社会構造を読み取ろうとしたのです。こうした関心から，ブルデューは伝統的行為というものを実際になされる「行為」と，その行為を生み出す「型」（構造）とに分離して考えました。たとえば，言葉づかい。丁寧な言葉づかいや，ジェンダー化された言葉づかい（男ことばや女ことば），地域による方言など，私たちは大人になるにつれてわざわざ考えなくても使いこなすようになります。あるいは，食事の仕方。フランスだとテーブルマナーみたいなものがイメージしやすいと思います。ナイフやフォークはどの順番で使うかとか。日本でも，箸の使い方とか，かなり高度な技術が必要だけど，身についてしまえば無意識にできているものがありますね。こうしたものが，実際に行なわれる行為（伝統的行為）ですが，これをブルデューは**プラティーク**（**慣習行動**）と呼びます。そして，そのプラティークの「型」となるものが，ハビトゥスです。**ハビトゥス**は，こうしたプラティークを生み出す「型」であり，家族や友人関係，学校などの社会的環境における経験のなかで，身体化されるものです。

(3) 文化的再生産

行為そのもの（プラティーク）とその「型」（ハビトゥス）に伝統的行為を分離したのが，ブルデューの行為論のミソです。なぜそんなことをわざわざしたのかというと，そうした「型」が社会集団のなかで受け継がれていく，**文化的再生産**（再び同じもの（文化）を作っていく）のプロセスを解明するためです。行為そのものを論じているだけでは，なぜ「丁寧な言葉づかい」や「テーブルマナー」が世代から世代へと受け継がれていくのか，説明がつきません。というのも，行為そのものは，その場で行なわれて，すぐに消えてしまうからです。「型」がしっかりとあるからこそ，受け継ぐことができるのです。

この話が，どう近代社会に結びつくのか，と思われるでしょう。ブルデューは，ハビトゥスとプラティークによって社会階層もまた文化的に再生産される，と考えたのです。現代社会では，前近代にあったような身分制度のようなものは，基本的には撤廃されています。しかしながら，それでもなお，「お金持ち」かどうか，というのとはまた別のところで，社会階層の高い／低いというのを私たちは「感じ取って」しまうことがあります。たとえば，どんなに高級なブランドの服を着ていても，「食べ方が汚い」人をみると，「ああこの人は「育ち」が悪かったんだな」とか，思ってしまうのです。逆に，休みの日に何してる，と聞いて，「パチンコに行く」という人と，「美術館に行く」という人がいたら，何かその背景にあるものの違いを私たちは読み取ってしまうのではないでしょうか。テレビでやっている「芸能人格付けチェック」なんかは，気取った芸能人の隠しきれない「格」が暴かれる，というところに，芸能人ではない一般視聴者にとってスカッとするカタルシスがあるのではないでしょうか（と思って，私はあの番組が好きになれないのですが，なぜか見てしまいます）。つまり，身分がないはずの現代社会では，文化（ハビトゥス）が，人々を階層化しているということです。なんだかイヤな話ですが，それもまた現代社会の一面だということをブルデューは明らかにしたんですね。

さて，ブルデューのこのハビトゥスとプラティークの議論は，行為論と構造論の関係をさらに先に進めることになりました。パーソンズまでは，行為というのは構造によって一方的に影響を受ける（規範に方向づけられる）だけでしたが，ブルデューの場合は，双方向の関係になります。すなわち，文化や社会の構造がハビトゥスを通じて身体化されたプラティークを生み出すのと同時に，そうした行為（プラティーク）がハビトゥス，文化社会的構造を強化し，再生産する（再び生み出す）のです。身体技法は社会の変化によっても変わります。日本人が得意としていた「正座」は，西洋式の椅子での生活が一般化するにつれて，日本人にとっても難しいものになっています。こうして，プラティーク（行為）の変化が，文化的構造（ハビトゥス）を変化させることもまた，ありうるのです。こうした構造と行為の循環的関係については，次章のギデンズによる構造化理論ともつながってきます。

文献案内

① 数理社会学会監修, 小林盾他編, 2014,『社会学入門――社会をモデルでよむ』朝倉書店.

② フィンリースン, J. G., 村岡晋一訳, 2007,『ハーバーマス』岩波書店.

③ 細見和之, 2014,『フランクフルト学派――ホルクハイマー, アドルノから21世紀の「批判理論」へ』(中公新書), 中央公論新社.

経済学との差異を強調するあまり，合理的選択理論は社会学のなかで少し「変わり種」扱いされがちですが，一つひとつの合理的行為が絡まり合うことでどのように社会が作られていくのかを明らかにするその理論は，ミクロとマクロの社会学をつなぐという重要な意図を持っていました。本書では十分に紹介することができませんでしたが，合理的選択理論はその後，狭い意味での利己的な人間像に限定されず，ネットワークや文化も考慮したより豊かな人間像に基づいて，社会のモデルを構築していく数理社会学へと発展していきます。①はその入門書で，数理社会学といいながらほとんど数式は出てきませんので，その考え方を学ぶのに最適だといえます。②は「１冊でわかる」シリーズとある通り，社会学にとどまらないハーバーマスの仕事の全体像をコンパクトにまとめてくれています。③はホルクハイマーとアドルノを中心として，ハーバーマスも含むフランクフルト学派の概要について紹介しています。

第8章

私たちが生きる近代とは（構造論3）

1　再帰的近代

(1) 西欧社会学の継承者・ギデンズ

本章は「構造論3」ということですが，「構造論2」で学んだ社会システム論や構造機能主義とは直接はつながっていません。以前も説明したように，社会システム論としてはルーマンのものが現在でも最先端といってもよく，これについてはまた第10章で掘り下げます。しかし，社会というものを一歩下がって俯瞰し，マクロな視点から論じようとする「構造論」は，社会システム論ばかりではありません。そこでこの章では社会システム論とはまた別の，マクロな社会学理論をご紹介することになります。

序章で，社会学は基本的に「近代社会」のことを考える学問であり，近代社会は市民革命と産業革命という二つの革命を経た社会だと簡単に説明しました。ここで考えていただきたいのは，マックス・ウェーバーやエミール・デュルケムが分析した「近代社会」と，いま私たちが生きている社会は，同じなのか，それとも違うのか，ということです。ここまで学んできたみなさんは，当然，社会というものが時代によって変化し，そして国や地域によってもまったく異なるものだということがおわかりになるかと思います。しかし，ではウェーバーやデュルケムが考えたことは現代の私たちの社会にまったく応用できないのかというと，そういうわけでもありません。つまり，共通する部分と，変化している部分の両方があるわけです。ここで紹介する3人の社会学者は，まだ存命の人もいて，まさに「現代」の社会学者たちです。そうした人たちが，100年前の社会学者から何を学び，何を更新すべきと考えているか，**モダニティ**（近代性）論という観点からみていきましょう。

図8-1　アンソニー・ギデンズ
（Anthony Giddens）1938-

一人目に取り上げるのは，イギリスの社会学者アンソニー・ギデンズです。ロンドン交通局の職員の子どもとして生まれたギデンズは，初め社会学と心理学を学んだ後，レスター大学でノルベルト・エリアスという社会学者に出会います。このエリアスが，実はドイツ（現在のポーランドの地域ですが）出身の社会学者だったんですね。世代的にはシュッツと同じくらいです。今はギデンズの紹介なので，エリアスまで紹介し出すと煩雑になりますので避けますが，この人はマックス・ウェーバーの弟のアルフレート・ウェーバー（この人も社会学者）やカール・マンハイム（幕間1で登場しましたね）と交流がありました。例によってナチスの台頭で研究ができなくなり，ロンドンに亡命します。その後色々苦労をして，戦後大学で教えていたときに，ギデンズと出会うわけです。このエリアスを通して，ギデンズはヨーロッパ大陸の社会学的思考の流れを受け継ぎ，やがてイギリスを代表する社会学者になったのです。

(2) 二重の解釈学と構造化理論

社会学学説史におけるギデンズの重要性の一つは，ウェーバーやデュルケムなどの古典的社会学理論を批判的に再解釈して，現代社会における有効性を検討したことです。これがだいたい1970年代くらいの話ですが，当時は色々な批判があったにせよ，まだパーソンズの社会学の影響力が強く残っていた時代です。それに対してギデンズは，あらためてウェーバーやデュルケムに戻ろうとしました。そのなかで出てくるキーワードが，社会学は**二重の解釈学**である，というものです。社会学が対象とする「社会」は，自然科学の対象である自然とは異なり，そこに存在する人々によってすでに解釈されたものであり，社会学の仕事は，その人々が解釈した社会を再解釈することだ，というものです。「社会とは何か」という社会学の問いを，「社会はどのように解釈されているか」と読み替えたわけです。

ややこしいことをいっているようですが，実際のところ，社会そのものは複雑で捉えどころがない，ということはこれまでも何度も確認してきましたよね。しかし，そんな社会を人々が（私たちが）どう捉えているか，ということであれば，まだ扱うことができるのです。「社会は甘くない」かどうかは本当のところどうなのかはわからないが，「社会は甘くないと思うかどうか」なら，一応誰でも答えることができます。つまりデータを収集し，実証することができるのです。

よく，社会学はあたりまえのことを難しくいっているだけ，という人がいますが，それは半分はその通りで，半分は社会学のことがまだわかっていないといえます。たとえば「常識」というものについて考えるなら，社会学はまず，人々にとっての「常識」とは何なのかを把握しようとします。人々にとっては，それが「常識」なので，なんてあたりまえのことを調べているのか，と思うわけですが，社会学者の関心はそれだけでなく，「なぜ」それが「常識」なのか，「どのようにして」「常識」になったのか，というところにも及ぶのです。わざわざそんなめんどくさいことを考える意義，は大いにあります。この章のキーワードでもありますが，グローバル化が進んで多様な文化的背景を持つ人々が交流するようになり，また社会の変化が加速するようになると，一部の人たちの「常識」は社会を維持するための足かせになるかもしれません。「常識」は社会をわかりやすく，簡単に生きるための道具（ルーマン風にいえば複雑性を縮減するためのシステム）なのですが，それを前提にしているだけでは，現代社会の諸現象は説明がつきませんし，個人レベルでも困難に直面することがあるのです。

この二重の解釈学は，ウェーバーのいう理解社会学のバージョンアップ版だと考えていただいてもいいでしょう。こうした社会学の理論の再解釈を踏まえて，彼は独自の理論として，**構造化理論**というものを展開していきます。これは簡単にいうと，パーソンズがいうような構造が個人の行為を規定する側面だけでなく（構造→行為），そうした個人の行為や実践の積み重ねが構造を作っていくという側面がある（行為→構造）という両側面を強調した理論です（前章最後に学んだブルデューのハビトゥスとプラティークの関係も，構造化理論で説明できます）。こうした理論を，ギデンズは1976年に発表された『社会学の新しい方法規準――理解社会学の共感的批判』という本のなかで展開し，現代社会学を代表する理論家として認知されるのです。

それから，彼は1982年にタイトルそのままの『社会学』という本を出します。これは，世界中の大学で社会学の教科書として採用されているようなベストセラーで，2022年3月現在は2021年に改訂された第9版まで出ています。日本語の翻訳は第5版までしか出ていません。この分厚い本をみてもらうとわかるのですが，現代にいたるまでの社会学の理論やトピックが大方網羅されています。こんなに色んなトピックを扱うのか，とそれだけで面白いので，機会があればぜひ手にとってみてください。ただ，お薦めは日本語の翻訳よりも英語版の方です。元の英語版はほぼ全ページカラーで図や写真が豊富で，みていて結構わくわくすると思います。日本語版は，残念ながら単色刷りで，この図や写真がかなりカットされてしまっています。実際に英語で読まなくても，英語版は手元に置いてパラパラみているだけで，社会学の世界の幅広さが実感できるような本だと思います。

さらに，さきほど理論派，といいましたが，ギデンズの理論は決して机上だけのものではありませんでした。実は彼は政治家でもあるのです。彼は，幕間2で紹介した通り，イギリス労働党のトニー・ブレアのブレーン（政策顧問）として，「第三の道」という政策を提案しています。

(3) モダニティ（近代性）論

ギデンズの学説史的貢献は，(2) でみたような社会学の考え方の面だけにとどまりません。もう一つ重要なのは，(1) でも触れた，社会学の対象である「近代社会」の「近代性＝モダニティ」についての考察です。これを，モダニティ論と呼びます（ちなみに，日本語で，「近代」とか「現代」とか分けていうことがありますが，英語では基本的にどちらも同じ modern です）。もっともウェーバーやデュルケムが「近代社会」について論じたとき，それは彼らにとっての現代社会（ウェーバーにとってのドイツ帝国，デュルケムにとっての第三共和政フランス）でした。彼らは自分たちの時代の社会の特徴がどんなもので，それ以前の社会と何が違うのか，これからどうなるのか，と考えていたわけです。マルクスは経済，そして歴史の観点から，近代（現代）社会の特徴は資本主義だと考えたし，ウェーバーは合理主義（合理性），デュルケムは産業主義や分業（そこから生まれてくる有機的連帯）だと考えました。ジンメルは，文化や人間関係の観点から，個性化について論じました。

これらはみなフランスでもドイツでも（日本でも），だいたいどの社会でも共通して起こっている現象を違う切り口からいっているだけです。その「共通して起こっている現象」こそが，モダニティです。政治や経済，文化，人々のライフスタイルや意識が，大きく変化した。そのきっかけとなる出来事が，おそらく市民革命や産業革命（その定義は国や地域にとっても異なるものの）だったことは，おおよその分野の研究者にとって共通了解となっています。

それでは，私たちの生きているこの時代は，彼らが分析した「近代社会」と同じなのでしょうか，違うのでしょうか。違いを指摘するのは簡単でしょう。マルクスの時代には，インターネットなんてなかった。ウェーバーの時代には，マクドナルドや Amazon なんてなかった。デュルケムの時代には，国際連合や EU なんてなかった。ジンメルの時代には，スマートフォンも携帯電話もなかった。彼らが生きていた時代は，私たちが生きている時代とは全然違うんです。テクノロジーの発達はもちろんのこと，よくいわれる言葉なら社会のグローバル化が 100 年前から現在にかけて大きく進んでいます。それにつれて，デュルケムやウェーバーの時代と比べて，「国」の役割というのも大きく変化しました。ギデンズ，そして後でみるベックやバウマンは，「現代」社会はこうした近代社会と「連続しているけど，異なっている」という立場をとります。つまり，近代，モダニティという括りでは一緒だけれど，そのなかで変化しているということです。

ギデンズは，近代社会，モダニティとはジャガノートのようなものだと考えています。ジャガノートとは，イギリス英語で超大型トラックを指す言葉です。この超大型トラックがアクセルを踏んで発進し，どんどん加速していき，やがて誰にも止められないような勢いになってしまう。そんなイメージです。ウェーバーやデュルケムの時代では，まだアクセルの踏み始めくらいだったものが，現代ではもうトップスピードに入っている。大きく違うけど，連続している。連続しているけど，大きく違っているのです。このように，ギデンズは，近代社会の特徴である近代性（モダニティ）は現代でも共通しており，そのモダニティを徹底させ，社会の隅々にまで浸透させていくという意味で，まだ終わっていない連続的な変化だと考えるのです。その上で，ギデンズはウェーバーやデュルケムの時代の近代と，私たちの時代の近代を区別する用語として，高度近代（high modernity）とか，**後期近代**（late modernity）といった言葉を使います。あるいは，後で説明する近代社会の重要な特徴を付け加えて**再帰的近代**（reflexive modernity）ともいいます。

ギデンズはこうして近代性を程度の問題として理解した上で，あらためて，近代社会がそれ以前の社会と何が違うのか，ということを整理します。ポイントは大きく三つあります。まず一つ目は「時間と空間の分離（time-space distanciation）」です。前近代においては，時間と空間は不可分のものでした。たとえば，前近代において時間は，「夜明け」や「日暮れ」によって区切られていたので，場所や季節によって異なりました（不定時法）。つまり北海道と九州では時間が異なったわけです。それが近代になると，国や地域ごとに「標準時」が定められることで，場所に関わらず時間は画一的に計算可能なものとなりました。それは，工場での労働の時間管理や，鉄道の時刻表の作成，遠く離れた相手との商取引，すなわち同じ空間・場所にいない人々の間での相互行為を可能としたのです。

こうした時間と空間の分離は，近代社会の第二の特徴，**「脱埋め込み（disembedding）」**を引き起こしました。これは，人々の相互行為や社会関係がローカルな世界（への埋め込み）から切り離されるということです。時間と空間が不可分な前近代では，場所によって生活リズムや文化が異なっていたわけですが，先述の通り時間や空間が切り離されると，それらは均質的・画一的な時間によって再編成されることになります。そして，急激な工業化・都市化は，人々が生きる空間の姿も大きく変えていきました。こうして人々はローカルな時間と空間から切り離され，新しい近代的時間・空間に「再埋め込み」されたのです。簡単にいえば，これは人々が考え方や生き方の拠り所にするものが変化した，とも言い換えられます。かつて前近代ではそれは，自分が生きている伝統的な社会であり，地域ごとに異なる伝統や慣習でした。迷うことがあれば，地域の長老に聞いたり，しきたりに従っておけば，とりあえずよかったのです。それが近代社会になると，先にみた時間と空間の分離によって人々が生きる世界が一気に拡大し，ローカルな伝統や慣習が「使えなく」なったのです。

こうした「脱埋め込み」を加速させたものは，時間と空間の分離だけではありません。一つは「象徴的通標（symbolic token）」です。それはローカルな場所や集団を超えて，いわばどこでも使える交換媒体（トークン＝印）です。代表的なものは貨幣です。お金がどこでも使えれば，私たちは旅に出て別の場所で生きることもできます。もう一つは，「専門家システム」です。これもやはりローカルな場所や集団を超えて通用する，専門的な知識の体系です。これは，科学的知識とそれを支える学問分野，それを担う専門家，それを信頼する人々などによって作られています。病気になったとき，村の長老が薬草から作ってくれる薬よりも，遠く離れた街に住む大学出の医者のアドバイスの方が信頼されるようになります。

こうして，前近代の人々が拠り所にしていた「村」や「職人の組合」などのローカルな共同体は，影響力を失っていきました。その一方で，象徴的通標である貨幣の信頼性を支えたり，科学的知識を人々に授ける学校制度を定めたりする「国家」の役割が，だんだん大きくなっていきます。もちろんこれ以前にも「国」はあったわけなのですが，近代以前は貨幣も地域によって異なっていたり，地域ごとに文化も違ったりしていて，しかもそれほど国の中で頻繁に交流する必要もなかった（できなかった）こともあって，国が経済や教育を一元的に管理する必要はなかったのです。こうして，18 世紀から 19 世紀にかけて，ローカルな集団を超えて一体感を持った「国民」が主体となった**国民国家**が出現してくるのです。その一方で，個人と国家の中間にある「都市」や「職人の組合」「地区の教会」などの中間集団は衰退していきました。

ここまでは，新しい用語を使ったりはしていますが，おそらくウェーバーやデュルケムも認識していた範囲の変化です。しかし，ここから先，ギデンズの鋭い分析が光ってきます。近代社会の第三の特徴，それは「**再帰性**（reflexivity）の増大」です。yourself とか myself とか，英語には再帰代名詞という言葉がありますが，これと同様に，「再帰的（reflexive）」というのは，反射して自分にはね返ってくるという意味です。再帰性とは，自らを行為の対象とする性質のことで，行為者やシステムが自らの行為や状況をモニタリングし，場合によってはそのあり方を変更していく性質のことです。先にみたように，伝統が一旦崩壊した近代社会では，何事も伝統・慣習に従えば正しい，というわけにはいきません。そこで私たちは専門家システムなどを頼りながら行為や選択を行なっていくわけですが，本当にそれが正しい行為や選択なのか，常にモニタリングし，反省し続けねばならないのです。

本当にこの学校に進学してよかったのか，本当にこの人と結婚してよかったのか，本当にこの会社に就職してよかったのか，といった人生の選択から，今日は本当にこの服装でよかったのか，さっき送ったメールの文章あれでよかったのか，といった日常的なことまで，すべて気にしてしまうのです。なぜなら，現代で生きる私たちは，その選択の結果を伝統や共同体のせいにできないからです。まがりなりにも，私たちは好きな人と付き合ったり，希望する学校や会社に行ったりする自由（少なくとも希望したり挑戦したりする自由）はあるわけです。しきたりで結婚相手や一生の仕事が決められたり，着ていいものや食べていいのものが身分的に定められたりしているわけではありません。基本的にそれらはすべて「自分の選択」なのです。だからこそ，本当にこれでよかったのか，と責任を負わなければいけない（ような気がする）し，常に不安になってしまうのです。実は「正解」なんてどこにもないのに！

この無限の再帰性こそが，近代化を推し進めるジャガノートのアクセルです。ウェーバーが近代社会のキーワードとしてみた「合理性」もまた，再帰的に問い直され続けます。たとえば会社の経営でも，もっと効率化できないか，改善の余地はないか，新しい販路はないか，など，常に反省が繰り返され，終わりはありません。まだ商品化されていない需要は，「ビジネスチャンス」です。資本主義は，どんなすき間にも入り込みます。「時は金なり」はもう労働の場面だけでなく，余暇の時間にも適用されます。「「せっかく」京都に旅行に来たのに，時間が足りなくて清水寺に行けなかった，次はもっと効率的にまわらなくちゃ！」「恋愛って，結婚って，「コスパ」が悪い！」，そんな風に思ってしまうのは，私たちがこの再帰性という化け物に取りつかれているからです。

こうした再帰的近代が，私たちに何をもたらすのか，という点をさらに突き詰めるために，引き続きベックとバウマンという社会学者の議論をみていきましょう。

2　リスク社会

(1)　ベックとリスク社会論

モダニティについて，ギデンズと同様に連続性の観点から考えているもう一人の社会学者として，ウルリッヒ・ベックを紹介します。余談ですが，彼は2010年に初来日していて，当時大学院生だった私も，京都での講演を聞きにいっています。夫人のエリザベート・ベック＝ゲルンスハイムも実は家族・ジェンダー研究を専門とする有名な社会学者で，このときも夫婦で一緒に講演をしています。その5年後，ベックは心筋梗塞で亡くなってしまったので，これが最初で最後の来日になってしまいました。学説史のなかで紹介していると，みなさん「昔の人」みたいに思い込んでいるかもしれませんが，もう話は私たちと同じ現代の話になっていますからね。さきほどのギデンズは2022年3月時点でご存命ですし，次に紹介するバウマンも亡くなったのは2017年と，それほど前ではありません。私にとっては学生時代に次々に新しい本を出していた社会学者たちなので，まさに自分の時代の社会学者という感じです。

さて，ベックは1944年生まれですから，実質的にはもうほとんど第二次世界大戦後生まれといっていいでしょう。彼が生まれたのは現ポーランド領のポンメルン（犬のポメラニアンの原産地）です。ナチス時代はドイツ領だったわけですね。その後彼はドイツ（西ドイツ）で育ち，教育を受けます。彼は大学で社会学や心理学，哲学などを学

図8-2　ウルリッヒ・ベック
（Ulrich Beck）1944-2015

んで，順調に1970年代には大学に職を得た社会学者になります。彼を一躍有名にしたのは，1986年に出版された『リスク社会』です（日本語訳のタイトルは『危険社会』となっていますが，実は後で説明するように「リスク」と「危険」は意味が違います）。なぜこの本が注目されたかというと，この本が出版されたのと同じ年，ソ連（現在のウクライナ領）のチェルノブイリ（チョルノービリ）原子力発電所で事故が起こったからです。この本ではまさにこうした科学技術の制御不能性やリスクが論じられていたので，一躍世界的な注目を浴びることになったのです。

(2) 科学技術と社会

さきほど，「リスク」と「危険」は意味が違う，といいましたが，ここに非常に重要な論点があります。「危険」とは，たとえば天災のように，人間の営みや責任とは無関係に外側からやってくるものです。それに対して「**リスク**」とは，たとえば事故のように，人間自身の営みが作り出すものです。とはいえ，こうした「危険」と「リスク」はどういう観点から状況を認識するかによっても，変わってくるものです。局地的な豪雨によって水害が起こったとして，それをまったく避けようのなかった天災だと考えるのであれば「危険」であるし，いやこれはそういう豪雨の可能性を予測してきちんと治水工事を行なわなかった人間の責任だと考えるのであれば「リスク」になります。

科学（技術）は，人間にとって色々なことを可能にするわけですが，それはそのままリスクを生み出します。たとえば遺伝研究が高度に発達したいま，子供がどれくらいの確率で障害を持って生まれくるかなど，出産の前に算出されてしまいます。かつては「神の采配」だった領域に，一片でも人間の選択の責任がさしはさまれる。それだけで，あらゆるものごとはリスクになってしまうのです。

また，科学技術が高度に発達した現代社会では，このリスクというものはほとんど予測不可能で，かつ巨大なものになりつつあります。その典型が，原子力発電です。原子力発電がいくら安全なものだといわれても，万が一，事故が起こったとき，その被害は甚大で取り返しのつかないものになります。また放射線は目に見えませんし，それがどう有害なのかも（どれくらいの量から有害なのかなど）なかなか素人にはよくわからないことがたくさんあります。原子力発電が「安全」といっても，すべてコンピュータによって制御されているわけでなく，人間による操作や意思決定などの要素が完全になくなったわけではありません。そして原子力発電に依存するという社会のあり方自体が人間による選択であり決定なので，それがまさにリスクとなるのです。

このように，科学技術の発達は，私たちの生活を便利にするという顕在的機能を持つ一方で，その意図せざる結果（潜在的逆機能）として，大規模な環境破壊や，こうしたリスクを人間社会にもたらしてしまうのです。

(3) 個人化とサブ政治

リスクは科学技術の発達によってもたらされるものだけではありません。先ほどのギデンズの「再帰性の増大」を思い出してください。なんでもモニタリングして，反省して，「仕方なかった」では済まされないのが，現代社会なのです。近代社会以降，家族・職業・移動・思想など，様々な領域で個人は自由を獲得しました。しかしそのことは同時に，選択の責任が個人のものになり，失敗のリスクも個人が引き受けねばならなくなったことも意味していました。このことを，リスクの個人化といいます。誰と付き合って，結婚しても自由。でも「失敗」したら自己責任。どんな職業に就くのも自由。でも「失敗」したら自己責任。どこに住むのも自由。でも「失敗」したら自己責任。

難しいのは，価値基準がシンプルだった伝統社会とは違って，現代社会では何が「成功」で，何が「失敗」なのか，その基準さえとくに定まっていないということです。だから常に人と比べながら，これでいいのか，よかったのかと，自分の選択を再帰的にモニタリングし続けるしかないのです（人より金持ちだとか，人よりSNSのフォロワー数が多いだとか，そういう数字ではっきり差がわかる基準が支持される理由がここにあります)。

このように，社会の複雑化によってリスクがより予測不可能なものになり，また巨大なものになっていく一方で，その責任はより個人的なものになっていくという時代に，私たちは生きています。ベックの個人化論は，一般によくいわれる個人化（あるいは個人主義化など）よりも視点が限定されています。個人でいることが好きな人が増えたよねとか，地域や家族の人間関係が希薄になったよねとか，そういうぼんやりした話ではないのです。まさに社会全体の大きな変化のなかで，個人がリスクを負わなければならないという非常に不安な状態のことを指しているのです。

こうしたリスクに対処するために，ベックが提案するのは，**サブ政治**というものです。現代のリスク社会では，個人個人は非常に不安な状態に置かれている。そんな不安を共有する人々が連帯し，政治的な力になっていくことが必要だと，ベックは考えます。それは必ずしも，政党や議会などの制度を通した「政治」である必要はありません。社会運動やNGOなど，様々な回路を通して，いわば素人としてきちんと政治的決定に関わることが大事だというのです。日本ではよく芸能人などが政治に関わる発言をしたりすると，「専門家でもないくせに」といって叩かれるわけですが，ベックにいわせれば，むしろ専門家ではないからこそ，政治以外の回路で（もちろん政治の場だって構わないのですが）政治的な発言をすべきだということになります。専門家はたしかにその分野において色々な専門知識を持っているのですが，社会は複雑に絡まりあっているので，そのすべてについて専門家が正しい判断が下せるわけではありません。だから素人であっても，どうせその結果のリスクは負わされる（「専門家任せにしていた」と）わけなのですし，どんどん発言して，関与した方がよいのです。リスクをどうせかぶるなら，素人も振り回されるだけではなくて，納得いくまで関わろうという発想なわけです。

3　リキッド・モダニティ

(1) 流浪の社会学者バウマン

三人目は，ジグムント・バウマンです。彼もまた私たちと同時代の社会学者で，ギデンズやベックと同じくモダニティ論に関して大きなインパクトを残した人です。バウマンはポーランド生まれのユダヤ人です。またしても，という感じですが，そのことが彼のプロフィールに大きな影響を与えているのも事実です。第二次世界大戦勃発により，彼は一家でソビエト連邦に逃れます。戦後，ポーランド労働党（労働者党）員となり，陸軍で出世します（最年少の少佐だったようです）が，1953年に反ユダヤ主義の高まりにより軍から除隊されてしまいます。ポーランドという国も第二次世界大戦でナチス・ドイツに進攻され，ソ連と分割占領されるなど受難の歴史があるのですが，ユダヤ人への差別は他の国と同様にあったんですね。ポーランドはカトリック信者の多い国ですから，ユダヤ教を信仰するユダヤ人とは何かと文化の違いもあったのでしょう。ナチスが駆逐され，ソ連占領下となった1945年や1946年にも，死者まで出る暴力事件が起こっています。

そんななかではありますが，バウマンはワルシャワ大学で社会学を学び，やがて同大学の講師に就任します（在職中，ロンドンにも留学しています）。しかし，1967年にイスラエルとエジプトの間で第三次中東戦争（六日戦争）が起きると，親イスラエルの嫌疑をかけられ，大学を解雇されてしまいます。この中東戦争も，たんなる過去の出来事としてではなく，現代社会を理解する上で必須の知識であるはずなの

図8-3　ジグムント・バウマン
（Zygmunt Bauman）1925-2017

ですが，世界史の授業では軽く流されがちなところですね。本書でも何度も出てきているユダヤ人問題とも関連するので，簡単に解説しておきましょう。

中東戦争というのは，1948年から73年の間に4回起こっています。そして近年でもたびたび中東で起こっている軍事衝突とも関係しています。以前（第2章），ユダヤ人というのはいつか自分たちの国を持ちたい，と考えてユダヤ教を信仰してきたという話をしました（もちろんそう思わない，ユダヤ教を信仰しない「ユダヤ人」だってたくさんいました）。約3000年前にユダヤ人の先祖が作っていた王国が今の中東地域のパレスチナにあったので，できればそこに戻りたいと考えていたのです。第一次世界大戦中，イギリスやフランスなどのヨーロッパの国は，当時中東を支配していたオスマン帝国を倒すために，これを利用しました。すなわち，オスマン帝国を倒すのに協力してくれたら（ユダヤ人は政治や経済界の要職についている人もいました），ユダヤ人居住地の建設を支持する，という約束をしたのです。しかしそれと同時に，ヨーロッパの国々は，すでにオスマン帝国の支配下にいたアラブ人たちにも，帝国を倒すのに協力したら，独立を支持するという約束をしていたのです。オスマン帝国は第一次世界大戦で敗れて領土を大幅に減らし，数年後に革命が起こって共和制の国（トルコ共和国）になりますが，このヨーロッパ諸国の無責任な約束が中東に混乱をもたらしました。中東でユダヤ人とアラブ人の摩擦が激化したのです。

第二次世界大戦中，ナチス・ドイツがユダヤ人を迫害したので，ユダヤ人たちが自分の国を持ちたいという運動はますます高まりました。戦後，中東のパレスチナ地域を委任統治（実質的な植民地化）していたイギリスは，この事態を収拾することを投げ出してしまい，仕方がないので国連で「パレスチナ分割決議」が採択されました。しかし，このときのユダヤ人地域とアラブ人地域の線引きはかなりいい加減で，アラブ人だらけのところにユダヤ人が取り残されてしまったり，ユダヤ人地域の方が土地が肥沃な場所が多かったりと，余計両者の不満をあおることになってしまいました。そんななかで1948年，ユダヤ人がイスラエルの建国を宣言し，それに反対する周辺アラブ諸国（エジプト，サウジアラビア，イラク，ヨルダン，シリア，レバノン）はパレスチナのアラブ人を助けるために進軍を開始，戦争となったのでした。これが第一次中東戦争です。この戦争は足並みがそろわないアラブ諸国に対して，イスラエル側が実質的に勝利し，結局「分割決議」よりも広い領土を確保することになりました。

その後も，アラブ諸国とイスラエルは戦争を繰り返すことになるわけですが，そもそもの原因が20世紀初めのヨーロッパ諸国の無責任な約束で，しかもいい加減な国連決議で余計事態はややこしくなってしまったわけですが，さらにこれに石油の利権やアメリカとソ連の勢力争いも絡むなど，実際のところユダヤ人とアラブ人の人種や宗教による対立というのはそれほど本質的なことではないということに注意してください。ちなみに，第四次中東戦争は，石油危機（オイルショック）を引き起こしたということは，おそらく歴史の授業で習っているはずですが，アメリカなどの支持を得たイスラエルが軍事的に優位となっていくなかで，アラブ諸国は石油の禁輸という対抗手段に出たわけですね。

バウマンの話に戻りますが，ポーランドはソ連側の社会主義国で，ソ連はアラブ諸国を支援していましたので，ユダヤ人→イスラエル支持→ポーランド（ソ連）の敵，という連想が働いたのでしょう。彼自身はユダヤ人としての意識よりも，共産主義，社会主義への共感を強く持っていた（しかしポーランド政府のやり方には批判的だった）ことをインタビューなどで話していますが，彼の父がイスラエル移住を検討していたことが発覚し，その巻き添えを食ったようです。こうしてバウマンは仕事を失ってしまいます。その後，彼はイスラエルに渡りますが，滞在は長く続かず，いくつかの国を転々とした後，1970年代にようやくイギリスに落ち着きます。

(2) 固体的近代から液体的近代へ

1970年代から80年代にかけてのバウマンの研究は，社会主義や階級に関するものでしたが，1990年代に入った頃（バウマンはもう60代になっています）から急にスイッチが入ったかのようにモダニティに関する著作を発表し始めます。とくに2000年代には年に3～4冊という年もあります。後でみるように彼のキーワードは「リキッド（liquid）」というもので，液状・液体のとか，不安定なというような意味です。本のタイトルにもこのキーワードが入っているものが多く，原題でみると *Liquid Modernity*（2000年），*Liquid Love*（2003年），*Liquid Life*（2005年），*Liquid Fear*（2006年），*Liquid Times*（2006年）など，数々のリキッド本（私が勝手に名付けました）を出しています。

さて，そんなバウマンのモダニティ論ですが，彼もギデンズやベック同様，現代は近代社会の延長であるという立場をとります。ただやはり，同じ近代のなかでも，連続的な変化が起こっていると考えます。ギデンズはモダニティを加速するジャガノート（大型トラック）にたとえましたが，バウマンはそれを溶けていく氷にたとえました。このアイディアの元ネタは，マルクスとエンゲルスの『共産党宣言』にある「確固たるものはすべて消え去る」（英語では All that is solid melts into air）というフレーズです。これはブルジョワたちが作り上げた窮屈で停滞した社会秩序を革命によって変える，というニュアンスで出てくるのですが，バウマンはここから着想を得て近代社会というものを固体的近代（solid modernity）から**液体的近代**（liquid modernity）へのプロセスとして認識したのです（あるいは，「重い近代」から「軽い近代」ともいいますが，意味は一緒です）。

固体的近代においては，ウェーバーらが分析したように，合理性・効率性によってしっかりとした秩序が作り上げられます。たとえば官僚制や工場のように，無駄がなく，線引きがきっちりしていて，機能的な社会です。ハーバーマスのところでも少し触れましたが，実はユダヤ人の絶滅収容所なんかも，こうした無駄がない，機能的な施設の代表であり，そういう意味で近代を象徴するような施設でした。そしてもしかしたら，パーソンズの構造機能主義，社会システム論が想定するようなカッチリとした社会秩序というのも，こうした固体的近代を説明する分にはある程度フィットしていたのかもしれません。しかし，近代化のプロセスは，こうした固体的な社会秩序が「溶けて」液状化していくプロセスです。

では，社会秩序が液状化するとは，具体的にどういうことでしょうか。バウマンが「リキッドなんとか」という本をたくさん出していることからもわかるのですが，それは実に様々な側面にわたって観察できます。たとえば，人間関係。自分と生まれ故郷の関係だって，家族との関係だって，いつまでも続く絶対的なものではない。家族のあり方だって，友人や恋人との関係のあり方だって，絶対的なかたちは存在しない。これは個人の自由の幅が広がったことにもよるでしょう。

ただそれだけではありません。資本主義が求める競争，合理化・効率化への要求によるものでもあります。たとえばビジネスの世界では，うちの会社は100年前から同じ材料・同じ作り方で同じ商品を作り続けています，なんていう会社よりも，マーケティングをしっかりして，消費者の需要に合わせて頻繁に商品を改良する，新しいアイディアはどんどん取り入れる，という会社の方が支持され，評価されて生き残りやすいわけです。私たちの生活に関わるところでは，雇用もリキッド化しています。会社の経営状態によって，従業員を「柔軟に」増員したり解雇したりできるように，人件費がかかる正規社員はなるべく減らして，派遣社員やアルバイトの割合を増やす。その結果，一定以上の安定した収入が期待しにくい非正規社員の人たちは，○歳で結婚して，○歳で子どもを一人作って，○歳で家を建てて，なんて「定番」のライフコースなんて望めない，そのつど状況に合わせて生きるしかなくなるのです。あらゆるものが不確かで，未来が予測不能なものになる。バウマンはこうした液体的近代のイメージを，固体的近代の工場のイメージに対して，オートキャンプ場にたとえています。そこには，誰も根をはって定住しているわけではありません。今日いた人はもう明日いないかもしれないのです。

(3) 流動性のもたらす不安

こうしたモダニティによってもたらされる「不安」への注目は，ベックの個人化論にも共通しています。ベックはそれに対してサブ政治というものを提案していましたが，バウマンの場合は対処策というよりも，そうやって不安になった人々がどうなっていくかという予測に重点が置かれています。よく，このモダニティ論の話をすると，前近代と近代どっちがよかったのかとか，固体的近代と液体的近代どっちがよかったのかという質問があるのですが，それはご自分で評価してください。というよりも，そんな評価をしたところで，社会は現に動いているのですから，今ある社会に対処する方法を考えるしかないのです。もっとも，現代社会の特性を把握し，それが必ずしも絶対的なあり方ではなく，他の可能性もありうるという希望と想像力を持つためにも，私たちは過去の社会との違いについてきちんと知る必要があるのです。

バウマン自身は，固体的近代にも，液体的近代にも，非常にアンビバレント（両義的）な評価をしています。固体的近代は，私たちを管理・拘束する代わりに，同時に守ってもくれていました。たとえば色々な決まりごとは窮屈だけど，それに従っていれば間違いはない（前近代の伝統に従うのと同じノリですね）。しかし，液体的近代になったら，それがなくなってしまい，私たちは自由になった代わりに，その選択のリスクを負わなければならない。どちらがいい，というわけではないのです。

バウマンが液体的近代のゆくえとしてみていることは，以下の二つに要約できます。一つは，「移動」の格差です。現代社会では，自分の意思で移動できる人たちが「勝ち組」になります。最近では，特定のオフィスを持たないでIT 機器を駆使して働くビジネスマンのことをノマドワーカーと呼んだり，会社などの組織に属さずフリーランスでいる生き方がかっこいいともてはやされたりすることがあります。

「ノマド」というのはもともとは遊牧民や放浪者を意味する言葉ですが，組織や状況・常識にしばられない自由で柔軟な生き方が評価されているわけです。しかし注意が必要なのは，こうした自由な生き方をする人たちは，「自分の意思で」自由でいられる立場にいるということです。そもそも IT 機器の操作能力を学ぶ機会に恵まれなかったり，組織に属さなくてもやっていけるような個人的ネットワーク（人脈）を持っていなかったり，あるいは自由に動きたくても文化的にそれが認められなかったり，という人々もたくさんいます。さらに，「自分の意思ではなく」移動せざるを得ない人々もいます。たとえば難民です。戦争や紛争でもといた場所に住めなくなったり，文化的・民族的背景から迫害を受けたりして，他の国や地域に移動せざるをえない人々は，移動はするけれども自由はないのです。この，ノマドと難民という両極端な移動する人々こそが，バウマンのいう近代社会のリキッド性（流動性）を代表しているのです。

もう一つのポイントは，移動しない（できない）他の多くの人々も，やはり液体的近代のもたらす流動的な状況，先の見えない不安定な状況を生きざるをえません。バウマンはこうした人々はもはや組織や集団，伝統や規範に守られることもなく，「いまこの時代の恐怖，不安，不満は，たったひとりで，耐えねばならない」といいます。ベックのいう個人化のリスクと似ていますね。これに対して，人々は不安から一時的に逃避するための逃げ場所を求めます。それは「買い物中毒」などの特定の行為への依存的症状であったり，**クローク型共同体**あるいは**カーニヴァル型共同体**という一時的な共同体への参加であったりするといいます。

このクローク型共同体と，カーニヴァル型共同体というのは，たとえるものが違うだけで，同じものを意味しています（クロークというのはホテルやコンサート会場などで一時的にコートや荷物を預かってくれるところですね）。すなわち，多数の個人に共通の見世物を提供することで一時的に集めるだけの共同体です。イベントなどに一瞬集まって一体感を感じて，それが終わったら跡形もなく消えてしまうような「共同体」です。現代社会ではそういう例はいくらでも挙げられますね。フェスやライブ会場，ハロウィンの日の渋谷，スポーツのワールドカップなど，私たちはそのときだけは知らない人たちとも一体感を感じて，何か満たされたような気になれます。しかし実のところ，イベントが終わってしまえば，その「共同体」は消えてしまうので，また次の盛り上がれる何かを求めて生きていくしかありません。まあ，それで個人化したリスクや不安に押しつぶされそうな日常を，一瞬でも忘れて生きていくことができるのであれば，それはそれでアリなのかもしれません。ベックのいうサブ政治は意識が高そうでちょっと……という人は，こちらの方が共感するかもしれません。

この章ではギデンズ，ベック，バウマンと３人の「現代」の社会学者によるモダニティ論の展開をみてきました。これらは必ずしも，現代社会で起こる問題を「解決」する方法を教えてくれるものではありません。しかし，私たちは今どんな時代を生きているのか，知らないで戸惑い続けるよりは，ある程度ビジョンを持って葛藤できる方が，はるかに人間らしく生きられるのではないでしょうか。ここで紹介した三人の共通点は，現代社会をウェーバーやデュルケムなどが分析した近代社会と連続したものとして認識することで，その理論の意義を現代社会において再び活かしつつ，そこに新しい展開（再帰性やリスク，個人化，液体化など）を付け加えたことです。

古い理論は，現代社会にはあてはまらない，なんて考えるのは短絡的すぎます。現代社会の特徴を理解するには以前の社会の特徴を知っていなければ，そもそも比較ができませんし，それぞれの時代や社会で葛藤しながら理論を作り出した先人たちの知恵（とくに考え方）は，必ず現代社会を生きる私たちにとっても意味を持つのです。「巨人の肩の上にのる」というニュートンの（と伝えられる）有名な言葉がありますが，どんな「天才」であっても，ゼロから理論を「思いついたり」「唱えたり」しないのです。学問というのは，必ず「巨人の肩の上にのる」ことで成立します。本章のギデンズらにしても，ウェーバーに始まる100年前の巨人たちの肩の上にのることで，現代社会を分析する新たな視点を形作ることができたのです。現代社会に生きる私たちの周りには，ろくでもない問題がたくさんありますが，そういった問題を考えるときにも，このように「巨人の肩の上にのる巨人の肩の上」にのれるのですから，実はとても恵まれているのかもしれません。

文献案内

① ギデンズ, A., P. サットン編, 友枝敏雄・友枝久美子訳, 2018,『ギデンズ　社会学コンセプト事典』丸善出版.

② 伊藤美登里, 2017,『ウルリッヒ・ベックの社会理論――リスク社会を生きるということ』勁草書房.

③ バウマン, Z., T. メイ, 奥井智之訳, 2016,『社会学の考え方　第２版』（ちくま学芸文庫）, 筑摩書房.

①は世界中で読まれているロングセラーの教科書『社会学』の著者でもあるギデンズが，社会学の 70 のキーワードについて解説したもの。②はベックの社会学理論の解説書。本書で説明した「リスク社会」や「個人化」だけでなく，「コスモポリタン化」や，ギデンズとは少し異なる「再帰性」の意味づけなどについて解説してくれています。③はバウマン自身による社会学の入門書。ギデンズによる①と扱っている内容を比べてもらうと，同じ社会学でも，こんなに雰囲気が違うものかと実感できるかもしれません。

第 9 章

プロセスを捉える様々な枠組み（相互作用論 3）

1　贈与と交換の理論

(1) 人類学からの示唆

本章は「相互作用論 3」ですが，必ずしも「相互作用論 2」よりも「先」の展開というわけではありません。相互作用論 2 の最後で参与観察という調査法の話に触れたことにも関わりますが，人々によって間主観的に作り出される社会的世界へのアプローチにおいては，理論ももちろん重要なのですが，理論にとらわれすぎていてもダメです。相互作用論的アプローチは，パーソンズのグランド・セオリーへの批判という流れのなかで盛り上がったこともあって，理論ありきよりは，調査などをしていくなかで，それに合わせて適切な理論を作り出していくというスタイルが多くなります。そのためやや雑多な印象を受けるかもしれませんが，現代の私たちが社会学的な調査をしたりするときにも直接ヒントになるような視点がたくさんあります。

たとえば，ここで出てくる諸アプローチは，どれも少なからず人類学という学問分野と密接に関係しています。本章第 1 節の贈与・交換論は現在も人類学において重要なテーマですし，第 2 節で登場するゴッフマンは学生時代に人類学のフィールドワークの訓練を受けています。第 3 節で学ぶエスノメソドロジーは，人類学の昔の呼ばれ方である民族学（エスノロジー）とエスノ（ethno）という接頭辞を共有しています。そこで本題に入る前に，人類学について少し簡単な補足をしておきます。

人類学とは，要は名前の通り「人類」とは何かについて研究する学問です。しかし，そのアプローチの仕方は，生物学から，言語学からなど色々なものがあり，とくに文化的な側面について社会科学的に追究するアプローチを文化人類学（イギリスでは社会人類学）と呼びます。社会科学的なアプローチですから，社会学とも非常に近いといえます。「人類」とは何かという問い自体はそれこそ古代ギリシアのアリストテレスなどからあるものですが，近代以前のそうしたいわゆる「人類学」は「文明 対 未開」という図式を前提にして，「文明」（だと思い込んでいる）地域の研究者が，「未開」（ということにされている）地域の人々の研究をする，というスタイルが主流でした。それが，20 世紀に入ると，ブロニスワフ・マリノフスキーやアルフレッド・ラドクリフ＝ブラウンといった人々によって，「構造（機能）主義」の考え方が導入されるに至り，より科学的な文化人類学の基礎が築かれたのでした。構造機能主義については，第５章１節のパーソンズのところで説明済みですので，忘れている人は必ずご確認ください。しかし，それはもともとパーソンズの発明ではなく，実はデュルケムの「社会的事実」の考え方の中にあったアイディアを，マリノフスキーら人類学者たちがかたちにしていったものだったのです。他地域の人々の文化や社会は，ただみただけでは自分たちのものと全然違うようにみえるかもしれないけれど，「構造」とか「機能」とか抽象化された概念を通してみれば，実は同じような「機能」や「構造」がある。だからどちらかが「進んでいる」とか，「未開」ということはないんだ，ということがだんだんわかってくるのです。こうした構造主義的な人類学は，ヨーロッパではクロード・レヴィ＝ストロースによって受け継がれます。

一方，アメリカでは，ドイツから移住したフランツ・ボアズという人が，マリノフスキーらとは別のルートで構造主義的な考え方を基礎に人類学を発展させ，コロンビア大学でアメリカ初の人類学研究室を作ります。そこでの弟子には，第二次大戦中に書かれた日本文化論として有名な『菊と刀』の著者ルース・ベネディクトや，ジェンダー研究に大きな影響を与えたマーガレット・ミードがいます。彼女たちがボアズから受け継いだ重要な考え方が，**文化相対主義**です。簡単にいえば，文化と文化の間に優劣はないという考え方です。

こうした考え方に基づいて，人類学はフィールドワークという調査方法を重視します。これは何も人類学だけでなく，生物学や地質学のような自然科学，地理学や考古学のような人文科学などでも行なわれる現地調査のことなのですが，人類学の場合はとくに，研究対象となっている人々と共に生活をしながら，現地の人々のものの見方や文化を学ぶ調査活動を指します。自分たちの思い込みや，本で知った又聞きの情報からではなく，現地の人々のものの見方や文化を直接知るためには，まずは「共に生活をする」ということが大事なわけです。そのためには，現地の言葉を学ぶ必要もありますし，調査のための滞在も数ヶ月から数年に及ぶこともあります。

もっとも，現地に行きさえすれば，相手の文化を「理解できる」と簡単にいえるわけではありません。人類学者たちは，現在に至るまでそうやってフィールドワークをしながらも，そもそも文化とは何なのか，理解するとはどういうことなのか，ということを追究し続けています。こうした人類学の展開については，これ以上踏み込むと長くなりますので，興味のある人は他の本にあたってみてください。

(2) 社会的交換の理論

前置きが少し長くなりましたが，本章ではまずはじめに「交換」，次に「贈与」という相互作用にとりわけ注目した理論を紹介します。「交換」といえば，まず通常の商取引のような，量的に計ることができ，等価性が重視される経済的交換が思い浮かぶかと思います。モノやサービスにお金を払う，というものが典型的です。もっとも，こうしたものが「量的に計ることができる」のは，「労働力」を時間で換算するという近代資本主義のロジックがあってこそです。こうした経済的交換は，やはり経済学が主に扱います。しかし，私たちの周りには，経済的交換とは異質の「交換」がまだあります。それが，社会的交換というものです。これは，贈り物などの好意や恩恵に対する返礼など，量的な基準がない交換です。人にプレゼントをもらったり，何かをしてもらったりしたときに，私たちはただ言葉や態度で感謝したりするだけのこともあります。何かしてあげた方も，別に「等価」のお返しが欲しくてするばかりではなくて，相手が喜んでくれただけで十分，なんてこともあります。ここには量的な「基準」はありません。そんな「交換」が成り立つのは，両者の間に人間関係，社会関係があるからです。というわけで，まずはこうした社会的交換について考えてみましょう。

量的な基準がない社会的交換にも，何らかのルールのようなものはあります。たとえば互酬性（互恵性，reciprocity）。何かしてもらったら，お返しをするものだということです。（互いに酬《むく》いるという日本語のままです）。これはヨーロッパなどの「文明社会」だけにみられるものではなく，人類共通に古くからみられるものだということを，マルセル・モース，カール・ポランニー，クロード・レヴィ＝ストロース，マーシャル・サーリンズなどの文化人類学者が様々な地域のフィールドワークを通して明らかにしてきました。とくにレヴィ＝ストロース（社会学者，哲学者でもあり，20 世紀の世界に最も大きな影響を与えた思想家の一人です。2011 年に 100 歳で亡くなりました）は，婚姻は集団間での女性の交換であり，その互酬性が集団間に連帯を生み社会を成立させると論じました。

社会学者もこうした互酬性に注目しました。アルヴィン・グールドナー（パーソンズ批判で名前の出てきた人ですね）は，この互酬性は道徳的な義務であるという意味で，それを「**互酬性の規範**」と呼びました。また，ジョージ・ホマンズはあらゆる人間の行為を「交換」として理解した上で，その特徴をいくつかの命題にまとめています。それはたとえば，人の行為には「得だから」するという経済学的側面もあるし，「気持ちいいから」（快だから）するという心理学的側面もある，といったものです。つまり人の行為は「得」や「快」というお返しと「交換」しているとみなすことができるのです。

このように，「（社会的）交換」という考え方を導入することで，交換理論という相互作用論のまた新たな展開が生まれました。ここでは，ピーター・ブラウとその交換理論を紹介しておきましょう。彼は1918年，オーストリア・ハンガリー帝国が崩壊した年にウィーンで生まれたユダヤ人です。彼はナチスから逃れようとして失敗して投獄されて拷問されたり，想像を絶する苦労をした後に脱出して1939年にアメリカに移住します。そこで社会学を学び，やがてアメリカ軍人として第二次大戦中のヨーロッパに戻って活躍したそうですが，そこで家族がアウシュビッツで殺されたことを知ったそうです。戦後，彼はコロンビア大学でマートンに学び，博士号を取得します。1964年には『社会生活における交換と権力』（1974年に『交換と権力――社会過程の弁証法社会学』というタイトルで日本語訳が出ています）を発表し，社会学ならではの交換理論の成果を生み出しました。

ブラウの交換理論のユニークなところは，さきほどまで説明していた互酬性が「破綻」「失敗」したとき，何が起こるかということに注目したことです。互酬性は道徳的義務であり，規範とまで考えられるものですが，これが破綻したとき，権力関係が生まれるというのです。つまり，本来であればきちんとお返しをしなければいけないのにできないとき，その人にはしてくれた人に対して「負い目」が生じます。「借り」ができるといってもいいでしょう。本人がいくら図々しく，そのことを気にしなくても，互酬性は社会的な規範なのですから，やはり社会的な評価には影響するでしょう。逆に，人にいろいろと「貸し」を作れる人は，やがてその「貸し」が積もり積もって，「権力」になっていくのです。「借り」がある人たちは，日頃あれだけしてくれている人のいうことは聞かなくては，となるでしょう。古代社会で権力者が生まれてきたプロセスも，まさにこんな感じだったのだろうとか，イメージもできますね。『ゴッドファーザー』とか，ギャング物の映画でも定番の流れですね。人に「貸し」をたくさん作る人が信頼され，ボスになっていく。逆に「借り」を作ってしまったせいで，逆らえなくなっていく。「義理」を欠くメンバーはファミリーの中で粛清される。ならず者の世界も，また社会なのです。このように，ブラウは個人間の社会的交換というミクロな相互作用が，やがてマクロな権力という社会構造を作っていくプロセスを理論化したのです。

(3) 贈与の理論

「贈与」というのは，相互的な「交換」に対して，一方通行の行為のようでもありますが，厳密にみるとなかなか「交換」と区別することは難しいのです。たとえば人にプレゼントをあげて（「贈与」），喜んでもらえるだけでもう十分，なんていうときも，相手からは「うれしい」という感情（表現）をお返しに受け取っていると考えれば，それは「(社会的) 交換」になってしまうからです。そういう意味で何の見返りも期待しない「純粋贈与」のようなものが存在するのか，というのもまた面白い議論なのですが，ここではあまり深入りせず，まずは単純に人に何かしてあげる，何かを贈るという行為に注目した理論として，贈与の理論をみていきましょう。

これはやはり文化人類学で多くの事例調査と，研究蓄積があるのですが，ブロニスワフ・マリノフスキーというポーランド出身の文化人類学者が南太平洋のトロブリアンド諸島で観察したクラ交易の事例をみてみましょう。この地域は，「諸島」というだけにたくさんの島から成り立っています。そのそれぞれの島と島との間で，ソウラヴァと呼ばれる赤い貝でできた首飾りと，ムワリと呼ばれる白い貝でできた腕輪が交換されます。ここで面白い点がいくつかあります。まず，これらの装飾品は，実用的な価値はほとんどないにもかかわらず，それを受け取るために（渡しに行くのではなく），島の人々はわざわざ命がけで航海をするのです。もう一つは，ソウラヴァは島々を時計回りに，ムワリは反時計回りにまわすというルールがあるのですが，これらは同時に交換されるのではなく，一定の時間をあけて引き渡されるということです。一周するのに 10 年くらいかかることもあったそうです。このように，クラ交易は，一般的な「交換」の考え方からすると，何のためにそんなことをしているのか，謎だらけです。マリノフスキーはこれに対して，クラ交易は経済的な交換ではなく，友好の確認のため，関係の維持のための「制度」なのだと考えたのです。

これは長い目でみれば「交換」ですが，時間をあけなければならないといったル

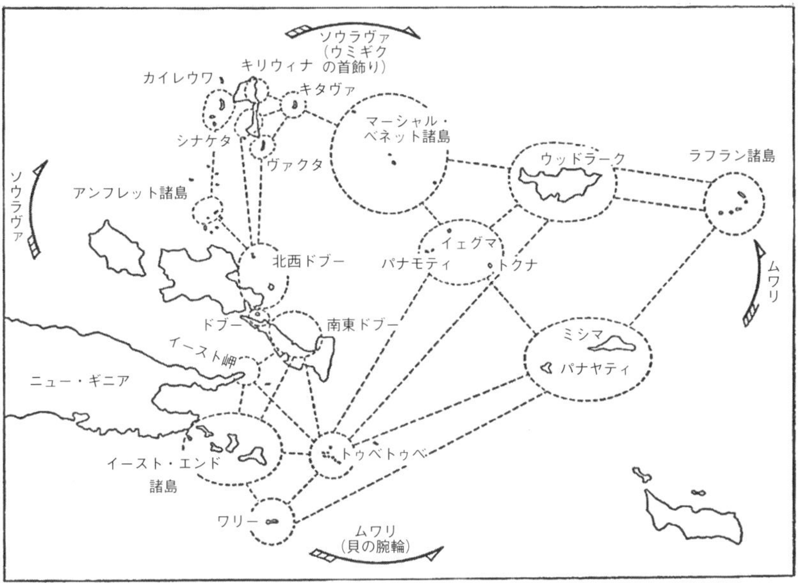

図 9-1　クラ交易図

ールや，ソウラヴァもムワリも実用的な価値がないということは，それをあえて経済的な交換のようにみせず，相手に「贈与」しているかのようにみせていることに意味があるのです。

このクラ交易の事例にも注目しつつ，さらに贈与の理論化を進めたのが，すでに何度か名前の出てきている，マルセル・モースです。モースはデュルケムの甥（姉の子供）です。デュルケムの研究に協力することも多く，『自殺論』の統計データを整理したのも実はこのモースです。

このモースは「贈与」について「ギフト，ギフト」という面白い論文（1924 年）を書いています。それによると，ギフトという言葉

図 9-2　ソウラヴァ（首飾り）

図 9-3　マルセル・モース
（Marcel Mauss）1872-1950

の語源には，「贈り物」という意味だけでなく，「毒」という意味もあったというのです。これは深いですね。贈り物は「毒」なんです。また別の代表作である『贈与論』の中でモースは，贈り物は人に対してだけでなく，神々や霊に対してもなされる（捧げもの，いけにえ）ということに注目します。ポリネシア，メラネシア，アメリカ北西部などの民族資料や，ローマ法，ヒンドゥー法，ゲルマン法などの古代の法を手がかりにして，贈り物には霊的な力が宿ると考えられてきたことを明らかにします。モースは贈り物には「与える義務」「受け取る義務」「返礼の義務」の三つがあるといって，後の時代の「互酬性の規範」につながるアイディアを提示しているのですが，そもそもなぜこんな義務が生じるのかというと，そこには霊的な力があるからだと話がつながるのです。

モースはこの他にも，北米先住民間でみられるポトラッチという習慣に注目しています。これはそもそも「贈り物」を意味する言葉で，北米先住民どうしが子供の誕生や成人，結婚などの節目ごとに，お互いを客として迎えてもてなしたり，貴重品を相手に贈ったりする習慣・儀式でした。これはクラ交易と同様に集団どうしが社会関係を維持するための習慣であっただけでなく，ある種の名誉の競い合いでもありました。つまり，相手によいものをたくさんプレゼントできる方が，それだけ富や権力を持っているということが誇示できるからです（ブラウの交換理論にも重なりますね）。まあ，戦争など殺し合いをして権力を争うより，よほど平和的で賢い争い方だといえるかもしれません。

しかし近代に入りヨーロッパの人々がやってきて，珍しい商品などがたくさん流入するようになると，先住民間のパワーバランスが崩れて，そうした「競い合い」の側面がエスカレートしてしまいます。もう贈り合うだけでなく，自分たちが所有する貴重な品を自ら相手の前で破壊する行為（つまりこんなものなくても痛くもかゆくもないくらい我々は強い，というアピール）が生じたのです。これに対してアメリカ政府やカナダ政府は先住民に対してポトラッチを禁じる法律を制定したほどでした。こんな一見意味不明な現象も，モノには社会関係（霊）が宿っていると考えれば，説明ができるのです。

「霊」とか出てくると非常にうさんくさいと思われるかもしれませんが，この「霊」というのは，まさにデュルケムが論じていた社会的事実なんですね。実際に手で触れたりして存在を確かめられるものではないのだけれど，社会のメンバーみんなが「ある」と考えて，それに従って行動しているものです。社会的な規範などもそうです。「常識」なんてものもそうです。そう考えると，「社会」というのも「霊」（ゴースト）みたいなものなんですね。見えないのに，ある，というわけですから。

贈り物には，「霊」が込められているから，それを適切な場所に返さないと，悪影響（呪い）を受ける。そんな迷信みたいなものが色々な社会にあったわけですが，よく考えてみれば，現代社会でも，結構わからなくもない理屈ではないでしょうか。ほら，別れた恋人からもらったプレゼントをずっと持っていると，なんだか気持ち悪くないですか。逆に，手放したくてもなぜか捨てられない，ということもあるかもしれません。それらはただのモノではないのです。相手との関係性からくる，「思い出」とか「気持ち」とかが強く結びついているのです（だから，気にならない，という人はそういう関係性が弱かったのかもしれませんね）。

このように，社会的相互作用はそもそも「割り切れない」ものなのです。それを無理やり割り切って，数字によってイーブンにしてしまうのが，まさに近代資本主義だったわけです。第３章でみたように，かつてジンメルは貨幣の働きを「距離化」と呼んで，窮屈なしがらみから人を自由にすると論じました。しかし，こうやって人と人との関係を数字によって貸し借りゼロにして，解消してしまうことが何を意味しているのか，現代の私たちはもう一度見つめ直す必要があるかもしれません。

先ほどのクラ交易の例で，贈与される贈り物がすべての島々を一周するのに10年もかかるのは，一体なぜだったのでしょう。長い目で見れば，ちゃんと「お返し」をしているので，貸し借りによる権力関係を生じさせるのでもなく，しかしその場では相手を思って「贈り物」をするという関係が成り立っているのです。その関係をベースに，トロブリアンド諸島の人たちは，その他の交易などを行なう友好的な関係を構築しています。そこには国家なんかなくても，市場なんてなくても，非常によくできた「社会」が営まれていたのです。幕間２でも触れた，2011年の「ウォール街を占拠せよ」運動で指導的な役割を果たした人類学者デヴィッド・グレーバー（惜しくも2020年に59歳で逝去）も，そんなモースの理論に可能性を見出した一人でした。それはもしかしたら，あえて「すぐに借りを返してしまわない」ことで，人と人，社会と社会の関係性を維持するための知恵だったのかもしれません。

2　ドラマトゥルギー

(1) ゴッフマンと「共在」の社会学

次に紹介するのは，演劇的行為論というものです。ベッカーと並ぶシカゴ学派第4世代のアーヴィング・ゴッフマンが「発明」しました。第7章のハーバーマスの理論のなかで一瞬出てきましたね。ゴッフマンはもともとカナダ生まれで，トロント大学で学び，大学院からアメリカのシカゴ大学に移っています。そのとき，ウィリアム・ウォーナーという社会学者・人類学者に学んでいます。ウォーナーは社会学の分野でも重要な業績を残している人ですが，もともとマリノフスキーにあこがれて，オーストラリアで先住民社会のフィールドワークなどを行なっていた，人類学色の強い人です。そうでなくてもシカゴ大学というのは（質的）調査を重視するメンバーが集まっているところですから，ゴッフマンも自然と現地調査，フィールドワーク重視の社会学のスタイルを身に着けます。

彼の場合，最初はシェトランド諸島（スコットランド）でフィールドワークをしたのち，次にフィールドをアメリカの精神病院に移します。そこで参与観察調査をしたんですね。彼自身が医者や患者としてそこに入ったのではなくて，体育指導主任の助手（体操のインストラクターみたいなものでしょうか）として「参与」したのです。精神病院というのは，今もそういう性質が残っているところがありますが，同じような境遇の人たちが，相当期間社会から隔離され，閉鎖的で形式的に管理された日常生活を送る場所です。ゴッフマンはそういう場所を全制的施設（total institution）と呼びました。たとえば他には刑務所などがあてはまります。そういう，社会的にも空間的にも囲い込まれた施設のなかで，何が起こっているか，どのような相互作用が行なわれているかを，実際に中に入って観察したのです。というと，「～潜入レポート」みたいなイメージを持つかもしれませんが，ゴッフマンの場合は全制的施設を特殊な場所として描くだけでなく，施設の外側にも広がる社会全体の縮図のようなものとして捉えたところに特徴があります。彼の関心は，人々がともにいるあらゆる場面（＝共在）で起こるミクロな相互作用だったのです。

図 9-4　アーヴィング・ゴッフマン
（Erving Goffman）1922-1982

(2) 演劇論的行為とドラマトゥルギー

それでは，ゴッフマンはそうした人々がともに居合わせる共在の場の相互作用を，どのように分析したのでしょうか。シンボリック相互作用論（第６章）のところで，すでに「役割期待」については説明しましたね。人は社会のなかで何らかの「役割」を持っていて，他人にそうした「役割」に応じた，ふさわしい行為を期待する。そして他人からも同じような期待をされていると考えて，自分の「役割」に応じて振る舞う。ゴッフマンはこうしたアイディアを，1959 年に発表された『行為と演技』で本格的に展開します。すなわち，社会は本当に舞台上のドラマのようなもので，行為者は演技者（パフォーマー）であり，周りにいる人は観客（オーディエンス）である，と考えたのです。

こうした考え方を，**ドラマトゥルギー**（演劇論）といいます。たとえば，教室を舞台にたとえ，授業をドラマ（演劇）にたとえると，教師は学生の前で教師という役割を演じています。学生は他の学生や教師の前で，学生という役割を演じています。お互いにパフォーマーでありオーディエンスでもあるわけです。ここで「演技」というと，何か偽の自分を見せているかのように思われるかもしれませんが，そこにはネガティブな意味合いは一切ありません。むしろその場の「秩序」を維持するために必要なことなのです。演技とは，パフォーマーがオーディエンスに対して，その役割あるいは場面にふさわしい自己イメージを呈示することで，これを**印象管理**（あるいは印象操作）といいます。教師は教師らしく，学生は学生らしく振る舞うことで，教室という場の秩序が作られているのです。

これはパーソンズなどの，価値の共有による社会秩序のイメージとは，だいぶ違いますね。ゴッフマンは，以前説明した意味学派に分類されますが，それはこうした「これは授業だ」「私（彼）は教師だ」という「意味」の共有（そしてその場に居合わせる人々の「目」）が社会秩序を作っている，ということです。さすが人類学者の弟子というのは，ここで視線という非言語的身体的コミュニケーションに注目している点ですね。

それからゴッフマンのドラマトゥルギー論で有名なのは，「表舞台」と「舞台裏」の区別です。つまり，表舞台（舞台上）で私たちは演技（行為）をするけれども，舞台裏ではその演技を非常に巧みに解除します。たとえばみなさんが飲食店のバイトをしていて，店員としてはどんなにイヤなお客の前でも誠実に振る舞うけど，厨房に入って見えないところでは，そのお客の悪口を言う，なんてことがあるかもしれません。このように，私たちはほとんど無意識のうちに「表舞台」と「舞台裏」を使い分けて，演技をしているのです。

こうして，ゴッフマンのドラマトゥルギー論では，演技者と観客のある種の無意識の協力によって，役割のイメージ，舞台という社会秩序が維持されるのです。しかし，そんな社会秩序が壊れることもあります。それはその場にいる人たちの「**状況の定義**」のずれによるものです。たとえば，以前も触れたように私は学生時代「なか卯」でバイトしていたのですが，深夜に酔っ払った友達が大勢で来店するようなことが結構あったんですね。すると，私は「店員」として演技しなければならないのに，酔った友達はあくまで「友人」としてフレンドリーに私に絡んでくるわけです。そういうときに限ってオーナーや店長が厨房に入っていたりして，ものすごくやりづらかったのをよく覚えています（観客の存在ですね）。ここでは，「バイト（仕事）」という状況の定義と，「ふだん通りの友達とのコミュニケーション」という異なる「状況の定義」がすれ違っているわけです。まあ，友達は酔っているとはいえ，私が店員として「演技」していることをこのときはわかっていて，わざと異なる「状況の定義」をぶつけて，面白がっていたわけですが，そんな風に，「状況の定義」は意図的にかく乱されることもあります。社会秩序は維持されるばかりではなくて，ときどき揺らぐからこそ面白い，のかもしれません。パーソンズが聞いたら怒りそうですね。

1967年に発表された『儀礼としての相互行為』では，こうしたドラマトゥルギー論をさらに掘り下げます。ドラマ，演技だとはいっても，人々は結構真剣に役割を演じていて，ドラマを成り立たせようと必死になって生きています。さきほどの「なか卯」の例などでは，笑い話で済むのですが，やはりこの社会というドラマは，多くの場合非常に真剣に演じられているわけで（だから「演技」とは気づかない），場合によってはドラマを台無しにする行為は社会的な非難を受けたりします（葬式で大笑いするとか）。こうして成り立つ社会秩序の核となるのは，お互いの自己イメージを壊さないように協力する，ということです。抽象的な役割というだけにとどまらず，その役をその人がどう演じようとしているのか，ということも含めたものですね。こうしたアイディアを，ゴッフマンはデュルケムの人格崇拝の議論をヒントにしたと述べています（どんな議論だったか忘れた人は，第2章を復習しましょう）。

さらにこれをデュルケムの儀礼論に結びつけます。「儀礼」というのは，一定の形式にのっとって細かく決められた行為でしたね。そういう形式を守ること自体が大事で，なぜそれが大事かという意味は必ずしもいちいち問われない。というわけで，ゴッフマンは社会のドラマを何としても維持しようとする秩序を，儀礼的秩序と呼び，それを守ることは道徳的なルールにさえなっているといいました。そしてそれは普段は「儀礼」だとか意識はされないけれど，「侵犯」されたときにこそ姿をあらわすといいました。たとえば，授業中教室で突然誰かが机の上に立って歌って踊り出したら，たぶん白い目でみられるでしょう。しかし，実のところ「授業中教室で机の上に立って歌って踊ってはならない」なんてきまりはどこにもありません。先生もたぶんあらかじめそんな注意をしないと思います。そんなことをする人がいて初めて，「授業中教室で机の上に立って歌って踊ってはならない」（ならなかった）というルールが姿をあらわすのです。そういうことをすると，周りの人に迷惑だから，なんて「理屈」は，後になって生まれてきます。ほとんどの人は，ただたんに，そういうことはしないものだ，と「儀礼的に（とくに意味は考えず形だけ）」動いているだけなのです。

最後にこうした儀礼的秩序，儀礼的行為の例として，有名なものをあげましょう。**儀礼的無関心**というものです（こう訳されることが通例になっていますが，原語は civil inattention なので，「市民的無関心」のように訳す方が正確かもしれません）。ゴッフマンにとっての共在というのは，人々がともに相手を行為の対象として強く意識している場合（「焦点の定まった相互作用」）だけに限定されません。「焦点の定まらない相互作用」という，ただそこに居合わせているだけで，しかし相手に気づいていないわけではないときに起こっている相互作用もあります。たとえば，電車などの公共交通機関のなかで，その場に居合わせている見知らぬ人たちのことをじろじろ見たりはしません。関心がない，というだけではなくて，（気になるときでさえ）あえて関心がないふりをしているのです。

(3) ドラマトゥルギー論の展開

ゴッフマンのドラマトゥルギー論は，読んでいても面白いし，実際自分たちの身の回りの出来事に当てはめて考えても面白いものです。しかし，実際に社会調査など研究のなかで使おうとすると，意外にも使いづらいと気づくのです。結局，面白いけど，だから何，みたいな話になりかねない。ゴッフマン自身は例の出し方や文章の書き方があまりにうまくて，なんか自分にもできそうと思ってしまうのですが，それが結構失敗するのです。そんななかで，ゴッフマンのアイディアをさらに深めたといえるのが，アメリカの社会学者アーリー・ホックシールドです。

ホックシールドは，ライト・ミルズや先ほどのゴッフマンの研究に大きな影響を受けており，とくに「感情労働」という概念（後述）を作り出した人として有名です。1983年に出版された『管理される心』は，フライト・アテンダントの調査に基づいて，感情もまた「演技」されており，それが商品として資本主義によって強制されていることを明らかにしています。ウェーバーの行為の4類型のなかで登場しながら，その後ほとんどまともに扱われてこなかった「感情」の問題が，ここでついに取り上げられるんですね。しかしその「感情」は，心理学的な切り口から論じられるものとは明らかに異なっています。それが可能となるのは，ホックシールドがゴッフマンの「演技」という考え方を「感情」の分析に持ち込んだからなのです。すなわち，「感情」というものは「演技」されるのです。どう演技されるかというと，場面や関係性によってふさわしい「感情」のあり方がある，というのです。

そうした「ふさわしさ」をホックシールドは感情規則といいます。感情規則には，程度，方向性，持続といった要素があります。たとえば，さきほどもあった葬式の例でいうと，とくに自分の身内でもなく，付き合いで参加しなければならないような遠い関係の人の葬式に参列するときでも，私たちは一応「悲しい」風をよそわなければなりません。そこでニコニコするのはまずいでしょう（方向性）。しかし，だからといってたいした知り合いでもないのに号泣して泣き崩れていたら，「この人誰」と思われるかもしれません（程度）。そしてその葬式の帰りにカラオケに行ったりしたらやっぱり不謹慎な感じがするので，家に帰るまでは一応神妙に振る舞ったりするものです（持続）。このような，ふさわしい感情（演技）のあり方というのを，私たちは家庭や学校で学んだり，メディアを通して内面化したりすると，ホックシールドはいっています。

さて，こうした感情規則についてまとめた上で，ホックシールドは自ら調査したフライト・アテンダントの事例について分析します。フライト・アテンダントは，飛行機の乗客の安全を守るというだけでなく，笑顔で，空の旅の安全を保障するかのように落ち着いていなければいけない，と期待されています。そしてアテンダント自身もその役割期待に応えようと「演技」をします。しかし，その「演技」は表層的な振る舞い（表層演技）だけでなく，アテンダントたちの「感情」にまで及ぶのです。つまり，「心から」の笑顔かどうかが求められ，本当は目に見えないはずの感情の部分まで「演技」を求められるのです（深層演技）。

考えてみれば，こうしたことはフライト・アテンダントに限らず，多くの接客業などにもあてはまりますね。私もなか卯バイト時代は，「いらっしゃいませ」「ありがとうございました」に「心がこもってない」とよく店長に怒られました。そういうときは，結局本当に「お客様が来てくれて，うれしい！」と本当に心から思わないと，なかなか合格点のあいさつにならないんですね。なぜそんな風に「感情」「心」の演技まで求められるのかというと，それが店の「商品」の一部だからです。もちろん，私の笑顔がみたくてなか卯にきていた客がいたとはとても思えませんが，たしかに不愛想だと店のイメージも落ちてしまうかもしれません。

さて，ホックシールドはこうして「感情」まで資本主義が商品化することを批判的に論じて，そうした感情の演技が強制される労働のことを**感情労働**と呼びました。こうした感情労働は，資本主義の世界ではもはやあたりまえのことのように考えられています。接客業に限らず，ファンと笑顔で握手しなければいけないアイドルとか（逆に「塩対応」のキャラもまた演技ですよね），どんなときでも「うまい」と言わなければならないグルメリポーターとか，実はいい人なのにインモラルな言動を求められる悪役レスラーとか，まあ私のような教師もまた感情労働をしています（お察しください）。しかし，それが行き過ぎると，自らの感情の「疎外」がひずみを生み出すのです。実際，ホックシールドが取材したフライト・アテンダントたちは，自分の「自然」な感情はどこにあるのか見失ってしまい，結構「病む」人が多いということが紹介されています。そして，感情労働で「病んだ」人たちが，今度はセラピーの流行を引き起こすのです。

というわけで，ホックシールドはゴッフマンの演劇的行為だけでなく，感情の社会学的研究にも重要な足跡を残しました。彼女は80歳を超えても精力的に研究成果を発表していて，2016年にはトランプ大統領誕生の背景になったアメリカの保守運動について綿密なインタビュー調査に基づいた本を出し，同年の全米図書賞ノンフィクション部門にノミネートされています。

3　エスノメソドロジーと社会構築主義

(1)　ガーフィンケルとエスノメソドロジー

本章の三つ目のトピックは，**エスノメソドロジー**です。この「エスノメソドロジー」という言葉，そして考え方を発明したのは，パーソンズの弟子でもあるハロルド・ガーフィンケルです。彼はパーソンズの弟子ですが，かなり独自の路線に進んだ人です。現象学的社会学のシュッツの影響を受け，ゴッフマンやその弟子たちとも交流するなかで，エスノメソドロジー学派を形成していきました。

彼の関心は，パーソンズと同じく，社会秩序はどのように成り立っているのか，ということでした。しかし彼は構造や機能，システムという切り口でそれを分析す

図 9-5　ハロルド・ガーフィンケル（Harold Garfinkel）
1917-2011

るのでなく，シュッツやゴッフマンのようにミクロな相互作用の世界から考えようとしました。ですから，彼のいう社会秩序というのは，その場その場で作られていくような相互作用的な秩序です。デュルケムのいう「社会的事実」もまた，実は人々の日常生活のなかの協働的活動のなかで作られるというのです。この点は，自己イメージを参加者が尊重し合うことによって成り立つゴッフマンの社会秩序と似ています。しかしガーフィンケルの場合，そうした日常的に社会秩序が作られるプロセスの分析が，より徹底的です。

どのように徹底的かというのは，彼のいう違背実験（breaching experiment）にあらわれています。これは，日常生活のなかの背後期待を一時的にかく乱する実験です。たとえば，朝学校にきて友達が「おはよう。調子はどう」といってきたとき，「調子って何」→「いや，元気かどうかって」→「元気かどうかって，どういうこと」と相手がこう反応してくれるだろうという「期待」を裏切り続けてみるのです。最終的には，相手が怒って，友達を失うでしょうが，この実験を通して，私たちはいかに「お約束」「期待」に頼って相互作用しているかということが明らかになるのです。このように，違背実験は日常的な相互行為の秩序に裂け目（breach）をつくることで，見えないルール（規範）を浮き上がらせます。ゴッフマンの儀礼的秩序のアイディアとも重なりますね。ガーフィンケルは，こうして私たちが日常生活のなかで，そのつど試行錯誤しながら秩序を作っているとして，その「人々の方法」（エスノ・メソッド）を具体的状況に即して解明したのです。

(2)　会話分析

このエスノメソドロジーが一体どのような研究に展開していくのか，と思われるでしょう。しかしこれが意外な進化を遂げていきます。たとえば，**会話分析**という分野（方法）です。さきほども会話の例でしたが，会話というのは実は無数の無意識のお約束で成り立っています。たとえば，複数人で話しているとき，次誰がどのタイミングで発言するか，私たちはどう決めているのでしょう。あるいは，どこで相手の発言が終わったと判断しているのでしょう（ターンテイキング）。また会話の中では，相手の発言が文字通りの意味でないこともあります。相手のあまり面白くないギャグに対して，それめちゃくちゃ笑えるわ，と大げさに強調しながらいったとしたら，たぶんそれは文字通りの意味ではなくて，むしろ面白くない，ということを相手に伝えているとわかるでしょう。そんな風に，複数人の会話を，話すスピードや抑揚，強弱，沈黙の長さ，会話の重なりなども含めて記録して（非常に細かい記録法があるのです），それを分析することを通して，「何気ない日常会話」がどのように成り立っているのかを分析するのが，会話分析です。これはゴッフマンの弟子のハーヴェイ・サックスらが，ガーフィンケルと出会うことによって切り開かれた新しい領域でした。

(3) 社会構築主義

さらに，エスノメソドロジーが影響を与えた社会学の考え方に，**社会構築主義**というものがあります。これはエスノメソドロジーから発展したというより，むしろ現象学的社会学からの流れが強いのですが，そちらの話の流れで紹介しきれなかったので，ここで説明しておきます。社会構築主義の原点は，第６章でも紹介したバーガーとルックマンの『現実の社会的構成』だといわれています。そこでは，生活世界の自明性（あたりまえ）はメンバーの協働を通して構成されると考えられています。制度化，慣習化された知識，たとえば常識のようなものは，いかにして作られているのか。それが作られる相互作用のプロセスを，「現実」が社会的に構成（構築）されるプロセスと考えるのです。

この考え方を応用して，私たちの身の回りにある，あたりまえだと思われている常識や社会秩序を分解し，その成立プロセスや構造を明らかにするのが，社会構築主義です。たとえば，マルコム・スペクターとジョン・キツセは，『社会問題の構築』（1977年）という本のなかで，「社会問題」というものが専門家やメディアの権力によって構築されることに焦点を当てています。すなわち，社会問題というのは，客観的な状態ではなく，ある状態を問題であると考える人々の「クレイム申し立て」活動によって構築されると捉えるのです。

このアイディアの元ネタとしては，ベッカーのラベリング理論があるということも，明言されています。「社会問題」というと，そういう問題が初めからあるように思われがちですが，そもそも誰かが「問題だ」と言い出して，それに同調する人たちがいて，それを広める人たちがいて，「社会問題」というものは成り立っているのです。たとえば，近年「メタボリックシンドローム」なんてものも「社会問題」となっていますが，なぜ人の体形や体調，そしてライフスタイルといった個人的なものが「社会問題」になるのでしょうか。あるいは，今では「社会問題」として定着している「公害」だとか「セクシャル・ハラスメント」といったものにしても，かつては「社会的な」問題だとは捉えられていなかったものです。これらはみな，「クレイム申し立て」から始まり，「社会問題」として社会的に構築されたものなのです。

とはいえ，こうした社会構築主義は，何でも「構築されたものに過ぎない」といおうとするので，では現実には何も存在しないのか，ただのニヒリズムではないかと批判されるようになりました。たしかに，社会構築主義にはそういう側面がないともいえません。しかし，社会学の方法としてこの社会構築主義を使うとき，何もそれは「公害」や「セクハラ」なんて存在しない，とか何の問題もない，といっているわけでは決してないのです。現象学的社会学の原則に戻りますが，重要なのは，究極的な意味での客観的な「真実」などというものは人間には把握できるものではなく，あくまで間主観性の世界で私たちは生きている，ということです。ですから，「問題」といわれるからには何かしらそれを問題とすべき状況があるのは間違いないでしょうが，そこに解釈違いやコミュニケーションの齟齬などが必ず絡んでくるのです。そういうなかで，私たちは「社会問題」がなぜ社会問題となっているか，それは誰の視点から問題とされ，誰によって支持され，どのように対処すべきなのか，（構築されているから嘘っぱちだというのではなく，だからこそ）そのプロセスを丁寧に解きほぐし，誠実かつ真剣に向き合わなければならないのです。

文献案内

① 松村圭一郎他編, 2019,『文化人類学の思考法』世界思想社.
② 桜井英治, 2011,『贈与の歴史学――儀礼と経済のあいだ』(中公新書), 中央公論新社.
③ 中河伸俊・渡辺克典編, 2015,『触発するゴフマン――やりとりの秩序の社会学』新曜社.

社会学と文化人類学はきょうだいのような関係にある学問ですが，どこが違うかにこだわるより，実際にその考え方に触れて，自分でその手触りの違いを確かめてみるのがよいでしょう。①は文化人類学の考え方の道具箱というスタンスの本です。社会学と共通するモースの贈与論やフーコーやラトゥール（第 11 章で紹介します），デヴィッド・グレーバーについてのコラムもあります。②は贈与という文化を通じて日本中世社会の特質を明らかにする歴史学の本でありながら，私たちが生きる現代の経済についても色々考えさせられる本になっています。モースの贈与論にも触れています。③はゴッフマンの理論を応用した研究論文集。聞く・読む分には面白いけど案外使いづらいゴッフマンのドラマトゥルギー論を，実際にどのように研究に活かしているのか，参考にしてみるとよいでしょう。

第Ⅳ部　社会学理論の展開

ここまで本書では，社会学の基本的な考え方となる行為論，構造論，相互作用論の展開をそれぞれ3章にわたって学んできました。とはいえ，後の章になるほど明らかになったかと思いますが，これら三つの考え方というのは独立したアプローチではなく，時代が進むほど互いに絡み合って発展してきたものです。私たちは社会の中で生きる個人として社会を形づくるだけでなく，たんなる個人の集まりというだけにとどまらない「社会」について語ったりもします（「社会に出る」とか「〜はこんな社会のせいだ」とか）。前者の視点からすれば，行為論や相互作用論から社会について考えることになりますし，後者の視点は，デュルケムが社会的事実と呼んだようなモノとしての社会，構造について考えることになります。一個人として生きている私たちもまた全体としての社会（構造）をなんとなく想定して行為したり相互作用したりしていますし，社会全体をみようとするときもそれがまた行為・相互作用する個人によって作られていることを無視できません。というわけで，両方の視点が社会について語る上で不可欠であるということがおわかりいただけたかと思います。社会はハイブリッド（＝異質なものが組み合わされたもの）だから，社会学（の方法）もハイブリッドにならざるを得ないのです。

こうした三つの考え方を三巡した上で，社会学理論がいまどのような地点にいるのかということについて，二つの章にかけて紹介してみたいと思います。まず第10章では，ここまでですでに名前の出ていたブルデューとルーマンという二人の社会学者の理論についてもう少し掘り下げて紹介し，そこに共通してみられる現代社会の捉え方の特徴をみていきます。第11章では，社会学の周縁から起こりつつある大きな地殻変動の種として，ミシェル・フーコーの思考とアクターネットワーク理論（ANT）を紹介します。

第10章

複雑な社会をどう捉えるか（社会学理論の展開1）

1　ブルデュー――行為と構造の関係の再規定

(1)「趣味」の社会学

「社会学理論の展開」の一人目は第7章の「行為論3」でも出てきたピエール・ブルデューです。そのときはハビトゥスという行為の「型」が私たちの身体にしみこんでいて，そこから伝統的・習慣的な行為の実践が生まれてくることを確認しました。ウェーバーやパーソンズ，ハーバーマスを振り返ればわかるように，行為論的な社会学の流れにおいては，ある行為が目的や価値・規範に方向づけられると考えられていました。しかし実際のところ，私たちは普段からそんなに自分の一つひとつの行為について目的や価値・規範を意識しているわけではありません。たとえば日常的に私たちが食事をしたり，家族と会話をしたり，趣味を楽しんだりしているとき，目的や規範について考えている人なんてほとんどいないでしょう。これに対してブルデューは，私たちの行為を無意識のうちに規定している伝統的・習慣的な作用に注目したといえます。

とはいえ，食事や会話，趣味など，自分が好きなようにしているだけで，別に何にも「規定」なんてされていない，と多くの人は思うかもしれません。しかし第7章でも触れた通り，そうしたなにげない日常的な行為こそ，実は社会階級や文化の影響を受けていて，私たちはそれに気づいてさえいないのです。ハビトゥスという行為の型がまさにそれなのですが，それも個々の行為からは一旦距離を置いて，様々な行為を俯瞰してまとめてみたときにこそ見えてくるものです。その意味で，ハビトゥスとは「構造」なのです。

図10-1　ピエール・ブルデュー
（Pierre Bourdieu）1930-2002

私たちの日常的な行為が気づかないうちに構造的なものに規定されている（ただしそれは「規範」ではなくて），ということを示すために，ブルデューがとりわけ注目したのが「趣味」でした。この趣味とは，ホビーというより，その根底にあるテイスト（嗜好性）のことを指しているといってよいでしょう。つまり，どんなものが好きかという，好みですね。ブルデューは『ディスタンクシオン』という本のなかで，これについて書いています。彼は様々な都市に住む様々な階級の人々に対し，実に細かい質問をたくさんしています。どこで家具を買ったか，好きな映画のジャンル，好きな歌手，好きな服，自宅に人を呼んだときにどんな料理を出すかといったことに加え，何を撮影したら「美しい」写真が撮れるかを選択肢から選ばせたりもしています。たとえば「海の夕陽」「木の皮」「工事現場の鉄骨」などです。社会学者によるアンケートでは，さらにこうした調査テーマに直接関係のある項目（ここでは趣味）だけでなく，性別，生年，家族形態，住んでいる地域，最終学歴，職業，親の職業，年収などの社会的属性についてもあわせて尋ねるのが一般的です。なぜそんな踏み込んだことをきくかというと，社会学者が知りたいのは，単純にどの歌手が「人気」だとか，どこで家具を買う人が「多い」かということではなく，その傾向がその人たちの社会的属性とどう関係があるのか，ということだからです。ここがたんなる人気調査なんかと違うところです。

好みなんて「人による」，あるいは「人それぞれ」じゃないかと思われるかもしれません。それはその通りなのですが，それだけではあたりまえすぎて何もいっていないのと同じです。ブルデューのこの調査を通してみえてくるのは，学歴や収入によって人々をグループ化してみると，そこにはやはり好みの社会的な「傾向」がある，ということでした。たとえば写真の例でみると，「海の夕陽」は，たしかにそれなりに多くの人が「美しい」と答えるのですが，その割合をみると，上流階級ほどそう答える人が減っています。また，「工事現場の鉄骨」や「木の皮」の写真は，庶民階級では美しいと答える人は少ないのだけれど，中間階級，上流階級となるにしたがって，そう答える人が増える，という傾向があります。

(2) 文化資本と経済資本

このように統計的なデータを使ってグループどうしを比べ，「傾向」を明らかにする点はデュルケムの『自殺論』と同じ手法ですね。しかし『ディスタンクシオン』はそれから約 80 年後に出されている本ですから，当然統計学的・社会学的な分析もずっと高度化しています。「階級が上になるほど，～が好きな傾向が高まる」のような単純な対応関係だけではなくて，同じ階級のなかでも職業や学歴による違いがあって，実際のところ結果はより複雑になります。私たちは，しばしばその複雑なところだけをみて，「結局人それぞれ」で済ませてしまうのですが，「どんな要素が，どんな方向で，人それぞれにしているのか」をブルデュー（というか社会学者）は明らかにしようとします。

たとえば上流階級は，見た目に派手なものは「下品」だと嫌い，楽しむためにある程度知識や時間が求められるような文化を「本物」の文化として好む傾向を持っています。ブルデューはそこに経済資本と**文化資本**という説明要素を導入します。資本というのは人が保有していて，何かをするときに元手となるものです。もともとは資本とは経済資本のことを指します。簡単にいえばお金や財産のことですね。ですので，経済資本が豊かということは，つまりお金持ちだと思ってください。ただ，社会のなかで活動するとき，人の力になるのはカネ（経済資本）だけではありません。そして趣味の傾向も，たんに経済資本の違いだけでは説明できないのです。

そこでブルデューが注目するのが文化資本，つまり文化的な豊かさです。ブルデューによると文化資本には三種類あり，家庭環境や学校教育を通して身体化された文化資本（知識や教養，感性など），モノとして客体化された文化資本（書物や絵画など），そして制度化された文化資本（学歴や資格など）があります。上流階級のなかでも，どちらかというと経済資本は豊かだが文化資本は少ない層（実業家や大商人，経営者など）と，経済資本は少ないが文化資本は豊かな層（芸術家や大学教員など）では，やはり趣味の傾向が異なるのです。前者（実業家や大商人，経営者など）は音楽や絵画の知識は実はさほど多くなく，比較的わかりやすいベタなものを好み，気の合う友達と観劇をしたあと豪華な食事に出かけるなどのぜいたくな趣味を楽しみます。一方後者（芸術家や大学教員など）は音楽や絵画などの知識は豊富なのですが，なにぶんあまりお金がないので，最小限のコストで楽しめる美術館での美術鑑賞などを楽しむ傾向があります。このように，階級が高いか低いかという単純な一つの軸で趣味を比較するのではなく，文化資本と経済資本の量という複数の説明要素で分析を精緻化している点が，『ディスタンクシオン』の面白い点です。

では，上流階級以外の階級についてはどうでしょうか。中間階級をみると，上流階級の文化についての経験や知識はすくないものの，それに敬意をもって好意的に接する「文化的善意」という特徴がみられます。先生はきちんと敬って，真面目に勉強してよい学校に入る，ということを重視するわけですね。なぜかというと，そうやって経済資本や文化資本を蓄積することが，階級を上昇することにつながるからです。最後に，庶民階級はどうかというと，流行は追わず，実用的なものを好む傾向があります。階級上昇は難しいので，文化資本，経済資本のいずれも諦めてしまい，いまある環境を受け入れるということですね。

このように，人々が好き勝手に選び取っているように見える「趣味」というものも，実は文化資本や経済資本といった複数要素によって規定される社会階級によって区別されているということがわかります。ブルデューは，「趣味とはおそらく，何よりもまず（他人の趣味に対する）嫌悪なのだ」と述べています。好きなものについて語ることは，同時に何が嫌いかを語ることでもあるのです。「ダサい」「悪趣味」「気取ってる」など，他人の趣味を悪くいう言葉はたくさんありますが，それによって「私はあの人たちとは違う」，もっといえば「私はあの人たちよりは「上」にいる」と思い込むことで安心感，満足感を得ているのです。こうして，他者から自分を区別して際立たせようとすることこそが，卓越化＝**ディスタンクシオン**（区別）なのです。

(3)「界」の理論

ブルデューは社会を，社会的世界とか，社会空間と捉え，個人はそのなかで他者と相互に関係しながら居場所をみつけようとしていると考えています。そしてブルデューにおいて特徴的なのは，とくにその居場所，位置取りにおいて上か下かという（権）力関係にとりわけ関心を払う点でしょう。社会空間の中に居場所をみつけることは，すなわち力をめぐる戦い，闘争あるいはゲームだと考えているのです。

とはいえ，社会空間における戦いの場は一つではありません。人よりお金持ちになるという方向での戦いもあれば，ひたすら趣味の道を究めるという方向での戦いもあるでしょう。大学の先生も，基本的には研究者なので，学問の世界で真理を追究するのは共通しているはずですが，そのなかでも，研究より学生の教育に使命を感じる人，売れる本を書いて儲けたい人，テレビに出て有名になりたい人，大学のなかで学部長や学長のような「上の」ポジションに立ちたい人など，研究とはまた異なるベクトルで戦おうとする人たちもいます。

そんな風に，社会空間には色んな戦いの場があるという考えを，ブルデューは「**界**」（あるいは「場」と訳されることもある）という概念で表現します。界には様々なものがあり，たとえば政治界，経済界，法曹界，宗教界，科学界，芸術界，スポーツ界，ジャーナリズム界などが挙げられています。「〜業界」のような言い方に近いというとわかりやすいですが，もう少し抽象的に，権力の磁場（磁界）のようなものだと考えた方が正確です。

こうした戦いの場であるそれぞれの界のなかで，どうすれば戦いに勝てるかというと，それはまず資本の量によります。この資本というのには，すでに出た経済資本，文化資本に加えて，**社会関係資本**というものもあります。いわゆる人のつながり，「コネ」ですね。カネや学歴，知識だけでなくて，助けてくれる知り合いや友達の多さというのも，社会の中で生き残っていくためには重要です。このように資本にはいくつかの種類があるのですが，それぞれの界においては，求められるそれぞれの資本の比重，重要度が異なります。経済界においては，いうまでもなく経済資本，すなわちカネを多く持つかどうかが一番重要でしょうが，芸術界や教育界においては教養や学歴といった文化資本が重要になるでしょう。このように，それぞれの界は独自のルールをもって動いているのです。

たとえば科学者たちが参加する学会などの科学界では，厳しい審査体制があり，学会内で権威があると認められた学術誌に何本論文が掲載されたか，というような科学界独自の科学資本（文化資本の一種といえるでしょう）があります。基本的にはその科学資本の豊かさが科学界での力関係を決めるわけですが，それと関連して，研究にもお金がかかりますし（経済資本），もしかしたらどの大学出身かという学歴（また別の文化資本）や，どれくらい仲間がいるかという社会関係資本も学会内の権力関係に影響を与えるかもしれません。でも，あくまで科学者が経済資本をたくさん持っている（つまりお金持ち）というだけで高い地位をきわめることはできません。科学界には科学界の優劣の付け方があるのです。

とはいえ，そうした資本の量だけですぐにゲームの勝敗が決まるわけではありません。その界のなかにおけるスタート地点はまず資本の量によって決まりますが，そこからどう振る舞い，どのようにゲームを進めていくかは，ゲーム参加者の身体に刻み込まれたハビトゥスによって大きく変わってきます。このことを簡単に表現したのが，以下の式です。

（ハビトゥス）（資本）＋界＝プラティーク

つまり特定の界において，ハビトゥスと資本の組み合わせが，プラティーク（慣習行動）を生み出す，ということです。

もっとも，こうしたハビトゥスが階級化された家庭環境や教育環境によって規定されていたことを思い返すと，結局は初めから勝負は決まってしまっているんじゃないかという悲観的な見方になりそうですが，ブルデューはここで，**戦略**という考え方を持ち出します。つまり，人は手持ちの資本に応じて，たえず新たな戦略を作り出すというのです。たとえば文化資本がなければ，経済資本（カネ）にものを言わせて子どもを塾に通わせたり，環境のよい都市部の私学に進学させたりすることによって，よりよい学歴を手に入れることも可能かもしれません。あるいは経済資本がなくても社会関係資本（コネ）がたくさんあれば，それを有利に活用して商売で儲けを増やしていくことも可能かもしれません。そうやって，人々は構造（社会階級など）の操り人形となるのではなく，また逆に完全に構造から自由に意志のままに生きるのでもなく，構造に規定されながらも必死で社会空間における闘争を続けるのです。

2　ルーマン――行為からコミュニケーションへ

(1)　オートポイエーシス的なシステム論

次に注目するのはルーマンです。ルーマンについても，やはり構造論の第５章で触れましたね。ブルデューは構造と行為の関係を，パーソンズやハーバーマスとは異なるハビトゥスというアイディアによって再規定した社会学者でした。これに対して，ルーマンは構造論から出発して相互作用論に接近していった社会学者だといえそうです。ルーマンがパーソンズのシステム論を独自の視点から発展させたことはすでに学んだ通りですが，ここではさらにそこから先，1984年の『社会システム』出版以降の後期ルーマン理論の展開についてみていきます。

第５章でみたルーマンの独自性として挙げたアイディアとして，等価機能主義というものがありました。これは，パーソンズが特定の構造が一つの機能を持つ（たとえば家族という構造がストレスや緊張を緩和するという機能を持つとか）という考え方に対して，その機能は特定の構造だけに対応しているわけではない（同じ機能は他の何かが果たしているかもしれないよ）という視点を提示したということです。実はこの等価機能主義という考え方は，ルーマン理論の展開のなかでも初期のもので，やがて彼はパーソンズ流のシステム理論から離脱して，独自のシステム理論を確立

図 10-2　ニクラス・ルーマン
（Niklas Luhmann）1927-1998

していきます。

では，ルーマンの新しいシステム理論とはどのようなものなのか。大きな影響を与えたのは，チリの生物学者であり神経生理学者であるフンベルト・マトゥラーナとフランシスコ・バレーラらが生命体の組織の特性を説明するために作り出した**オートポイエーシス**（自己産出）という概念でした。生命が機械と大きく異なるのは，自分で自分を作り出すという点で，それがオートポイエーシスです。機械も生命も，いずれもいくらかの構成要素（部品）から成り立っている点は同じですが，機械は自分自身の部品を自ら作り出すことはできません。それに対して，生命（たとえば細胞をイメージしてください）は，自らの活動の維持に必要な要素（タンパク質や核酸など）を作り出します。とはいえ，生物は食料を摂取するし，細胞も外部からエネルギーを取り込んだりするじゃないかと思われるでしょう。その通りなのですが，生命体は外部から取り入れたものをそのまま同じ形で自らに組み込むのではなく，別のものに変換したり，必要なものを「自ら」取捨選択したりするのです。つまり自分の境界線は維持しつつ（閉鎖性），同時に外部との交渉もする（開放性）というのが，オートポイエーシス的なシステムの特徴です。

ルーマンはこうした考え方が，社会現象や経済現象にも当てはまると考えたのです。もっとも，元ネタのマトゥラーナとバレーラは，あくまでオートポイエーシスは生命体にしか当てはまらないという立場から，このような応用には反対していましたが。とはいえ，ルーマンも「社会だって生き物だ」なんて単純な連想でオートポイエーシス概念を社会システムに適用したわけではありません。彼はあくまでその考え方をもっと抽象化した上で，社会システムには社会システムの，固有のオートポイエーシスのあり方があると考えていたのです。

(2) 行為論からコミュニケーション論へ

ここで，ルーマンが社会システムをどのように捉えていたかをおさえておく必要があります。第５章を思い出していただきたいのですが，行為論から出発したパーソンズは，「行為」をシステムとして捉えて，それを四つの要素（行動有機体，社会システム，パーソナリティ・システム，文化システム）に分解して，さらに社会システムをその機能（AGIL）によって細かく分解していくという考え方をしていましたよね。これに対して，ルーマンは「行為」という出発点を捨てて，代わりに「コミュニケーション」を据えます。

行為とコミュニケーションで，何が違うのか。その変更に何の意味があるのか。これまで社会的行為の話でずっと気になっていた人もいるかもしれませんが，たとえば私たちが何かよかれと思ってしたことでも，他の人には別の意図で捉えられてしまうことがあります。また，何の意図もなくした行動であっても，勝手に何らかの意図があると解釈されてしまうことだってあります。このような場合，その行為がウェーバーの分類に当てはめるとどれなのか，なんて考えてもあまり意味はありません。いずれにせよ，その行動・行為は他者に受け止められて，社会に影響を与えてしまうのですから。さらにいえば，自分自身の行為の意図なんてものも，他者とのコミュニケーションのなかで事後的に作り出される可能性さえあります。大学受験や就職活動の志望動機だって，本当は色々な条件が合うというだけかもしれないけど，こんなことがやりたいという意図を求められるから自分なりに考えて，その結果，最初から自分もそのつもりだったと思い込む，なんてことはよくあるのではないでしょうか（決してそのことがいいとか悪いとかいっているのではありません）。

そこで考えるべきは，行為の意図は本当は何だったかということよりも，その行為が他者にどのように伝わり，理解され，またそのことが次にどのようなコミュニケーションにつながっていくかということになります。そういう意味で，ルーマンは社会システムを（意図を持って行為する）人の集まりとして捉えるのではなく，コミュニケーションのつながりと捉えるのであり，コミュニケーションが次のコミュニケーションを生み出していく仕組み（システム）を，オートポイエーシスとして捉えようとするのです。

ここでルーマン理論を学ぶ人が必ずつまずくポイントの一つが出てきます。それは「人間はコミュニケーションしない，コミュニケーションだけがコミュニケーションする」ということです。「えっ」てなりますよね。急にすべての意味がわからなくなるでしょう。大丈夫です。みんなそうです。私自身も正直いまだによくわからないのですが，なぜルーマンがそんな爆弾発言に至ったのか，順を追ってみていきましょう。

まず，「人間はコミュニケーションしない」という点について，ここで「人間」とはそもそも何かを考える必要があります。たしかに生命体としてみたとき，人間は一つのシステムといえるかもしれません。しかし，人間の意図や意識をつかさどる「心」はどこにあるのでしょうか。「脳」と答える人が多いでしょう。たしかに，今日の心理学では「心」の働きを「脳」に求める科学的研究がかなり進んでいます。そのなかで，「心」の働きと考えられるものの多くが，何らかのかたちで「脳」に関係があるということがわかっていますが，それでもなお，「脳」で「心」のすべてを説明することはできないのが現状です（テレビのバラエティ番組などでは「脳で全部説明できる」とか言い切る学者が出てきますが，それはテレビ的なわかりやすさと面白さを追求した結果であって，実際のところわかっていることは少ないのです）。これは決してスピリチュアルな話をしているわけではなくて，実際，脳を取り出してその電気信号的な働きを検知したところで，その脳が「今何を考えているか」を再現することまではできない，というだけの話です。つまり，人間はたんなる有機体（生命体）システムにも，脳のような神経生理学的システムにも還元できない，それだけで説明できない複合体なのです。

というわけで，人間という一つのまとまりがコミュニケーションしているわけではないとして，では人間の心や意識（ルーマンの言葉でいえば**心的システム**，あるいは意識システム）がコミュニケーションしているといってはいけないのでしょうか。ここで，ルーマンがシステムをオートポイエーシス的なものと考えていたことを思い出してください。たしかに心や意識は自らその（考えなどの）内容を作り出すので，オートポイエーシス的なシステムですが，それだけでは他の心や意識とつながることはできません。それとは「別に」**コミュニケーション・システム**というシステムを想定しなければならないのです。人間の意識や心が直接コミュニケーションできないというのは，つまりはそういうことです。

ではこうやって，人間の心や意識の仕組み（システム）と，コミュニケーションという仕組み（システム）をわざわざ切り離すことに何の意味があるのでしょうか。それはおそらく，コミュニケーションには当然ながらすれ違いや誤解，忖度もあるということ，それでもなおコミュニケーションは成立する，という現実を説明するためでしょう。たとえば，コミュニケーションというのは，互いの頭の中にある情報を「正確に」相手に伝え，理解する／してもらうことだとしばしば思われていますが，ルーマンにいわせれば，現実にはそんなことは起こっていません。

たとえば，教室での授業中に，あなたの隣に座っている友達が「この後昼メシどこに行く？」と話しかけてきたとします。あなたは授業に集中したいし今聞くなよと思うかもしれませんが，それをそのまま言うと友達には冷たいやつだと思われるかもしれないので，とりあえず「近所のラーメン屋は？」と（いいかげんに）こたえます。すると友達はあなたが「本当に」ラーメンが食べたいのだと「誤解」して，「おれはラーメンよりカレーの気分だから，両方食える学食にする？」と「交渉」してきます。あなたはもうどうでもいいから早く授業に集中させてくれと思いつつ，それは口には出さずに「いいね，そうしよう」と答えます。友達は自分のアイディアが支持されて上機嫌で「じゃあ××も誘うわ」といってスマホを取り出して次のコミュニケーションに入ります。

この例では，授業に集中したいあなたと，もう昼メシのことしか考えていない友達の（心や意識の内容の）間で大きなすれ違いがあるのですが，それでも「どこに食いにいくか」をめぐる友達どうしのコミュニケーションがちゃんと成り立っているのです。こう考えると，心的システム（意識システム）とコミュニケーション・システムを別にして考えることにそんなに違和感はないでしょう。こうしたことから，「人間はコミュニケーションしない，コミュニケーションだけがコミュニケーションする」ということになるのです。

でもやっぱり，コミュニケーションと私たちが考えていること（意識）はしっかり関係しているのではないかと思われるでしょう。さらに少し戻っていえば，脳のシステムと心（意識）のシステムは別のものだといっても，やっぱり脳と心は関係している（と現に心理学が明らかにしている）ではないかと言われるでしょう。もちろん，ルーマンはこうしたことも理論に組み込んでいます。**構造的カップリング**というのがそれで，意識と脳は互いに重なり合うことなく（あくまで別々のシステム），しかし互いに依存し合って働いている，そんな関係を指します。同様に，心的システムとコミュニケーション・システムも構造的にカップリングされているというのです。

(3) システムの機能的分化と第二次的観察

現代社会におけるコミュニケーションをめぐる問題を考える上で重要なのが，ルーマンのいうシステムの**機能的分化**というものです。ルーマンによれば，原始社会は環節的分化によって成り立っていました。社会というシステムが，家族や村落といった類似のものによって区分され，その集まりとして成り立っている状態です。人々は同じ時と場所を共にする家族や村といったシステムの外に出ることはほとんどありません。その次の段階として，成層的分化が起こります。社会のなかで分業が進み，役割というものが生まれ，上下関係，支配するものとされるものという関係が生まれます。身分ですね。その身分によって，振る舞い方やコミュニケーションに異なるルールが課されるわけです。

ところで，こうした身分制の社会（たとえば古代や中世社会）では，異なる身分にあっても，たとえばヨーロッパならキリスト教のような宗教的影響力が一貫して大きなものでした。しかしヨーロッパでは宗教改革や宗教戦争の結果，宗教と政治は別個のものとして扱われるようになり，別々の仕組みで動くように分化していきます。これが機能的分化です。近代社会においては，宗教と政治だけでなく，経済，法，教育，科学，芸術，医療，マスメディアなどの様々な機能システムに社会システムが分化していくのです。

これらの様々な機能システムは，オートポイエーシス的に，それぞれ独自の仕組みで動きます。これをルーマンは**二値コード**という考え方で説明します。たとえば政治なら決定する権力を持っているか否か，法なら合法か不法か，経済なら売るか売らないか（買うか買わないか），科学なら真か非真か，宗教なら救われるか救われないかなど，まったく別の基準によって動いているのです。

こうしたシステムの働きはルーマンの言葉でいう「観察」というものに当たります。観察というと，私が動物の行動を観察するとか，そういう物理的なイメージで普通使いますが，ルーマンのシステム論における「観察」は専門用語ですので，そういった日常的な意味合いは一旦忘れてください。ルーマンによれば，観察とはシステムの働きであり，あるものを区別して，そのどちらかを指し示すことです。法システムなら，ある行為を合法か不法かに区別して，たとえば合法と判断しますが，それが観察です。経済システムなら，何かに対して支払いをするかしないか区別して，そのどちらかを判断しますが，それが観察です。このように，観察の主語が私とかあなたという人間ではなく，システムになっているのです。

しかしながら，それぞれのシステムは，先に触れた二値コードに基づいてしか区別を行なうことができません。経済システムには，合法／不法の区別ができませんし，芸術システムには，真／非真を区別はできません。また，たとえばある事柄について，法システムで観察すること（合法／不法を区別すること）自体が合法なのか不法なのかは法システムによっては観察することができません。つまりシステムは自分を観察できないのであり，それを「盲点」といいます。

そこで求められるのが，**第二次的観察**（セカンド・オーダーの観察）というものです。それはあるシステムによる観察を，別のシステムによって観察することです。たとえば，経済システムによる観察について，法システムによって合法／不法で観察することはできます。ただ先にみた通り，法システムは合法／不法の区別しかできないので，ここでできるのはあくまで別のシステムによる観察を行なう，というだけです。

ここで興味深いのは，ルーマンはこうした観察全体をバッサリと評価するような高次のシステム，たとえばものごとを善／悪の二値コードで観察する「道徳システム」のようなものを想定していないということです。私が社会学の授業をしている中でも，よく「このことは結局，いいことなんでしょうか，悪いことなんでしょうか」という質問をもらうのですが，基本的に「見方による」とか「社会学は善悪を判断するものではない」と答えてきました。現代社会においては，経済システムの方が政治システムより正しいとか優れているとか，科学システムの方が家族システムより望ましいとか，そういうシステム上の優劣はつけられないのです。

3　ブルデュー×ルーマンからの展望

(1)　分化する社会

以上の通り，この章はすでに名前の出ていたブルデューとルーマンという二人の社会学者の理論をもう少し掘り下げて紹介することで，社会学理論の展開に触れてもらいました。この二人は第 8 章の「構造論 3」で出てきたギデンズ（1938 年生まれ）やベック（1944 年生まれ）よりも少し上の世代の社会学者で，2000 年前後に亡くなってしまっていますが，その理論の解釈や応用はまだまだ現在進行中です（その著作には日本語訳どころか英語訳さえまだ出ていないものもあるくらいです）。

そんな二人を，なぜ本書の議論の終盤であらためて取り上げたかといえば，それはやはりこの二人が，これまでの社会学理論の流れをくみながら，独自の新しい理論体系を作り上げた社会学者だといえるからです。それは新しい概念，アイディアを付け加えたということにとどまらず，社会の様々な事象への応用可能性を持つ，様々な概念を体系として（セットで）提示したということです。ブルデューなら人々が特定の「界」のなかで様々な資本（文化資本や経済資本など），身体化されたハビトゥスを組み合わせて闘争するという「界」の理論，ルーマンなら様々なオートポイエーシス的システムが構造的にカップリングされ，コミュニケーションを生み出していく社会システム理論がそれでした。

これらはいずれも独自の要素（資本とか，二値コードとか）から成る複雑な体系であり，それぞれの概念はあくまで「界」理論や社会システム理論というパッケージのなかで使うことが想定されていますので，なかなか「応用」まで行くにはハードルが高いのも現実です。そのため，大学の学部レベルの教科書では扱われないことも多いのですが，本書ではせっかく社会学理論の歴史を 100 年前からたどってきたので，その現在地としてご紹介してみた次第です。

ですので，この章の内容が難しくてチンプンカンプンだったという人も，安心してください。ただ，やはりこの二人を最後に紹介したことによって，これまで学んできたことに加えてここだけはおさえておいてほしい点をみておきましょう。

それは，行為にしろ，相互作用にしろ，それが展開される場や文脈によってその意味が異なってくるということです。ブルデューなら経済界，政治界，芸術界，宗教界，ジャーナリズム界などの「界」，ルーマンなら経済システム，科学システム，法システム，芸術システム，政治システム，マスメディア・システム，宗教システム，教育システムといった「システム」がそうした場や文脈にあたります（ルーマンの場合はとくに空間的な比喩で捉えるべきではありませんが）。

このように，社会が独自のルールや仕組みを持つ場や文脈に分かれているという考え方は，分化理論といいます。そのアイディアはデュルケムの「分業」や，シュッツの「多元的現実」にもルーツを見つけることもできそうですが，ブルデューもルーマンも，そうした界やシステムが，固有の原理を持ち，（他と関わりつつも）自律的に存在すると考え，そこで行為やコミュニケーションがどのように展開するのかということを体系的に理論化した点が重要なのです。

(2) 分化した世界を生きるヒント

ブルデューもルーマンも，同時代の西ヨーロッパにおいて，実は結構共通点を持つ分化理論を発展させました。もっとも，ブルデューは分化した社会空間＝界理論によって，自らのハビトゥスやアクセス可能な各種の資本を組み合わせ，自らの居場所を手に入れようとする個人の権力をめぐる実践を描いたのに対して，ルーマンはそのような意図を持った個人（の行為）を思い切って解体し，コミュニケーションを単位とした社会理論としてシステム理論を展開しています。そのため，これら二つの理論的パッケージは似ているからといって安易にいいところ取りをしたり，組み合わせたりできるものではありません。

また，ブルデューの理論は個人が（人より優位な立場になるため）権力をめぐって闘争し，界のなかで上昇しようという上下の方向性を持ち，様々な界どうしの権力関係を規定する「権力界」のようなものを想定しているのに対して，ルーマンの理論はそもそも個人やその行為を単位としていないし，様々なシステム間に優劣はないという水平的な方向性を持っています。ブルデューの方が生き残りや上昇を賭けた人々を想定したギラギラした実践的（実戦的？）理論なのに対して，ルーマンの方はあくまでものごとから距離を取り客観的に説明しようという理論です。

このように非常に色合いも違う理論ではありますが，やはり分化した社会という共通認識は，現代社会を分析する上では重要なヒントを与えてくれるように思います。現代社会を生きる私たちは，すべての界やシステムに精通しているわけではなく，それらを見通す共通の原理のようなものを持っているわけではありません。カネになるかどうか，人に支持される（「いいね」される）かどうか，愛されるかどうか，正しいかどうか，面白いかどうかなど，様々な判断の基準が存在し，人は迷ったり，他者とすれ違ったりぶつかったりするのです。何度もいうように，そこにかつての「神のお告げ」や「伝統」のような絶対的な規準は存在しません。つまり，「正解」なんてないのです。

こうした状況に対して，たとえばブルデューは，実は基準が完全に人それぞれ（ばらばら）の無秩序というわけではなく，そこに何らかのパターンがあるということを示してくれます（趣味の話を思い出してください）。そして，自分が今どういう界にいるのかがわかれば，持ち前のハビトゥスと，いかなる資本を手に入れれば自分の居場所が確保できるか，戦略を立てることくらいはできます。あるいは，他者の戦略を理解することができるのです。

ルーマンの場合は少し厄介です。現代社会では，たいていどんな研究についても，「それが何の役に立つのか」という問いへの答えが求められます。それは，とくに税金や学費を元手にした研究費で行なわれている研究については，きちんと社会的に説明する責任があるという意味で当然のことです。しかし同時に，研究というのは真なる知識と真ではない知識の差異を不断に生み出し続けることであって，その真理は何かの「役に立つ」かどうかということとはまったく無関係に存在しているのです。たとえば宇宙の始まりはどのようなものだったかとか知っても，おそらくほとんどの人にとっては「役に立たない」知識でしょう。ですがあらゆる学問（科学）というものはそうやって追究された真理の積み上げげによって成り立っているものなので，一見何の役にも立たないような知識（研究）が，後の他の研究にとって重要な前提になってくる可能性はあるのです。

ルーマンに限らず，一般に理論研究というものは，そういう意味で捉えるべきものかもしれません。理性による合意と相互了解を目指したハーバーマスとは異なり，ルーマンは必ずしもコミュニケーション上の対立やすれ違いの「解決」を目指しているわけではありませんでした。すれ違いや対立も含めて，コミュニケーションはコミュニケーションなのです。ルーマンのシステム理論，あるいはコミュニケーション論は，たんに社会やコミュニケーションを「説明（記述）」しようとしているだけです。ですから，その理論が何の役に立つのか（たとえば「コミュ力」が向上する！とか），という問いに対して，おそらくルーマンははなから答える気はないでしょう。

(3) ハーバーマス×ルーマン論争

最後に，第5章で軽く紹介だけしていたルーマンとハーバーマスの論争についても触れておきましょう。実はこの二人，「意味」と「コミュニケーション」という概念をキーワードにしている点は一緒なんですね。しかし，大きく異なるのは，ハーバーマスはコミュニケーションの先に「合意」を目指しているのに対して，ルーマンはそれを前提としない，という点です。ルーマンにとって，コミュニケーションはすれ違うこともあるし，むしろそのすれ違いや矛盾を前提にものごとを考えなければならないという立場です。ルーマンは，ハーバーマスのいうコミュニケーションが言語によるコミュニケーションに限定されていることを批判しました。たしかに，ハーバーマスは演劇的行為など言語によらない行為を扱っていますが，これはコミュニケーション的行為とは別枠とされています。行為の妥当性をめぐって「合意」を得るためには，言語を使って丁寧な調整をすることが必須だと考えるのです。

しかし，ハーバーマスが目指すような「合意」を目指すコミュニケーションは，目指す価値はもちろんあるでしょうが，現実的にはかなりハードルが高いものですし，もしうまくいかなかったとき，結局相手を話（理性）の通じないやつだと断じてしまいかねません。それに対して，無理に合意による「解決」を目指すのではなく，まずは互いが依って立つ基準の違いをきちんと認識することも大事なことでしょう。システムは必ず「盲点」を持つということを思い起こし，第二次的観察によって，別の見方を探ることもできるでしょう。あるいはもしかしたら，「すれ違い」のままの方が互いの関係がうまくいく，なんてこともあるかもしれません。

ルーマンからすれば，これではそもそも話し合いに応じようとしない相手や，「話が通じない」相手とどう付き合えばいいか（どうコミュニケーションをとればいいか）が考えられない。ゆえに，言語によってあくまで「合意」を目指そうとするハーバーマスの考え方は，あくまで理性的な人しか想定していないのではないか，ということになるのです。こうしたことから，よくハーバーマスは理想主義的でルーマンは現実主義的，なんて特徴づけをされますが，論争もそうした前提のすれ違いによるものだったといえるかもしれません。私個人的には，ルーマンに軍配を上げるかな，というところなのですが，それと同時に，ハーバーマスの理想込みの理論にも魅力を感じます。みなさんはどうでしょうか。これから読む機会があったら，ぜひジャッジに挑戦してみてください。

以上，ここでは社会学理論の展開として，ブルデュー，ルーマンの理論をあらためて取り上げて紹介してきました。これらはまだ社会学者にさえ十分に整理され，使いこなされているとは言い難いですが，その理論の体系性，完成度は高く，現在進行形でその可能性が試されている，まさに社会学理論の最前線なのです。

文献案内

① 岸政彦, 2020,『ブルデュー『ディスタンクシオン』NHK100 分 de 名著』NHK 出版.

② 片岡栄美, 2019,『趣味の社会学――文化・階層・ジェンダー』青弓社.

③ ルーマン, N., ベッカー, D. 編, 土方透監訳,『システム理論入門――ニクラス・ルーマン講義録〈1〉』新泉社.

『ディスタンクシオン』は 2020 年に比較的手に取りやすい「普及版」が藤原書店から出ましたが，それでも 2 巻本で入門者にはなかなか手を出しづらいかもしれません。①は NHK の教養番組のテキストですが，社会学者によって咀嚼された言葉で解説されているのでブルデュー入門にお薦めです。②は『ディスタンクシオン』の議論を踏まえて，「では日本の場合は？」という問いに答えてくれる研究書です。ルーマン理論の入門書としては第 5 章の文献紹介③もありますが，ルーマン自身の 14 回の講義の記録として③もお薦めできます。トピックの途中で授業時間が終わってしまって次回に続く……なんてこともありますが，それも含めて実際に授業を受けているような気分で読むことができます。

第11章

複雑な社会をどう生きるか（社会学理論の展開2）

1　前期フーコー――「あたりまえ」の歴史をさかのぼる

(1) 知の巨人・フーコー

前章に引き続いて「社会学理論の展開」の続きです。ただ，この章で紹介するミシェル・フーコーは，いわゆる「社会学者」ではありません。フーコー自身もそう自分を規定していませんでしたし，その研究のなかで他の社会学者に言及することも多くありません。しかし，これまで学んできた通り，社会学は（というか他の学問も実は同様なのですが），様々な隣接領域の知見やアイディアを吸収しながら展開してきたわけで，ここでもやはりそうしたグレーゾーンについてきちんと見ておく必要があるでしょう。実際，フーコーの研究は社会学者によってたびたび引用され，とりわけ1980年代以降の社会学に大きな影響を与えています。

1960年代以降，それまで絶大な影響力を持っていたパーソンズの社会学体系が様々な観点から批判されるようになったことはすでにみた通りですが，結局のところ，それに代わるような強力な社会学理論はずっと現れませんでした。たしかに既存の社会秩序を前提として機能的に説明しようとするパーソンズ社会学に対して，それは資本主義のイデオロギーを強化する理論だと批判するマルクス主義は，少なからず社会学（だけでなく様々な社会科学）に影響を与え続けました。しかし1980年代に入って資本主義対社会主義というイデオロギー対立図式自体が弱まったことで，そのようなマルクス主義的な批判も社会学の理論的背景としては力を失っていったのです。そんななか，フーコーはマルクス主義によらずに，新しい社会批判の視点を提供してくれるものとして，社会学者たちからも大いに注目されたといえるでしょう。

フーコーはここが初出になりますので，簡単にプロフィールを紹介します。ポール・ミシェル・フーコーは 1926 年にフランスのポワティエで外科医の長男として生まれました。フーコー家は曾祖父の代から医者で，地元の名士として豊かな生活を享受していたそうです。1943 年 6 月，フーコーは大学入学資格試験（バカロレア）に合格しますが，息子も医者にしたいと考えていた父親に反発して歴史と文学を志し，やがて 1946 年，大学入学資格を得た後でさらに 2 年の準備課程を経てから選抜されるエリート養成機関である，高等師範学校に合格します。在学中には，二度の自殺未遂をするなど精神的に不安定な時期があったそうですが，1951 年，無事に大学教員資格試験（アグレガシオン）に合格します。

図 11-1　ミシェル・フーコー
（Michel Foucault）1926-1984

その翌年からフーコーの研究者としてのキャリアがスタートしますが，1952 年から 2 年間，パリの病院で研修をする機会があり，そこで精神医学の知が行使される現場を目撃します。この体験から得た問題意識は，やがて 1961 年に博士学位論文『古典主義時代における狂気の歴史』として結実し，1964 年にはその短縮版が『狂気の歴史』として出版されます。さらにフーコーは 1966 年に出版された『言葉と物』で，心理学や医学だけでなく西洋の近代科学そのものが歴史的に成立してくる過程について考察し，一躍当時のスター知識人として論壇に登場することになります。

ここまでの仕事を，フーコーは 1969 年出版の『知の考古学』で整理しますが，その執筆を行なっていたチュニジアの首都チュニスに滞在中，後のフーコーに大きな影響を与える出来事が起こります。それは 1968 年 3 月，反政府の学生たちのストライキに対し，警察が暴力をふるい，数百人の学生が逮捕，彼の教え子も投獄された事件です。ここでフーコーは，権力の行使の重要性，身体と権力の問題系について本格的に注目するようになるのです。1970 年 4 月，フーコーはコレージュ・ド・フランス教授に就任します。

ちなみに，コレージュ・ド・フランスというのはフランス特有の制度で，入学試験も卒業証書もなく，知的好奇心のある人は誰でも無料で自由に受講できる学校です。すごいところは，16 世紀に設立された歴史を誇り，教授陣も世界最高クラスの学者をそろえているということです。フーコーはここで「哲学」分野の教授に就任しています（社会学分野ではその 10 年ほど後にブルデューがここの教授に就任しています）。

コレージュ・ド・フランスでのフーコーの講義の内容をみると，「監禁」「閉じ込め」への関心がうかがわれ，実際 1971 年には監獄情報グループ（GIP）を中心となって設立し，刑務所の待遇改善，情報公開を要求するなど，フーコー自身，積極的に社会運動に身を投じていたことは特筆すべきことでしょう。これらの実践と思考が，あとでみる 1975 年の『監獄の誕生』で定式化されているのです。

(2) 権力の考古学／系譜学

このように実践にも密接に結びつく，彼の研究スタイルを簡単にまとめるなら，歴史をさかのぼって，いま現在私たちがあたりまえ，常識だと思っていることが，決して昔からそうではなかったということを明らかにする，というものです。その考え方，方法は「考古学」あるいは「系譜学」といわれます。もちろん彼は考古学者だったのではなく，「考古学」というのはあくまで比喩です。地面を掘って過去の遺跡や地層から，現在がなぜこうなっているのかを明らかにしていくという考古学みたいなスタイルだからそういっているのです。

現在残っている歴史資料などをみていくと，どこかで現在の私たちの「常識」が通用しないことに突き当たります。たとえば，「狂気」というものも，近代においては「病気」として治療の対象とされますが，近代以前では何かが憑りついたと考えられ，そしてそれは必ずしも悪いこととは限らず，たとえば神のお告げを伝える預言者のように崇められることさえありました。このように，歴史のなかでの人々の考え方の「地層」（現在に至るまで積み重なって連続しているけれど，「層」の違いがはっきり区別できる）を明らかにしていくのが，フーコーの「考古学」なのです。

「考古学」と「系譜学」はほとんど同じ意味と理解していただいて構いませんが，あえて違いをいうとすれば，「系譜学」の方が「権力」の働きをみつけるというニュアンスが強いといえます。『監獄の誕生』では，フーコーは刑罰のあり方に関する私たちの「常識」が歴史的にどのように変化してきたのかを考えるようになり，そこに権力の働きを見出すのです。

とはいえ，ここでいう権力とは，前章でみたブルデューがいっていたような権力とは少し違います。フーコー以前，社会科学の分野における権力は，たとえばマックス・ウェーバーによって「ある社会的関係の内部において，抵抗を排してまで自己の意志を貫徹するすべての可能性」と定義され，主体が主体に対して行使するものとして理解されてきました。これに対して，フーコーはまったく新しい権力のイメージを呈示しました。

フーコーのいう「**権力**」は，特定の「国家」とか「資本家」のような実体を持つ主体が「振るう」ものではありません。マルクスの話などでも何となく違和感を覚えた人もいると思いますが，いわゆる「支配階級」って，そもそも誰なのでしょうか。政治家でしょうか，官僚でしょうか，それとも財界の有力者でしょうか。そういう人たちだって，何でも自分たちの思い通りにできるとは限らないし，いつ転落するかもわかりません。意外な人が突然影響力を持つこともあります。バウマンが論じたような液体的近代においては，実は世の中を陰で操っている，わかりやすい「黒幕」とか，「権力者」「支配者」なんていないのかもしれません。

こんな権力のイメージに対して，フーコーが考える権力は，人々の日常的な相互作用のネットワークのなかでそのつど生まれるゲームのようなものなのです。たとえば，有名な説話で，一休さんの屏風の虎退治というのがありますね。将軍（足利義満）がかしこいと評判の一休さんを呼び出して，夜な夜な屏風から虎が抜け出して悪さをするから捕まえてくれと無理難題をいいます。屏風から虎が出てくるわけないんですが，将軍がいうことだから「何を馬鹿な」とは言えないんですね。将軍はそれをわかっていて，一休さんを困らせ，恥をかかせてやろうとしたわけです。しかし一休さんは，「では捕まえますから虎を屏風から出して下さい」といって，将軍に「いやそれは屏風の絵だから出せるわけない」と自ら言わせることで，それが無理難題であることを認めさせてしまいます。ここで一休さんは，知恵を使って「権力」をひっくり返します。つまり相手のゲームのルールに乗っかって，将軍を打ち負かすわけです。これが，フーコーのいう「権力はゲームである」ということです。ただし，ここで将軍が「何こいつむかつく」といって一休さんを斬り殺してしまったりしたら，それはもう「権力」ではなく，「支配」だとフーコーはいうのです。

というわけで，ちょっと独特の用語法ではありますが，フーコーは「支配」はよくないと考えている一方，「権力」自体は別にいいものとも悪いものともいっていません。問題なのは，その権力がアンバランスな関係のまま固まってしまって「支配」となることであり，「権力」は相互作用のなかで，常にどちらに転がるかわからないゲームであるべきだと考えているのです。となれば，私たちにとって不利なイデオロギーだとか，都合の悪い「常識」というものがあるなら，それをひっくり返していくべきであり，そのために「考古学」「系譜学」があるということです。「常識」や「イデオロギー」にそのまま黙って従っていることこそが，「支配」を固定化し正当化してしまうことなのですから。

(3) 規律＝訓練（型権力）とその装置

フーコーはこうした系譜学の方法を，『監獄の誕生』（原題を邦訳すると『監視と処罰――監獄の誕生』）という著書の中で，17 世紀から現代まで続く処罰（の仕方）という対象に適用しています。現代で何か罪を犯した場合の処罰の仕方（され方）というのは，いわゆる罰金（金額によって科料といったりしますが）をとるなどの「財産刑」か，監獄に入れて身体の自由を奪う懲役や禁固などの「自由刑」が一般的です（ちなみにしばしば廃止も議論される死刑は「生命刑」に分類されます）。その一方で，かつてはさかんに行なわれていたものの，近代になるにつれて消えていった処罰の仕方に，「身体刑」があります。これは人の身体に苦痛を与える，杖打ちやむち打ち，四肢の切り落としなどもっと残虐なものが含まれます。フーコーはこうした身体刑が 18 世紀末から 19 世紀初めにかけて行なわれなくなり，やがて身体の自由を奪う刑の方が主流になるという断絶に注目し，なぜそのような断絶が起こったのかについて考えます。先に触れた「系譜学」ですね。

ここで気をつけなければならないのは，近代以前の人々の方が現代の私たちより野蛮で，身体刑の残虐さに気づいていなかったから，なんて短絡的な答えを出さないことです。『監獄の誕生』を読んでいて面白いのは，フーコーがこうした一見残忍に思われる身体刑にも，特有の「合理性」があったと論証していく部分です。まず，罪人に与えられる苦痛には，法律によって基準や段階が詳細に定められていたといいます。さらにそれが一般公開されることにも理由がありました。当時の法は君主の権力を体現するものだったのであり，それを犯した罪人は君主に危害を加えたのと同じことになります。そこで，派手な公開刑は，民衆に君主の権力を再認識させ，その秩序を取り戻すという公共的な機能を持っていたというのです。同時に，この身体刑には〈お祭り騒ぎ〉の側面もあり，万一罪人が苦痛に耐えきり，処刑が失敗に終わった場合，死刑囚は赦免されることが決められており，ことによると民衆がその人物を英雄視し，権力者を愚弄するという逆転現象まで起こることがあったといいます。

現代でも，ネットリンチや SNS の「炎上」のように，特定の個人やその発言に対

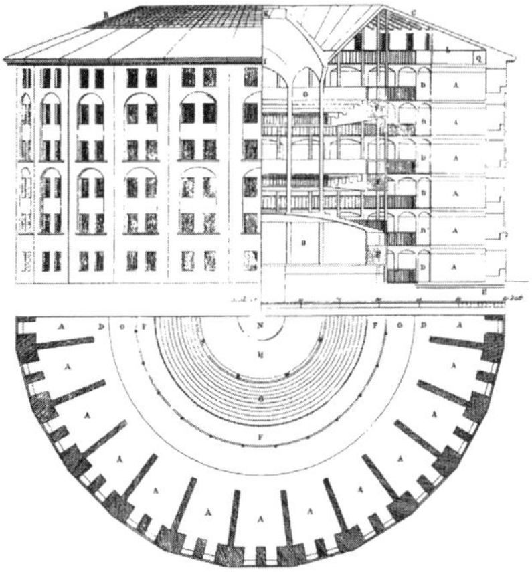

図11-2　ジェレミー・ベンサムによる
パノプティコン構想図

して，さほど利害関係にない不特定多数の人々が，多くの場合は匿名で，感情的な攻撃を加える現象がありますが，これも十分野蛮な行為なのにもかかわらず，やった側はある種の〈お祭り騒ぎ〉に参加する気分で，スカッとしたりしているのではないかと思います。その点，近代以前の身体刑は，どういう罪を犯したらどういう苦痛を与えるか（たとえばむち打ちならその回数など）がはっきり決まっていて，その規定を超える量の刑罰が加えられることはありません。耐えきれば罪人の「勝ち」であり，それで終わりなのです。もちろん，身体刑が残虐であるというのは現代の視点からすればいうまでもないことですが，その一方で現代の私たちも十分「野蛮」な性質を持っていると自覚した方がよいでしょう（第7章のフランクフルト学派の話も思い出してください）。

話を戻しますが，こうして「合理的」に設計されていた身体刑も，18世紀の生活水準の上昇，人口の増大，富や財産の多様化を背景として，次第に時代に合わなくなってきます。いちいち公開処刑みたいなことをやっていると効率が悪いし，何より人々の意識が，身体的に痛めつけられることより自由を奪われることの方がよっぽど苦痛だと感じるように変化してきたのです。こうした変化に対応するための試行錯誤の結果，19世紀に入ると，フランスでは大いなる監獄機構が建設されました。この一望監視装置（パノプティコン）（図11-2）という独特の近代的監獄は，哲学者ジェレミー・ベンサムにより18世紀末に構想されたもので，中央の監視塔の周りに独房を配置した構造になっており，囚人たちからは監視者の姿を見ることができません。これによって，中心から全体を効率的に監視できるだけでなく，（独房から監視塔の中はよく見えないので）実は誰も監視していなくても，囚人たちは自発的に「ちゃんと」せざるをえなくなるのです。こうして，囚人たちは自己監視する主体として矯正され，規格化されていくのです。

このような，身体の細部に働きかけ，その内部から規格に合致した主体を形成していく権力を，フーコーは**規律＝訓練（型権力）**と名付けました。「規律」と「訓練」

の間に「＝」が入っているのは，元のフランス語 discipline（英語でも綴りは同じ）が「規律」と「訓練」の両方の意味（さらに「しつけ」という意味も）を持つので，日本語訳でもそのニュアンスを出そうとしたためでしょう。

2　後期フーコー――「生きづらさ」の正体

(1) 遍在する権力と主体形成

ところで，前節で紹介したようなパノプティコン型の監獄は，ある時期から減っていき，今ではほとんど実用されていません。日本ではマンガ『ゴールデンカムイ』にも登場した網走監獄（北海道網走市，現在は博物館）とか，2016 年に閉鎖されて現在ホテルへと改装中らしい奈良少年刑務所とか，いくつか実用例がありますが，決して多くありません。なぜなのかはよくわかりません（建築コストが高かったのかもしれません）が，ここで大事なことは，実はもう近代社会そのものがパノプティコンになってしまっている，ということです。

フーコーによれば，このように時間や空間を細分化して計画的に人を管理するという仕組みは，監獄だけでなく，学校や病院，軍隊や工場など近代社会において生み出された様々な「装置」に応用されています。

その場所にふさわしい行動をするとか，TPO に合わせた服装をするとか，そういうことを私たちは学校などで徹底的に「訓練」されるわけです。なぜノックの回数は 2 回ではダメなのかとか，なぜ入社式にはスーツなのかとか，疑問にさえ思わせず，「そういうものだから」と身体にたたきこまれるのです。

囚人たちが自ら「ちゃんとする」ように，人々は誰に強制されるでもなく，自己を律しようとするのです。もっとも，強制されたわけではないとはいえ，何か息苦しい感じがしたり，そこから外れると何か不利益を被るような不安があるかもしれません。学校の制服に関する理不尽な規定であれば，頑固な指導部の先生や校長がそれを自分たちに押し付けているんだ，と考えて，その先生たちに批判の矛先を向けることもできますが，就職活動のスーツは，誰が決めたわけでもなく，いつの間にか，なんとなくそうなっているから，どうにも抗いようがないのです。

このどこからともなく作用する権力がどこに向かっているかというと，それは「**主体**」に作用しているのです。規律＝訓練型権力は学校や会社など，あらゆる場所で働いており，私たちはもはやそれを誰かからの「ちゃんとしろ」という命令ではなく，「ちゃんとしなきゃ」という意識として内面化して日々生きているのです。

つまり規律＝訓練型権力は，私という「主体」を作り出しているといえます。

注意したいのは，あくまでフーコーがこうした「ちゃんとしなきゃ」という規律化を，決してポジティブに捉えているわけではないということです。たとえばデュルケムやパーソンズであれば，人々が自らの意志で社会の規範を内面化し，「社会化」していくことを，ポジティブに捉えたことでしょう。しかしフーコーは，ここにある種の「病理」を見出すのです。社会全体の安定という大きな視点でみれば，もしかしたらその構成員である個人が従順に規格化されてくれることは望ましいかもしれませんが，個人の側からみれば，無理やり型にはめられて息苦しい思いをするばかりでなく，ともすれば規格に当てはまらない人々は監獄や精神病院に追いやられたり排除されたりしてしまうのです。

フーコーの規律＝訓練型権力という概念は，そんな息苦しさを説明してくれます。だからといって，すぐに状況が大きく変えられるというわけではないのですが，そんなどうしようもない状態も，名前を与えて（概念化して）客観化することで，なぜそうなっているのか，それ以外の可能性もあるのではないかと探るための足場を作ることができるかもしれません。

(2)「生かす権力」にいかに抗うか

しかし，決定的な困難は，規律＝訓練型権力を批判し，抵抗しようとする私＝主体そのものが，すでに規律＝訓練型権力によって作られているという矛盾です。じゃあどうしたらええねんというというところで，フーコーは後期の研究で次の段階に進みます。

1976年に「性の歴史」シリーズの第１巻『知への意志』が刊行され，規律訓練型権力は**生権力**という，より包括的な概念に置き換えられました。生権力は，法的権力と対置されます。法的権力は，法によって越えてはならない一線を引いて，それを越えてきた対象を「死なせる」権力です。逆にいえば，その一線を越えさえしなければ，そのまま放っておかれるだけです。対して，生権力は，「生かす」権力です。そういうと聞こえはよいのですが，生権力は生きるに値する生を規定し，どのように生きるべきかにまで介入してくる権力です。それは「正常者」「健常者」を「異常者」から区別し，前者が規格からはみ出さないように圧力をかけるとともに，後者を排除するのです。前期から中期にかけての系譜学的研究からもわかる通り，私たちがいま「常識」と思っているようなことも，歴史をさかのぼってみれば実は必然的なものではなく，恣意的に引かれた線引きに過ぎません。

たとえば性的マイノリティの扱いについてもそうです。生権力は,「異性愛＝正常」「同性愛＝異常」のような線引きをすることで，前者を規格化して奨励する一方で，後者を抑圧するのです。現在はようやくLGBTなどに対する社会的な認知が拡がってはきましたが，それでも差別的な見方をされることは少なくありません。フーコーによれば，たとえば同性愛の排除というのは,「生産性」を国家が管理する近代社会に顕著な特徴です。少し前にも同性カップルは「生産性」がないなどといった政治家が批判されていましたが，こういう人たちの考え方を規定しているのがまさに生権力です。そもそも人が好きな人と一緒にいるということに対して,（たとえ「私的な」意見の表明だとしても公的な立場にいるはずの政治家が）口を出してくること自体が奇妙なわけですが，そこで持ち出される「生産性」という考え方は，人は子どもを「生産」してこそ正常であるという意識に基づいています。異性同士でも色々な事情や考えから子どもを持たないカップルだっていますし，欲しくても授からないカップルだっています。そもそも好きな人と一緒になれない人，結婚できない人だってたくさんいます。要するに色んな事情があって，非常にプライベートで「放っておいてほしい」領域にまで,「生産性」という理屈はズカズカと土足で踏み入ってくるのです。たしかに社会の側からすれば,「生産性」を保ち，人口を維持するということは重要なテーマからもしれませんが，それ以前に，その社会も一人ひとりの思いを持った個人から成っていることを忘れてはならないはずです。

このように生権力（規律＝訓練型権力もこれに含まれます）は，私たちの生き方,「主体」のあり方を規定するものであり，またそれは特定の誰かさんが振るう権力なのではなく，現代社会のあらゆる場所に存在し，私たちの中にも内面化されているのです。実はフーコー自身も同性愛者でしたが，そうしたセクシュアリティ（性的指向性）だけに限らず，現代社会で生きることを息苦しくさせる生権力から，何とかして逃れることはできないかと，ずっと模索してきたのでしょう。

「わたしがどんな人物なのかなど尋ねたりしないでほしいのです」――。あなたは何主義者なのかといった問いについて，フーコーはつねにそうした自己の同一性を拒み続けました。みなさんも，就職活動などでたびたび「自己アピール」をさせられてうんざりすることがあるでしょう。そんなことをしなくても，私は私なのに。フーコーにとって，自らが何ものか答えることは，法や制度や規則によって生存の様式をしばることだったのであり，彼は現在の自分，現在の制度の自明性を疑い，異なるあり方を求め続けたのです。

さて，この『知への意志』という本は「性の歴史」というシリーズ全6巻のうちの第一巻として1976年に刊行されたのですが，その後全6巻の構想は変更され，第二巻『快楽の活用』，第三巻『自己への配慮』が1984年に刊行されるまでには数年のタイムラグが生じました。そして第四巻『肉の告白』が完成する直前の1984年，フーコーはエイズによる敗血症のため57歳で亡くなってしまいました。本人の遺言もあって『肉の告白』の遺稿は刊行されず，長らく研究プロジェクト「性の歴史」は完結をみないままになっていました。それでも，フーコーの死後も第一巻と第二巻の思考の軌跡を埋め合わせる，コレージュ・ド・フランスでの講義録の刊行が続き，フーコーが最終的に何を目指したのかという研究は続けられてきたのですが，ついに2018年，遺稿の管理者の意向もあって，第四巻『肉の告白』が刊行されました（日本語版は2020年末に刊行されたばかりです）。というわけで，フーコー自身はすでに亡くなって40年近く経ちますが，死後もなお「新しい」研究が生み出され続けているのです。

(3) 社会学への展開

さて，この章の冒頭でフーコーはいわゆる社会学者ではないけれど，現代の社会学に大きな影響を与えていると紹介しました。その影響は多分野にわたっていますので，そのすべてに触れることはできませんが，ここではその重要な一つとして，身体の社会学への影響について簡単に触れておきましょう。

もともと「身体」については，社会学において長らく議論されてきませんでした。とくに社会学の草創期においては，生物学的には説明できない，「社会学ならでは」の対象を見つけようとしたことも関係あるでしょう。つまり身体は生物学の対象だから，社会学が扱うべきものとは考えられなかったのです。例外的に，デュルケムの甥のモースが身体技法に注目していたことは第7章でも紹介しましたが，こうした研究の系統は，どちらかというと文化人類学において，西欧社会と非西欧社会を比較するなかで展開されたといえます。

しかしながら，西欧近代社会が転換期に差し掛かり（ギデンズの後期近代の議論も思い出しましょう），その価値観がゆらぐようになって，あらためて「身体」への関心が高まってきました。1960年代の第二波フェミニズム運動や，臓器移植や遺伝子操作，美容整形，科学的トレーニングなどのテクノロジーの発達は，まさにそうした事態を引き起こし，「身体」を紛れもない社会学の対象としたといえます。すなわち，私たちの身体のありようは，現代社会の社会関係や規範的秩序と密接に関わっている，ということです。

こうしたなかで，フーコーの議論はまさに「身体」と社会の関係を理論化するものとして注目されたのです。たとえば初期の著作『臨床医学の誕生』では，かつては不可視のものであった病が，近代に入って可視の身体（解剖によって観察できる臓器など）に置き換えられることで客観的に認識・分析可能なものとなったことで，臨床医学が誕生したと指摘しています。そしてその後の研究では，規律＝訓練型権力や生権力が人々の身体に直接働きかけてくるものであることを論じたのはすでに触れた通りです。

このように近現代社会における身体の重要性を論じたフーコーの研究が導入されることで，社会学はジェンダー・セクシュアリティ研究，医療社会学，スポーツ社会学とその裾野を広げていったのです。

3　ANT――もう一つの社会学

(1)「社会的なものの社会学」への批判

本章でフーコーに触れたのは，その考古学・系譜学的思考が社会構築主義と相性がよいとか，遍在するミクロな権力の考え方が，今ある社会を批判的に捉え直すために有効だからといった理由のほかに，もう一つあります。それは，フーコーの「主体」の捉え方です。従来の社会学の，とくに行為論的な考え方においては，何らかの意味や価値に基づいて行為する人という「主体」があるというのは，何も疑問視されてきませんでした（行為論からコミュニケーション論へと展開したルーマンは別として）。しかしフーコーによれば，そんな私たちの「主体」というのも，（必ずしも私たちの意志とは関係なく）生権力によって作られたものだ，ということになり，もはや「主体」が何らかの意図をもって行為しているということだけを前提にできない，ということになるです。

図 11-3　ブリュノ・ラトゥール
（Bruno Latour）1947-

この問題を，もう少し社会学らしい言葉に置き換えるなら，どこまでが「私」の意志でしていることで，どこからが「私」が社会にさせられていることなのか，ということになります。これを考えるにあたり，本章では最後に，**アク**

ターネットワーク理論（Actor Network Theory：以下 ANT）について触れたいと思います。この理論は，1980年代にパリ国立高等鉱業学校のイノベーション社会学センターに在籍していたミシェル・カロン，ブリュノ・ラトゥール，そしてジョン・ローらによって生み出されたもので，科学技術社会論という領域を中心として展開してきたものです。ここではとくに2005年に出版されて各界に大きな影響を与えた『社会的なものを組み直す』の著者ブリュノ・ラトゥールの議論を中心に紹介していきます。

科学技術というのは，フーコーの最後の部分で触れた身体と同様に，一見社会学とは関係なさそうな領域にみえるでしょう。しかしすでに紹介したマートンによる科学者コミュニティの研究によって，比較的早い時期から科学社会学という分野も切り拓かれています。もっとも，マートンに続く多くの研究は，あくまで「科学者（の社会）」に関する社会学であり，科学の理論や知識の中身にまでは踏み込まないものでした。

これに対して，トマス・クーンの『科学革命の構造』出版以降，科学的知識自体も時代や地域によって変化するという発想が広がり，その影響から科学的知識の社会学（Sociology of Scientific Knowledge：SSK）という分野が形成されました。そのなかで大きな役割を果たしたのが第9章で簡単に触れた社会構築主義です。つまり，科学的な知識も，人々の社会的な相互作用のなかで構築される（作り上げられる）ものだという研究が展開されたのです。

こうした考え方で，比較的広く普及しているのは，セックス／ジェンダーに関するものでしょう。一般的には，前者は生物学的な性差，後者は社会的な性差だと説明されます。たしかに，「男らしさ／女らしさ」や性別役割分業といったものには生物学的な根拠が薄く，社会文化的に作りだされたものと考えるのが妥当なものがあります。そういう意味では，セックス／ジェンダーを切り離すことはある種の「発明」だったかもしれません。

しかしながら，こうした社会構築主義的な考え方には大きな問題（というか弱点）がありました。ものごとが人々の社会的な相互作用のなかから作り出されるという考え方は，ともすると「どうにでもでっち上げられる」という方向で解釈されかねません。実際，「～は社会的に構築されている！」ということを「暴く」ことによって，そのイデオロギー性を指摘する研究も数多くありますが，そこでは構築されたもの＝ニセモノという前提が置かれがちでした。これを裏返せば，構築されていないもの＝ホンモノということになり，構築されたもののさらに外側に構築されていない，より強固なホンモノを打ち立ててしまうことになります。

さきほどのジェンダーの例でいえば，実際には，男／女のセックスの区別というものもまた，(生物学においても) そう自明のものではないのです。たとえばそれは性器によるものなのか，遺伝子の染色体によるものなのか，ホルモンによるものなのか，様々な基準があり，それがいつでも一致しているとは限りません。ジェンダーを社会的・文化的に構築された性差とすることは，その一方で生物学的な性差としてのセックスは疑いようのない区別であるとしてしまうのです。

社会構築主義の問題は，結局「人間が言語によって」構築するということを前提としていた点でした。だからこそ，先にも触れた通り (人の意志で)「どうにでもでっち上げられる」と思われてしまうのです。では，この問題はどう乗り越えられるでしょうか。ANT の答えは，「人間以外も構築する」，つまり人間を社会的構築の (単独) 主役の座から引きずり下ろすことでした。

ANT の中心人物の一人，ラトゥールは，『社会的なものを組み直す』のなかで，こうした社会学への批判をさらに深化させます。彼は既存の社会学一般を「社会的なものの社会学」と呼び，自分たちの試みる ANT を「**連関の社会学**」と呼んでそこから区別するのです。

「社会的なものの社会学」とは，簡単にいえば社会を社会構造や社会システムに「還元」してしまうことで，社会をあたかも外側から分析・説明してしまうような社会学です。でもこれは，デュルケムの「社会的事実」に始まり，複雑な社会を何らかの手がかりを元に把握しようという，本書でみなさんがこれまで学んできた社会学そのものですよね。

では，ラトゥールはなぜ「社会的なものの社会学」を批判したのでしょうか。ラトゥールは，これまでの社会学者の説明が，あたかも社会について「わかった気になっている」だけになっていることを指摘するのです。さきほどの社会構築主義にしても，「～は社会的に構築される」というときの「社会的」というのは，一体どういう意味なのでしょうか。デュルケムが集団ごとに異なる自殺の傾向を分析したとき，生物学や心理学によっても説明できないとした「社会」の力とは，結局何だったのでしょう。ウェーバーの社会的行為の「社会的」とはどういう意味なのでしょうか。ハビトゥスとか，なんかわかったような気がしていたけど，結局何なのでしょう。こうした「社会 (的)」という言葉は，結局は中身がどうなっているかわからない**ブラックボックス**であり，社会学者はそういうよくわからないもので，よくわからないものを説明したフリをしているだけなのではないか。

結局は社会学者だって社会の内側で生きている「ただの人」であり，「社会」あるいは「社会的なもの」のことを知り尽くした上でそれを論じているわけではないことは明らかです。そういう意味で，先の社会学（者）に対する反感はある程度当たっていますし，社会学者としても誠実に受け止める価値はあるかもしれません。

ラトゥールもまた，こうしたこれまでの社会学＝「社会的なものの社会学」のうさんくささに気づいた「社会学者」の一人でした。そこで彼は，ANT によって真剣にそれを乗り越えようとしたのです。

(2) ハイブリッドな集合体

ANT がブラックボックス化した「社会」という概念や，何ごとかを構築しようという意志を持った「人間」という前提を粉々に打ち砕いたところで，社会学（社会科学）はうさんくさい文系学問で，やっぱり信じられるホンモノの科学は自然科学＝理系の学問だけだな，なんていう考えを持ったとしたら，甘いです。ANT は返す刀で自然科学における「自然」という概念もまた粉々に砕きにきます。さらにいえば，そうした文系／理系，社会／自然という区別自体が間違っているということを指摘するのです。

これについてラトゥールは，1987 年に出版された『科学が作られているとき』という本の中で，乳酸発酵素の例を挙げて説明しています。ルイ・パストゥールは 19 世紀後半に乳酸発酵の原因となる微生物（乳酸発酵素）を「発見」した人として有名なわけですが，こういうとき人々は「乳酸発酵素」はパストゥールが「発見」する以前から実は確かに存在していたものだと考えます。これに対して，ラトゥールは「乳酸発酵素はパストゥール以前には存在しなかった」という主張するのです。

一見無茶苦茶なことをいっているようにも見えますが，ラトゥールの論旨をたどっていきましょう。まずパストゥールは乳酸発酵の原因を探っていくなかで，ネバネバした，灰色の物質が関係しているということに気づきます。この時点ではこの物質は乳酸発酵素とは名付けられていないので，たんなる「物質 X」です。この物質にはまだ名前はついていませんが，実験を繰り返すなかで，他の物質にどのような変化をもたらすのかということはだんだんわかってきます。そのなかで，ビール酵母に似た働きをするということから，これは酵母の一種なんだという風に分類され，やがて名前（乳酸発酵素）を与えられます。さらにパストゥールがその実験結果から論文を書き，学会で発表し，そこで認められて初めて，「パストゥールが乳酸発酵素を発見した」という事実が成立するのです。

しかしここで重要なのは，パストゥールが乳酸発酵素を「発見」するはるか以前から，人類はチーズを作っていたということです。つまり，そんな名前の物質（モノ）の存在は知らなくても，どういう働きがあるのかは知っていたということです。乳酸発酵素とは，その一連の働きを現実から切り取って，モノとしての名前を与えたものだったのです。そういう意味で，「乳酸発酵素はパストゥール以前には存在しなかった」とラトゥールはいったのです。

気を付けたいのは，「乳酸発酵素はパストゥール以前には存在しなかった」ということで，ラトゥールが乳酸発酵素なんてまったくのでたらめだ，嘘っぱちだといっているのではないということです。どっちだと思うかもしれませんが，そもそもどっち（真／偽）なのかという話ではないのです。世界で起きているものごとは，自然現象にしても，社会現象にしても，あるものごとがあるものごとに影響を与えるという働きの連続で成り立っていて，そのある部分を切り取って，人間がモノとして名前を付けているだけなのです。実は同じ川なのに，上流と下流で違う名前で呼ぶようなものです。川と海の境界線はどこなのかというのも，自然に決まっているわけではなくて，人間が決めているだけです。

そもそも，自然現象と，社会現象の境目はどこにあるのでしょうか。新型コロナウイルス（Covid-19）の蔓延とそれにともなう社会の混乱＝コロナ禍という現象は，自然の出来事とも社会の出来事とも切り分けられるものではないのではないでしょうか。他にもそういう例はいくらでも挙げられます。

屁理屈をこねているだけのように感じましたか。しかしラトゥールにいわせれば，本来世界で起こっていることをここまでは自然，ここからは人間の仕業（社会，文化）と切り分けることの方が，よっぽど無茶なことであり，あらゆるものは**ハイブリッド**（異種混交）な集合体として存在しているのです。

人間だってハイブリッドです。たとえば今や携帯電話，スマートフォンは多くの人の生活にとって欠かせないものになっています。それで写真を撮影して，SNS に投稿するという行為もありふれたものになっていて，時々 SNS が「5 年前の今日，あなたは○○していました」なんてことも教えてくれて，そういえばそうだったな，と思い出すこともあるでしょう。そのとき，あなたの 5 年前の記憶は，あなたの（脳？の）中にあるのでしょうか，それともインターネット上にあるのでしょうか。同様に，自動車を日常的な移動手段に使うなかで，人は，そして自動車は，人と自動車とのハイブリッドとなっているのです。

(3) ANTと「連関の社会学」

こうしたもともとハイブリッドとして存在しているものを，人工／自然，文系／理系に切り分けたり，その働きのつながりの一部分を切り取って名前をつけたりして，理解したつもりになることをラトゥールは戒めます。「社会的なものの社会学」が「社会」という言葉を使うことで，社会現象について説明したつもりになっているのと同様に，「乳酸発酵素」という言葉も，実はもっと複雑な過程であるはずの発酵現象について説明したつもりになっているだけなのです。「社会」も「乳酸発酵素」も，そこで思考を停止させてしまうブラックボックスとなっているのです。

こうして社会／自然の両側で自明のものとされていたブラックボックスを解体し，他の存在に影響を与える，人間以外のものを含む「アクター」の「ネットワーク」としてものごとを捉えようとします。社会学では人間どうしの結びつきをネットワークとして捉える「ネットワーク理論」というものがありますが，そこでいうネットワークとANTのいうネットワークとはまったく異なるものです。ここでいうアクターは他のアクターに働きかける「働き」をとりあえずモノとして捉えているだけで，実際はどこからどこまでがそのアクターなのか，輪郭や境界線がはっきり示せるものではありません。それは先にハイブリッドについて触れた通りですね。つまりアクターネットワークは，点として独立した「アクター」とそれをつなぐ線としての「ネットワーク」でできたものではなく，「アクターネットワーク」というひとつの（？）つながりなのです。

たとえば「コロナ禍」においては，ウイルスという見えないアクターがグローバルに移動する個々の人間というアクターを媒介として拡大し，その脅威がマスメディアというアクターによって周知されることによって人々の不安を煽り，マスクの買いだめという行為に走らせました。そうして発生したマスクの品薄という状況は人々をますます不安にさせ，同時にマスクをしていない人への敵意を生み出しもしました。こんな場面一つを切り取ってみても，そこでは意志をもって行為する人間だけが状況を作り出しているアクターなのではなく，ウイルスも，マスクも他のアクターに影響を与えるアクターだということができるでしょう。さらに「解像度」を上げて記述するなら，そこでは人の体内から出る「飛沫」などもウイルスを運んだり，人々にソーシャル・ディスタンスをとらせたり，マスクをつけさせたりという影響を与えるアクターということができます。

ANTはこのように，ものごとが「どのようになっているか（how）」を「記述」しようとしますが，その一方で「なぜそうなっているか（why）」を「説明」してくれるものではありません。ただ考えてみていただきたいのは，そうやって何かを「説明」しようとするとき，私たちは原因を特定しようとするでしょうが，その原因もまた，様々なアクターの働きのつながりによって生まれているものだとすると，結局どんな「説明」にも終わりはないので，私たちにできるのはその部分的な「記述」でしかないということになるでしょう。

このように，あらゆるものが，どのように構築されているのか追究していくので，ANT は社会構築主義以上に過激な「構築主義」であるともいえます。ただそこにはもはや，構築されたもの＝ニセモノ，構築されていないもの＝ホンモノという区別はないのです。ANT が目指すのは，「よりよい構築」，つまりただより丁寧に記述することだけです。アクターネットワーク理論を略して ANT といいますが，ant がアリのことを指す英単語であることをもじって，ANT はアリの目で社会学することだ，なんて言い方もされます。アリにはネットワークの全体像，ましてや「社会」なんて見えていません。ANT の実践者にできることは，アリの視点からただアクターを追いかけ，その働きのつながりをたどることだけです。ラトゥールの著作のタイトルである「社会的なものを組み直す」とは，まさにそうした記述の試みを表しているといえるでしょう。

文献案内

① 重田園江, 2011,『ミシェル・フーコー――近代を裏から読む』(ちくま新書), 筑摩書房.
② 内田隆三, 2020,『ミシェル・フーコー　増補改訂』(講談社学術文庫), 講談社.
③ 久保明教, 2019,『ブルーノ・ラトゥールの取説――アクターネットワーク論から存在様態探究へ』月曜社.

日本でもフーコーは比較的人気があり，解説書はたくさんありますが，新書や文庫で読めるものでお薦めとして①や②があります。③はラトゥールの ANT の考え方の解説書。「社会とは何か」という章もあります。

終章

複雑な社会を，複雑なまま

1　本書のまとめ

(1)「社会」をいかに捉えるか

さて，本書もいよいよ幕引きのところまできました。本書では「行為論」「構造論」「相互作用論」という三つの考え方の絡まり合いを軸に，決してシンプルではない社会学の思考の歩みを紹介してきましたが，この終章ではその全体をあらためて振り返ったうえで，みなさん自身にそこで学んでもらったことの意味を考えてもらいたいと思います。

序章では，そもそも社会学とは，「社会」とは何かについて考える学問だということを示しました。しかしその「社会」というものは，三つの理由で非常に捉え難いものでした。それは，「社会」が常に変化し続けるものであること，複雑（複合的）なものであること，外側から観察できないものであることでした。

「外側から観察できない」問題に関しては，とくに行為論や構造論の考え方が突破口を開きました。一つは私たちが社会の中で観察可能な事柄として，社会全体の傾向を読み取るという構造論的な方法です。たとえばデュルケムの「社会的事実」のアイディアのように，それはある社会・集団が持つある程度持続的な傾向・特徴を他の集団・社会との客観的な比較を通して取り出すものでした。

本書ではほとんど紹介できませんでしたが，こうした考え方は，近代統計学と結びつくことで，より科学的な厳密性を手に入れました。もともとデュルケムの『自殺論』でも，統計的なデータを資料としていましたが，この時点では，ものごとの実数や割合を読み取る程度の比較的単純な活用にとどまっていました。しかし，ちょうどウェーバーやデュルケムが亡くなる20世紀前半頃から統計学が急速に発達し，その確率論の考え方に基づいた統計分析の手法が社会学にも導入されていきます。たとえば，統計上の数字の偏りがたんなる誤差や偶然といえるレベルのものなのか，何かしら意味があるといえるものなのかを判断する精度が格段に向上したのです。実のところ，現在のとくにアメリカ社会学では，こうした量的データを利用した研究が主流にさえなっています。

「外側から観察できない」問題のもう一つの突破口としては，ウェーバーの行為論的アプローチに始まる，個人の行為という小さな単位のなかに「社会」を読み取る方法です。ウェーバーは「社会的行為」に注目し，その動機を理解することを通して，価値や伝統といった社会的なものを捉えようとしたのです。さらには，そうしたミクロな社会的な行為が絡み合うことによって，どのようなマクロな社会が作られていくのかということについても，ウェーバーは歴史上のケースを通して明らかにしようとしました。

こうした行為論のアプローチは，様々な方向に発展します。たとえばパーソンズは行為という単位をさらに目的／手段／条件／規範という要素に分解し，とりわけその規範＝共通価値の様々なパターン分けを行ないました。また，シュッツはそもそもの行為の動機をより深く理解するために，現象学における間主観性の考え方を導入しました。そして，ハーバーマスはその後の行為論の展開を整理しつつ，システム的合理性による生活世界の植民地化という現代社会の危機に対抗して，コミュニケーション的行為の重要性を説きました。こうした行為論は，私たち個人が「社会」と思われるものの影響をどう受け止めて，またどう「社会」に働きかけ，それを作っていくのかというヒューマニスティック（人間的）なアプローチだったといえます。

次に「変化する」社会をどう捉えるかという問題についてはどうだったでしょうか。これについては，たとえばデュルケムであれば，社会学はそういう表面的な変化に目を向けるべきではなく，その背景あるいは奥底にある持続的な傾向を読み取るべきだといったかもしれません。しかしそれにしても，そうした持続的な傾向と，「表面的」な社会現象はまったく無関係ではないはずです。また，そうした持続的な傾向や構造にしても，やはり長い歴史の流れの中でみれば変化していることは否めません。

そこで，動き続ける「社会」の変化そのものに注目するという発想が，相互作用論の原点として紹介したジンメルにあったわけです。つまり，相互作用によってそのつど立ち現れるプロセス＝「社会化」という視点です。ただしそうやって常に移り変わるプロセスそのものを捉えることはやはり難しいので，ジンメルはその社会化というプロセスのパターンを「形式」として捉えようとしました。この「形式」という考え方そのものは，後の時代にほとんど受け継がれませんでしたが，相互作用の観察を通して変化のパターンを読み取るというジンメルの視点や手法は，たとえばアメリカの都市の変化を綿密なフィールドワークを通して記録していたシカゴ学派などに大きな影響を与えました。

この，「社会」というものがすでに出来上がった姿でそこにあるというのではなく，相互作用を通して社会がどのように立ち上がり，どのように変化していくのかという視点は，ブルーマーのシンボリック相互作用論やゴッフマンのドラマトゥルギー論，エスノメソドロジー，社会構築主義などの様々なバリエーションを生み出していきました。どのバリエーションがより正しい，優れているというのではなく，どの捉え方も「社会」の活き活きとした一面を説得力を持って捉えるうる可能性を持っているのであり，そもそも「社会」という対象が持つ豊かさが，そうした多様性から逆に見えてくるのではないかと思います。

最後に「社会」が「複雑（複合的）なものである」ことに由来する難しさの問題です。たとえばデュルケムは，社会学がいかに他の学問と異なる独自の領域なのかをはっきりさせるために，研究対象を社会的事実に限定しています。そのように，社会学が対象とする「社会」とはこれだ，と社会学者がはっきり決めてしまえば，ある意味で楽かもしれません。しかし，そのようにして捉えられる「社会」は結局社会学者にとっての社会にすぎず，（社会学者以外の）人々にとっての社会を捉えきれていない，ともいえます。

もっとも，複雑さの全容を理解していなくても，「どう複雑なのか」については社会学には理論的な蓄積があります。たとえばパーソンズは文化や政治，経済といった様々な要素がそれぞれの機能を果たすことによって全体としての社会システムを構成していると考えることで，それらの関係性を一つの理論体系にまとめ上げました。ただその理論体系では20世紀後半の大きな社会変化について十分に説明することが難しくなり，やがて衰退していきました。

その後，社会学においては，このようなグランド・セオリー自体を忌避するような傾向が支配的になりました。それでも，オートポイエーシス概念を導入したルーマンによるシステム論の刷新や，ブルデューの界理論のように，ルールや原理を異にする領域間の関係によって社会の複雑さを描き出そうとする理論も登場しています。ここで重要なのは，社会学は「社会」の全体像を把握しない（できない）までも，様々に分化した社会どうしの間で起こる葛藤やコミュニケーションについて説明しようとしているということです。

というわけで，本書でみてきたのは，現代の私たちにとっての「社会」とは何か（what），ということより，まずその「社会」という捉え難いものをどのように（how）捉えるかをめぐる，過去の社会学者たちのアイディアの歴史でした。社会学は「社会」とは何かを考える学問ではありますが，肝心なのは「結局何か」という「答え」ではなく，「方法」なのです。

本書ではそうした方法論のもとで，社会学者たちが目の前の「社会」をどのように捉えてきたかも紹介してきました。しかし現在を生きる私たちが生きる状況は，それと共通・連続する部分もありつつも，まったく同じではありません。それゆえに捉えようとする「社会」のあり方，問題意識のあり方も変わってきて当然です。ですから結局，（私たちの目の前にある）「社会とは何か」という問いは，結局私たちが自分で追究するしかないのです。しかし，だからといって私たちは決して一人ではありません。本書で紹介した過去の社会学者たちの思考の軌跡は，すべて私たちが自分の問いに立ち向かうときのヒントになっているのです。

(2)「社会学」の歴史をたどり直す

ところで前章まできて，これまで学んできた社会学を根本からひっくり返してしまう「社会学（者）」が登場してしまったことを覚えているでしょうか。アクターネットワーク理論（ANT）の提唱者の一人であるラトゥールは，社会を社会構造や社会システムに還元してしまう従来の社会学を「社会的なものの社会学」と呼んで批判しました。「社会」を説明するのに，「社会的なもの」で説明した気になるな，ということですね。極端なことをいえば，「犬ってどんな動物？」と聞かれて，「犬みたいな動物のこと」と答えるなというようなものでしょうか。

こんな批判を紹介してしまうと，きっとみなさんは，今まで学んできたことは一体何だったのか，時間を返せ，と思うに違いありません。「システム」だとか「界」だとか必死に理解しようとしたのに，と。しかしながら，気を付けていただきたいことは，そこまで社会学を根本的に批判しつつも，ラトゥール自身は自らの営みを「連関の社会学」と呼んで，胸を張って「社会学」と自称していることです。

それでは，ラトゥールは何をもって自分は「社会学」者だと考えているのでしょうか。なにも，彼は何の根拠もなく「私の考えた社会学はこれだ」と語っているわけではないのです。根本的な批判をしているにもかかわらず，というよりも，だからこそ，社会学の伝統（過去の社会学者たちが考えてきた思考の歴史）をたどり直すのです。そこで彼が発見したのが，ガブリエル・タルドという19世紀フランスの社会学者とその理論でした。

図 終-1　ガブリエル・タルド
（Jean-Gabriel de Tarde）
1843-1904

さて，みなさんはこのタルドという社会学者が，本書の話の中ですでに登場していたことにお気づきでしょうか。第2章，デュルケムのところです。デュルケムの代表作『自殺論』のなかで，彼はたびたびデュルケムの論敵として登場し，「論破」され，デュルケムの「社会学」の正当性を主張するための踏み台にされていたのです（実はその前の『社会分業論』から）。しかし，ラトゥールは，デュルケムによって葬り去られたかにみえたそのタルドを，再び現代において再評価し，まさにこのタルドの系譜こそが真の社会学だと主張したわけです。

タルドは様々な点でデュルケムとは異なる見解を社会学についてもっていました。とくに重要なのは，「社会的なもの」を生物学，哲学，経済学，心理学など，他の領域と切り離す必要はない，と彼が考えていたことです。そもそもデュルケムは，「社会学」という学問がどういう学問なのか，そのアイデンティティを確立するために非常に心を砕き，他の学問領域と区別しようとしていました。その意味では，デュルケムとタルドは考え方が正反対です。

その一方で，タルドは科学としての社会学の確立に関心がないわけでは決してありませんでした。彼は社会の規則性の基礎を「**模倣**」という現象に求めました。主著『模倣の法則』によれば，科学とは類似を認識して，その数を数え，量を計測することだといいます。そして類似とは反復を原因としており，それは物質界では波動，生命界では遺伝，社会界では模倣だというのが彼の理論的前提となっています。

こうした考え方から，デュルケムとは対照的にタルドは個人の行為や相互作用に注目する社会学者だと理解されてきました。それはある意味では正しいのですが，同時に，タルドは個人間の模倣が，やがて大きな「模倣の流れ」となって人類全体に広がっていくというアイディアを持っていました。ある科学的・技術的な発明が地球上に広がる過程や，流行現象など，まさにこうした「模倣の流れ」の例といえるでしょう。

しかしそうなると，模倣によらない新しいものはどうやって生まれるのか，という疑問が当然わいてきますが，タルドはそうした「発明」も，個人の頭の中で様々な模倣が混じり合った結果だと説明しています。どんな天才による「発明」も，実は色んな模倣＝マネの組み合わせであって，その組み合わせ方が新しいということです。こういったタルドのイノベーション（技術革新）についての考え方は，実はいまビジネスや科学技術の分野でもアイディアの宝庫として注目されていたりもします。

タルド自身は，もともと貴族出身の地方の裁判官であり，そのなかで犯罪に関する研究論文を発表し，研究者として有名になった人です。当時，犯罪は遺伝による影響から引き起こされるという学説があり，そこでは身体的特徴をみれば将来その人が犯罪者になるかどうかわかる，というようなことがいわれていました。これに対してタルドは，犯罪に関する統計データに基づきながら，犯罪の原因は生育環境にある，と反論を展開したのでした（その後の精密な測定などの結果，遺伝説はほぼ退けられています）。つまり遺伝という生物学的な反復ではなく，模倣という社会学的な反復を主張したという意味で，やはりタルドは社会学独自の領域を捉えようとした社会学者だったということがわかります。

その後，パリに移住して社会学会の会長なども務めたうえ，亡くなる数年前にはデュルケムに競り勝って（！），（後にブルデューやフーコーがなったように）コレージュ・ド・フランスの教授に就任しています。つまりは，同時代においてはデュルケムよりタルドの方がキャリア的には成功していたといえるかもしれません。しかし現在の視点からみれば，大学などで使用される社会学の教科書に名前が載っているのは，圧倒的にデュルケムでしょう。その理由としては，やはりパーソンズやギデンズら，後の時代の社会学者がデュルケムの業績を掘り起こして，その上に自らの新しい思考を重ねようとしたからにほかなりません。逆にいえば，彼らとはまた異なる歴史の語り方も，また可能なのだということです。

ANT はタルドの模倣の理論を，それまで一般的だった個人を単位とした個人主義的社会学という理解を超えて，個人間だけでなく，アイディアとアイディア，技術と技術が模倣によって結びついていくというところに，様々なアクターによるネットワークのアイディアと同じものを発見しました。つまり 100 年以上前の社会学者であるタルドの研究を再発見・再評価し，その流れの中に自らの新しい視点を位置づけることで，「社会学としての」自らの正当性・説得力を主張したのです。もっとも，ラトゥールがタルドを再発見するのは，ANT を作った「後」でのことなのですが，もっと早くタルドのことを知っていればよかった，ともいっています。

2 「私の社会学」から「あなたの社会学」へ

このように，古典というのは，一度批判されて「乗り越え」られたら「無」になってしまうものではなく，また同時にもう批判の余地がない「聖典」でもありません。むしろ，振り返るたびに新しい発見をもたらしてくれる，アイディアの宝庫だと考えられるべきです。たしかに，100年前のアイディアが「そのまま」現代に使えるなどということはめったにありませんが，そこは現代に生きる私たちが組み合わせや読み替え（再評価）を工夫すればよいのです。そんな工夫をするのは面倒くさいから，最初から新しいものを作ればいいと思う人もいるかもしれませんが，実はそっちの方が遠回りだったりすることは多々あるのです（まさにラトゥールがいっていたように）。

だからこそ，前章で，ANTによってそれまで学んできたことがひっくり返されたからといって，嘆く必要はないのです。本書の終盤でせっかく積み上げてきた話をひっくり返すような理論をなぜ紹介したのかといえば，それは社会（の捉え方）に「正解」なんてない，ということを示すためです。「結局どの考え方が「正解」なんですか」という考え方を捨てましょう。社会学の場合は，どういう視点から見るかによって「正解」（というかより妥当な認識）は異なるし，その多様性こそがあえていえば「正解」です。

それはまさに本書にもあてはまります。100年以上前に生きていたマルクスやウェーバーから，いま私たちと同じ時代を生きている社会学者までを相互に関連づけながら紹介してきましたが，あくまでもそれは本書の著者である「私」の解釈・まとめ方でしかありません。私の説明でわかりにくい，つまらないと思われても，その社会学者を，あるいは社会学そのものを嫌いになるのは早計です。

逆に，私の説明を受けて，「わかりやすい」と思っていただけたとすれば，それはたしかに著者として嬉しいことではあるのですが，それはもともとの社会学者の思考や理論にあった難しさ・複雑さを削ぎ落したからでもあります。実はこの難しさ・複雑さにこそ，社会学者たちがいかに悩み，それを乗り越えたかという学問の本質が隠されてもいるので，もしかしたらみなさんは「わかりやすい」話を聞くことで大変な損をしているのかもしれないのです。

だからこそ，みなさんにお薦めしたいのは，本書を読んだ上で，興味を持った社会学者やその本があれば，ぜひそれを直接手にとって，読んでみてほしいということです。解説本だけを読んで学習を終わりにするのは，サプリメントだけで食事を終わりにするようなものです。自分で何かに疑問を持ち，先行研究にあたり，実験や調査をして素材を集め，それを元に自分の理論を組み立て，わかったことの面白さを人に伝える，そのすべてのプロセスが学問なのです。

ですので，本書をきっかけに，まずはここで名前の出てきた社会学者の本を，何でもよいので直接手に取って読んでみてください。デュルケムに論破されたかにみえたタルドを，もっと新しい面白さや可能性を持った社会学者としてラトゥールが再発見したように，新しい「あなたの社会学」がそこから始まるかもしれません。

それにしても，私の能力・勉強量の限界，そして一冊の本としての話のまとまりの問題などから，本書で扱いきれなかった社会学的思考もまだたくさんあります。社会学の考え方の歴史という記述のスタイルをとった関係上，個別分野での展開については，あえて足を踏み入れていません。たとえば，小さな社会の単位である家族を扱う家族社会学や，都市・地域社会学，ジェンダー論や社会運動論やメディア論と社会学の関係，それから（とくに量的な）社会調査法など様々です。これらについては，個別に優れたテキストがたくさんありますので，興味がある人はそれらを読んで勉強していただきたいと思います。

次に，取り上げて紹介する社会学者の人選の偏りもあります。多くが，欧米出身の男性社会学者ばかりでした。実際，「日本人」で重要な社会学者はいないのか，という質問もよく受けますが，これについては「社会学」という学問がそもそも欧米で生まれ育った学問であることはすでに説明した通りで，その歴史を紹介する上では，日本人がほとんど出てこないことも自然ではないかと思います。もちろん，日本人でも優れた社会学者はたくさんいるのですが，それは20世紀に入り，社会学という学問がある程度かたちをなしてきてからのことでもあるため，都市社会学や家族社会学などの個別分野で扱った方が適切と考えて，本書では踏み込んでいません。

しかしそれ以上に気にすべきなのは，なぜ「男性」ばかりなのかというところです。それは，私自身の不勉強もありますが，やはり海外のものも含めて他の社会学のテキストをみても，「男性」ばかりなのはほぼ同様です。これは，従来の社会学史が内包してきた大きな問題です。こうした問題点を反省することは，決して学問に「女性ならではの視点」を求めるためではなく，「女性」という社会的属性のために無視・軽視・排除されてきた研究者たちの知見を，当然のものとして取り戻し，学問を発展させるために不可欠な取り組みだといえるでしょう。ただそれは本書ではほとんど扱えていませんので，私自身，そして社会学を学ぶみなさんにとっての「今後の課題」になるでしょう。

3　まとめ，のその先

(1)「コロナ禍」を考える

さて，本書では「社会学（の考え方）の歴史」をたどってきたわけですが，それは当然ながら「社会の歴史」と無関係ではありません。そもそも社会というのは，客観的に観察しやすい組織や制度だけでなく，個々の人々（の行為，あるいはコミュニケーション）によっても作られているものですから，その場所，時代の社会に人々がどのような「意味」を見出し，どのようなコミュニケーションをしていたのかということが，まさに「社会の歴史」であるわけです。とすれば，社会学の歴史もまた，社会学者がそれぞれの生きていた社会についてどのような意味を見出し，どのようなコミュニケーションをしていたのかという意味で，「社会の歴史」の一部だといえるでしょう。

その上で，今度は私たちが，社会を作っていく番です。社会学者ではなくても，たんに社会の中で生活をしたり，仕事をしたりするだけでなく，そのつど（多くの場合無意識に）その「社会」の意味を捉え，他者とそれについてコミュニケーションしています。ただ社会学を学んだみなさんであれば，この社会の意味にただ一つの「正解」があるわけではなく，それが他者とのコミュニケーションのなかで作られつつあるものだということがわかっているわけですから，その「社会」がうまくいっていないなと感じるとき，自分なりにその意味のずれやコミュニケーションのずれを探し出し，あわよくばそのずれを調整することができるかもしれません。たとえそれが難しい場合でも，何が理由でうまくいっていないかわからないままより，その理由が少しでも見えていた方が，まだ納得してこの社会を生きていくことができるはずです。

というわけで，本書では最後に，ここまでに紹介した「社会学の考え方・ものの見方」を通して現代社会がどのように見えるのか（意味づけ，説明されるのか）を，私なりにまとめてみたいと思います。

一点目は，「社会の複雑さ」にも関係するところですが，分化した社会をいかに捉え，生きていくかということです。よく，「価値観は人それぞれ」「ライフスタイルが多様化している現代では～」なんて言い回しで片付けられがちですが，それだけで話が済まないのが現代社会です。実際にはそうした多様な生き方や価値観の人々も（嫌でも）関わりあい，生きていかなければなりません。2020 年以来の「コロナ禍」というのはまさにそうした現実を私たちに突きつけるものでした。とくに感染拡大初期には，どうすれば感染（拡大）を防げるのかについての科学的見解もまとまらず，メディアによっても情報がまちまちで，またSNSなどではそうしたメディアが不安を煽っているとか，「御用学者」の見解は信用できないといった言説が飛び交いました。

コロナ禍の影響は人々の年齢，家族構成，職業などの属性によっても「それぞれ」です。ある人が感染時の重症化リスクの高い高齢者と同居していて非常に強い不安を感じていても，そんな「それぞれ」の事情をみない人たちは，インフルエンザより致死率は低いという「科学的」データを持ち出して「過剰反応だ」と一蹴します。あるいは人々の行動を強く規制しようとして外食産業や文化産業の営業が規制されると，その関連の仕事に従事している人々は生活ができなくなってしまい，最悪の場合，命の危機もありえます。保育所や学校が閉鎖になると，家族の誰かが専業主夫あるいは主婦の家庭では子どもの世話や勉強をみてあげたりできるかもしれませんが，そうでない家庭ではそれができず，子どもの学力に格差が生じかねません。感染拡大抑制のためにリモートワークやオンライン授業が推奨されても，家庭環境や家族構成は「それぞれ」なので，それが快適な人もいれば，そうでない人もいるでしょう。こうした状況下で国家が「一律」の行動制限を人々に強制することはとても無理があるので，結局は人々の「自粛」に頼らざるをえないのです。

しかしながら，日常の行動についてどこまでを「不要不急」とみなし，「自粛」するかをめぐっては，やはり人々「それぞれ」の事情と「感覚」に任せざるをえないような状況となります。そしてまさにその人によって違う「感覚」の違いが，対立や敵意を生み出しもしました。マスクをしていない人やきちんと装着していない人に強く注意をする人たちを「マスク警察」などといって揶揄するのも，そうした敵意のあらわれでしょう。その一方で，感染が判明した人が大人数での会食に参加していたとわかれば，SNS上には人格否定に近い罵詈雑言があふれます。

まさにこうした社会的混乱全体を「コロナ禍」というべきですが，やはりこうした混乱の大元には，「人それぞれ」問題があるように思います。コロナウイルスの感染拡大を終息させるには，国全体どころか，世界全体が一丸となって協力しなければならないことはいうまでもありません。しかしそれがなかなかできなかったのは，やはり協力できるだけの余力や事情や状況認識に基づく感覚や判断が人によって異なるからです。こうした事情をたんに人々の「無知」や「悪意」の問題にすり替えてしまうだけでは，感染拡大の終息には何のプラスにもならないばかりか，健康や生命とは別の社会的次元での対立や衝突，敵意を生み出すばかりなのです。

だから今後も起こりうるこうしたパンデミック状況に対処するには，社会学的な視点が必要です。相手や，他者が，コロナウイルスについて，その感染について，その感染防止をめぐる社会の反応について，どのように捉えているか（意味づけているか），その意味づけが相手のどのような社会的立場・位置に裏づけられているかについて理解し，適切なコミュニケーションを模索するしかないのです。

ではどのようなコミュニケーションがありうるのか，ということについては，二つのモデルがあります。一つは相手との「合意」をめざすハーバーマスのモデルです。相手ときちんと言葉で真理性・誠実性・正当性の三つの妥当性を踏まえたコミュニケーションをとろうとすることです。逆にここで望ましくないのは，相手の意思と向き合おうとせず，権力や貨幣（カネ）で動かそうとすること（戦略的行為）です。政治家や官僚など，重大な決定権を持っている人たちにはぜひこうした姿勢を持ってもらいたいものですし，周りもそれを要求していくべきでしょう。「人それぞれ」の状況において，それはとても難しいことではありますが，それを目指そうとすることは決して無意味ではないはずです。

とはいえ，たしかにこうした「合意」を目指すコミュニケーションはハードルが高いものです。私たちはしばしば相手に「話が通じない」と感じることがあります。そんなときは，私と相手で世界の「観察」に用いているシステムが異なっている可能性を考えてみるべきでしょう。ルーマンのコミュニケーションのモデルです。ルーマンによれば，それぞれのシステムは独自の二値コードに基づく区別しかできません。コロナ禍における外食産業や文化産業への休業要請というものも，経済システムによって観察すれば支払うか／支払わないかの判断しかできませんが，科学システムによって観察すれば（それが感染拡大防止にどれくらい効果があるのかという意味で）正しいか正しくないか，法システムによれば合法か非合法か，といった判断基準の根本的な違いがあるのです。

しかしながらルーマンはすべてのシステムを上位で統括する，たとえば善／悪を判断する「道徳システム」のようなものはないとも考えています。だから，人の命がかかっているのに，経済の方が大事なのか，なんていっても，どのシステムで観察するのが「正しい」なんてことは（ルーマンにいわせれば）ないのです。みんなそれぞれの立場で，「最善の」（と思う）判断をしている結果なのかもしれないのですから。

こうしたコミュニケーションのずれを認識するだけでも，ひたすらかみ合わない基準でぶつかり続けることを避けることができるかもしれません。コロナ感染のような「リスク」をめぐるコミュニケーションにおいても，それが自分の決定によって生み出される「リスク」なのか，それとも自分の決定にかかわらず避けることのできない「危険」なのかは，どのような「観察」を行なうかによって異なります。そこで求められるのは，異なるシステムによる観察（＝第二次的観察）なのです。

しかしそうしたコミュニケーションや第二次的観察をした上でなお，現実には，何らかの決定をしなければならないことがあります。政治家や官僚はもちろん，一般の人々も，感染リスクのあるなか人が集まる場所に出かけるかどうかなど（たとえば大事な友人の結婚披露宴に招待されたときなど），決断しなければならないことがあるでしょう。ベックのリスク社会論が問題としたのは，グローバルなリスクというものが分化した社会に分け隔てなく降り注ぐ状況でした。それはもはや政治だけ，科学だけの問題ではなく，あらためて社会のなかで調整された領域で対処されるべき問題なのです。それがベックのいうサブ政治というものでした。

サブ政治の領域では，結局また分化した社会の垣根を超えたコミュニケーション（ハーバーマスのモデルにせよ，ルーマンのモデルにせよ）が必要になるわけですが，様々な主体が関わる以上，そこにはやはり「権力」が働きます。ここでいう権力とはフーコーのいう意味での権力です。仮に一見対等の関係であっても，そこには権力をめぐるゲームが存在します。いわば「駆け引き」です。様々な立場の，様々な思惑を持ったプレイヤーが，ときには妥協もしながら，ときにはずる賢く立ち回る必要があるのです。そのとき，そのゲームのルールを熟知し，どのような資源や戦略がゲームに勝つために必要なのかを考えることが大事という意味では，ブルデューの理論から得られるものも大きいでしょう。

まとめると，コロナ禍のとくに社会的問題に対処するには，まず私たちが分化した社会に生きていることを認め，コミュニケーションのすれ違いがどこにあるのかを見極めることが大事です。その上で，社会（世界）全体でコロナのリスクに立ち向かうためには，ときにはサブ政治や権力のゲームに参加するしかないこともあるでしょう。

(2)「能力主義」を考える

「社会学の考え方・ものの見方」を通して現代社会がどのように見えるのか（意味づけ，説明されるのか）の二点目は，序章でもみた社会学とは社会を説明する試みである，という部分に関連します。序章では，AI による自動運転車が事故を起こしたとき，誰が（何が）責任をとるのか，という例を挙げましたが，結局これには今のところ「正解」はありません。人間が直面する初めての状況なわけですから，それに答えを出すための社会共通のフレームが存在しないのです。

ある「結果」の責任がどこにあるのかという問題は，つまりその「原因」が何かを突き止めるということでもあります。その原因が自由意志を持った主体であれば，「責任」を負わせることができます。しかしここでANTの議論を思い出していただきたいのですが，どんなものごともアクターネットワークというつながりだとみれば，どこからどこまでが本当にそのものごとに関係があって，どこが「始点」＝原因（？）なのかというのは特定することはできません。

普通，刑事事件が起こった場合は，その事件を起こしたと思われる人を容疑者として告発し，裁判で有罪と決まればその責任が負わされます。法制度的にはそれで終わりですが，そのような事件を二度と起こさないために，より根本的な問題解決を図ろうとするのは自然なことでしょう。つまり，その容疑者も真空空間の中で，突然悪意を持って事件を起こしたのではなく，そこに至るまでの社会的な環境や条件というものがあるはずで，それを突きとめて事件を生じさせる社会環境を改善するというアプローチがありうるわけです。それが法学と社会学の視点・アプローチの違いともいえます。しかしそうした社会学のアプローチは「法」のように決まった外枠を持たないので，どこまでも（無限に？）広がっていってしまうのです。

結局のところ，社会学の場合でも，最終的にはそうやって無限に広がる因果のネットワークのどこに視点を定め，どこから説明（あるいは記述）を始めるかを決めるしかありません。もっともそれは，唯一絶対の「正解」ではなくて，あくまでも一つの見方に過ぎません。ただし気をつけてください，それでも「何でもあり」なのではなくて，「より妥当」な記述の仕方というのはやはりあるのです。それは社会的なコミュニケーションのなかで「そのつど」作り出されるものです。

こうした社会学的な説明・因果の考え方を踏まえた上で，新自由主義社会における「自己責任」論というものも捉えることができます。新自由主義というのは，個人の自由や市場原理を再評価し，政府による経済への介入を最低限にしようという経済の仕組みに関する考え方ですが，今日ではそれが社会の様々な領域（教育，福祉など）に浸透した結果，「個人の自由」に絶対的な価値を置き，ただそれのみを社会の原理とすべきと考える社会思想として展開しつつあります。こうした個人の自由（のみ）に依拠した社会が必然的に帰結するのが，自己責任の論理です。受験や就職の失敗が自己責任というだけでなく，貧乏になっても，病気になっても自己責任ということになります。

これには，ギデンズがいう，かつて個人と国家の間に立って個人を守るセーフティーネットの役割を果たしていた中間集団（家族，地域社会，職業団体など）が弱体化・解体したことや，ベックのいうリスクの個人化も重なり合い，現代社会に生きる個人に重くのしかかる問題です。かつては資本主義の社会の枠内でも，社会主義的な枠組みを導入して個人を守るという考え方が有力だった時代もあるのですが，1980年代以降，社会民主主義的な福祉政策の財政負担が問題化したこと，社会主義大国のソ連が崩壊し，資本主義が唯一の「正解」だと考えられるようになったことなどから，資本主義内部にあった社会主義的な仕組みは次第に駆逐され，自己責任の論理が肥大化して私たちの時代の新たな「イデオロギー」となったのです。

こうした自己責任論は，非常にシンプルなので瞬く間に世界中に広がりますが，同時に重大なひずみを生じさせてもいます。同じ問題を，「能力主義」の落とし穴という面から捉えたのが，アメリカの哲学者のマイケル・サンデルです。彼は，イギリスのブレグジット（EU離脱）も，アメリカでのドナルド・トランプ元大統領の当選も，人々の能力主義への不満が爆発した結果だと考えています。いずれの支持者たちも，現代のグローバル化の加速による「多様性」の高まりに反発を覚えている現代社会の「敗者」たちだとサンデルはいいます。グローバル化や，ジェンダーやエスニシティの多様性を支持するのは，結局それから恩恵を受けている「勝者」「エリート」たちだけであり，敗者たちにとってはジェンダーやエスニシティの多様性は自分たちの居場所を奪うものだと感じて，それに強く反対するのです。いわゆる多様性を支持し推進しようとする「政治的な正しさ（Political Correctness：PC)」の考え方を「ポリコレ」などと呼んで揶揄し，攻撃するのです。

サンデルは，こうした人々の主張を決して肯定してもいませんが，それに寄り添って問題の所在を確かめようとします。つまり，なぜ「エリート」たちはこうした人々の不満に気づくことができなかったのか，ということです。それについてサンデルは，自分たちの今の地位は自分の努力（のみ）で勝ち取ったものであり，その恩恵を享受して当然だというエリートたちの傲慢があったのではないか，と分析しています。このエリートたちは，「敗者」たちはもっと努力すればいい，と思うわけです。こうした考え方を彼は「能力主義」と呼んでいるのです。

もっとも，「敗者」たちもまたこうした能力主義の考え方を共有しています。自分は実力で負け，失敗したのだと思うからこそ，より深く人間としての尊厳を傷つけられ，エリートたちを憎悪するのです。トランプの前に，史上初めてアフリカ系のルーツを持つアメリカ大統領となったバラク・オバマは，“Yes We Can”を連呼して人々に希望を与えましたが，実際に挑戦してもできなかった（can't だった）人たちからすれば，それは自分たちの実力が，努力が足りなかったからだと考え，かえって屈辱を感じる結果になってしまったのです。

サンデルが考える問題解決の糸口については，ベストセラーになった彼の著書を読んでいただくとして，ここでは社会学にひきつけて考えてみましょう。サンデルが指摘した能力主義というのは，先にみた自己責任の論理と表裏一体の関係にあります。うまくいけば自分の実力，うまくいかなくても自分の実力，ということです。こうした考え方がイデオロギーとして浸透してしまっている状況で，社会学を学んだ私たちには何ができるのでしょうか。

それは一つにはイデオロギーを自覚し，他のあり方，考え方，ものの見方はないのかと考えることであり，もう一つはそこから別の社会の仕組みを作り出すことです。いま，あなたが社会のなかで「勝ち組」だと思っていたとしても，実は人は一人では生きているわけでなく，社会的な存在です。あなたが努力して実力で勝ち取ったと思ういまの立場も，そういう努力を可能にし，応援してくれた周囲の環境のおかげかもしれません。あるいは，すべて自分がダメなせいでものごとがうまくいかないと思っているのだとしたら，そんなことはありません。あなたが生きづらさを感じているのなら，その理由は必ず「社会」のなかにも見つけることができます。ただし，いずれにせよ，どこからどこまでがものごとの原因なのか，究極的な「正解」にさかのぼることはできません。それでも私たちは，この社会の中で自分の居場所を見つけて生きていくためには，自分にとっての社会の「より妥当な記述」を「そのつど」模索し，サブ政治やコミュニケーションを通じてそれを他者に承認してもらう／承認させるしかないのです。

そしてもし他者と共有できる「より妥当な記述」，より妥当な社会のあり方を考えることができたら，それを現実のかたちにすることもできるかもしれません。人類学者デヴィッド・グレーバーがモースの贈与論にヒントを得て，「すぐに借りを返してしまわない」社会を構想したように，あなたにとって，より過ごしやすい世界を作っていこうとする意志は，人が生きていく上で不可欠な希望を失わないためにとても大事なものです。

以上，「社会学の考え方・ものの見方」を通して現代社会がどのように見えるのかについて，「私なり」にまとめてみました。みなさんもそれを横にみながら，自分自身でもやってみください。そして，それを学びの場だけでなく，ぜひ周りの人と共有してみてください。他人を理解し，自分を理解することで，そんな自分や他人が作り出す社会について理解するという営みそのものが，まさに社会学なのですから。

(3) 社会学で幸せになれるか

これで本当に終わりになります。「結局，社会学って何？」という問いに，私なりに答えようとしてきました。ただしそれは，「社会（学）は〜である」というかたちではなく，「社会学はこんな風に考える（考えてきた）」ということを紹介することによってです。でも「結局」なんだかよくわからなくなった，とみなさんは思っているかもしれませんが，それはそれで「社会学」の本質に近づいた，といえるのかもしれません。社会学はそうやってあなたが悩み続けることを含めて，不断に生まれ変わり続けるものなのですから。

とはいえ，これではあまり締まりがない終わり方かもしれないので，最後に本書にも登場した二人の偉大な社会学者の言葉を紹介しておきましょう。

> わたしという社会的存在がいまこうしたものとしてあるということ，この社会的存在をつくりだした社会的諸条件がああしたものであったということを考え合わせると，社会学はわたしにとってなすべき最良のことであったと思います。自分が人生としっくりいっていると感じるためではなく，せめて，自分が生きてこざるをえなかった世界をまあ受けいれてもよいかなと思うために最良のことであった，という意味です。（ブルデュー『リフレクシヴ・ソシオロジーへの招待』）

序章では，社会学とは社会を「説明」するものであり，それはすなわち自らの自由・主体性の余地を確保することにつながると述べましたが，人はみな，好きで「この社会」に生まれてくるわけではなく，「しっくりいっていると感じる」ことばかりではありません。そんななかで，「せめて，自分が生きてこざるをえなかった世界をまあ受けいれてもよいかなと思うため」に社会学が「最良のもの」だったというこの言葉は，社会学の迷路で迷っている私たちにとって励ましとなりうる言葉です。

またその一方で，こんな言葉もあります。

> Ｊ＆Ｔ（質問者）　社会学によってあなたは幸せになりましたか。
> バウマン　難しい質問ですね。たとえそういうことがあったとしても答えるのは不可能です。結局，一生涯社会学者で，他の仕事にはつかなかったので，比較する対象がないのです。

> しかし，社会学者であることで幸福な人生が送れるのかという質問には，かの偉大で賢明なヨハン・ヴォルフガング・ゲーテ〔一七四九～一八三二〕が私と同じ年齢のとき語った言葉を繰り返すだけです（言葉の重みこそ違っても）。ゲーテは幸福な人生を送ったかどうかと問われて「ええ，非常に幸せな人生を送りました」と答えたすぐ後で，「申し分ないほど幸せだったときはいつだったか思い出せませんが」とつけ加えています。（バウマン『社会学の使い方』）

おそらくみなさんと同じく，私もまったく煙に巻かれたような気分になりますが，まあ社会学者も社会の中で生きる一人の人間に過ぎない，というあたりまえの事実をあらためて思い出させてくれる言葉です。

文献案内

① ラトゥール, B., V. A. レピネ, 中倉智徳訳, 2021,『情念の経済学――タルド経済心理学入門』人文書院.
② 美馬達哉, 2020,『感染症社会――アフターコロナの生政治』人文書院.
③ サンデル, M., 鬼澤忍訳, 2021,『実力も運のうち――能力主義は正義か？』早川書房.

①はラトゥールがタルド最後の著作『経済心理学』（初版は 1902 年に刊行）の解説として書いたものの翻訳ですが，タルド理論の解説であると同時に，ANT の入門にもなっています。かつての「主流」の社会学においては忘れ去られていた 100 年前の社会学者の理論が，現代において見事によみがえってくる様を目の当たりにしてください。古典の価値というものは，現代の私たちが発見すべきものなのです。②は医療社会学者で医師でもある著者が，コロナ禍による社会の混乱について，総合的に論じたものです。フーコーや ANT の議論もベースになっています。③は本文中でも紹介したサンデルの能力主義批判をまとめたベストセラー本です。なかにはウェーバーの『プロテスタンティズムの倫理と資本主義の精神』について論じている箇所もあり，大変興味深いです。

おわりに

本書の内容は，私が2020年，および2021年に関西大学で担当した「社会学概論」の授業を元にしています。2020年の春，新型コロナウイルスの感染拡大により，対面授業ができなくなるという事態に直面しました。そんななか，私もオンライン授業「動画」を作成するための情報収集や技術の習得に明け暮れましたが，結局，講義の実況中継風の「文章」資料にすれば，受講生も個々の環境にかかわらず自分のペースで学習でき，キーワードの検索もできるので利便性が高いだろうと考えました。とはいえ，いざ文字にしてみると，講義ノートやメモに基づいているものの，思った以上に曖昧な記憶で話していたり，自分でも上手く説明できていないと感じる部分が多々あり，もう一度原典を読み直したりして，文字化は大変な作業になりました。とりわけ初夏になるまでは子どもの学校が休校だったので，妻と交互に子どもの相手をしながら，とにかくがむしゃらに作業を進めていたのが今となっては懐かしいくらいですが，そうこうしているうちに27万字を超えるテキストができていました。

このように急ごしらえのものではあったものの，受講生からも好評だったこともあって少し調子に乗って，ナカニシヤ出版にテキストにできないかとご相談したところ，大変な状況にもかかわらず出版を引き受けていただけました。さらにせっかくなので，他の社会学者にも読んでもらってコメントをもらおうと，いくつかの研究会で原稿を検討してもらいました。オンラインだったこともあり，全国から多くの方のご意見やアドバイスをいただくことができました。とくに研究会に参加していただいた方のお名前を，五十音順（さん付けで統一させていただきます）で挙げて，感謝の意を表させていただきます。

青木久美子さん，芦田裕介さん，東園子さん，安達智史さん，阿部友香さん，有本尚央さん，井口暁さん，梅村麦生さん，河原優子さん，川本彩花さん，金瑛さん，倉橋耕平さん，桑原桃音さん，小杉亮子さん，櫻井悟史さん，佐々木祐さん，笹島秀晃さん，菅原祥さん，鈴木赳生さん，高久聡司さん，高橋顕也さん，田中大介さん，近森高明さん，塚原伸治さん，角田隆一さん，堂本直貴さん，中村昇平さん，西川純司さん，早川公さん，三隅貴史さん，宮本結佳さん，安井大輔さん，雪村まゆみさん，横山寿世理さん，吉田耕平さんみなさんからいただいたアドバイスがあまりに有意義なものばかりだったため，もっとよくしたいという欲がどんどん出てきて，原稿のブラッシュアップにはさらに一年近くかかってしまいました。それでも原稿の完成を気長に待ち励まし続けてくれたナカニシヤ出版の由浅啓吾さんには，本当に頭が上がりません。

内容についての誤りや行き届かない点があれば，その責任はいうまでもなく私にありますが，本書はこのように同時代の社会学者，授業を受けてくれた学生のみなさん，そして執筆の時間と空間をともに過ごしてくれた家族のおかげで，ようやく一つのかたちになりました。新型コロナウイルスはあまりに多くのものを私たちから奪っていきましたが，同時にこうしてまた新しい何かを生み出すきっかけを作ってくれたという意味では，コロナウイルスもまた本書への貢献者の一人（？）なのかもしれません。

追　記

本書の最終的な校正作業をしていた2022年2月末，ロシア連邦が隣国ウクライナへの軍事侵攻を開始するというニュースが飛び込んできました。それからというもの，街が一方的に破壊され，子どもを含む一般市民が犠牲となり，多くの難民が発生している状況が日々報道されています。原子力発電所における危機さえも起こっています。この時代錯誤的ともいえる「戦争」自体も十分衝撃的でしたが，それに加えて愕然としたのは，2020年以降のコロナ禍において家族の健康や，勤め先の大学での学生たちの学びの保証に完全に気をとられ，自分自身の世界への関心が完全に「内向き」になってしまっていたことでした。コロナ以前は毎月のように国内や海外への出張をしていたものですが，2020年以降はなんと「関西」からすら出ていませんでした。もちろん，物理的な移動をともなわずとも，社会への関心や想像力はいくらでも広げることはできるはずですが，残念ながら私の場合は，移動範囲の縮小がそのまま意識の縮小につながってしまっていたようです。

そんなこともあって，私には今回のロシアによる暴挙が，あたかも「突然」起こった出来事かのように感じてしまったのです。もちろん，私一人が仮にウクライナ情勢に常に関心を持っていたところで，状況は何も変わっていなかったでしょう。ただ，本書でも書いた通り，すべての物事はつながっていますから，コロナ禍における（私を含む）人々の関心の縮小の隙をついて，ロシアによる侵攻が起こったように思えてしまったのです。そのことが私には恥（shame）に感じられてなりませんでした。

私は私にできることをするしかないけれど，それは本当に小さなことでしかないという事実に，ただ打ちのめされるばかりです。本書の最後の校正作業をしながらも，こんなことをしていていいのか，という気持ちにもなりました。しかしおそらく，この本を仕上げることが，私にできる「まだまし」なことの一つでもあろうと考えて，なんとか作業にあたりました。

本文中でも書いた通り，社会学は社会の行く末を予測するような大胆なものではなく，ましてやそれを学んだところで，今すぐ戦争を止められるようなものでも決してありません。ただ，社会を（独善的にではなく社会的に）納得可能なものとして説明しようとする営みでしかありません。それは，引き受ける必要のない責任からの自由，また引き受けるべき責任を自ら引き受ける主体性をつかむことであると，本文中では書きました。しかし今ならもう少しだけ，付け加えたいと思います。「私が生きている社会」を他者に向けて説明し，「あなたが生きている社会」を理解することを通して，「私とあなたがともに生きている社会」を作っていこうとするのが，社会学だと。この世界で起こっている大変な出来事の前ではきわめて無力ですが，それは決して無意味な営みではないと信じて，本書を上梓します。

2022 年 3 月

著者

文献一覧

※各章末の「文献案内」にあるもの，前の章で既出のものは除いています。

序章

コリンズ，R.，井上俊・磯部卓三，2013，『脱常識の社会学——社会の読み方入門　第二版』（岩波現代文庫），岩波書店．

ヴェーバー，M.，内田芳明訳，1996，『古代ユダヤ教』（上・中・下）（岩波文庫），岩波書店．

清水幾太郎編，1980，『世界の名著 46　コント・スペンサー』中央公論新社．

マルクス，K. & F. エンゲルス編，向坂逸郎訳，1969，『資本論 1』（岩波文庫），岩波書店．

マルクス，K. & F. エンゲルス，大内兵衛・向坂逸郎訳，1971，『共産党宣言　改版』（岩波文庫），岩波書店．

佐藤裕，2019，『人工知能の社会学——AI の時代における人間らしさを考える』ハーベスト社．

羽生善治・NHK スペシャル取材班，2017，『人工知能の核心』（NHK 出版新書），NHK 出版．

第 1 章

ヴェーバー，M.，祇園寺則夫・祇園寺信彦訳，1998，『歴史学の方法』（講談社学術文庫），講談社．

ヴェーバー，M.，大塚久雄・生松敬三訳，1972，『宗教社会学論選』みすず書房．

ヴェーバー，M.，大塚久雄訳，1989，『プロテスタンティズムの倫理と資本主義の精神』（岩波文庫），岩波書店．

リッツァ，G.，正岡寛司訳，1999，『マクドナルド化する社会』早稲田大学出版部．

保城広至，2015，『歴史から理論を創造する方法——社会科学と歴史学を統合する』勁草書房．

菊池良生，2003，『神聖ローマ帝国』（講談社現代新書），講談社．

飯田洋介，2015，『ビスマルク——ドイツ帝国を築いた政治外交術』（中公新書），中央公論新社．

竹中亨，2018，『ヴィルヘルム 2 世——ドイツ帝国と命運を共にした「国民皇帝」』（中公新書），中央公論新社．

徳善義和，2012，『マルティン・ルター——ことばに生きた改革者』（岩波新書），岩波書店．

第 2 章

ウェーバー，M.，木全徳雄訳，1971，『儒教と道教』創文社．

ウェーバー，M.，古在由重訳，2009，『ヒンドゥー教と仏教』大月書店．

デュルケム，E.，菊谷和宏訳，2018，『社会学的方法の規準』（講談社学術文庫），講談社．

デュルケム，E.，山崎亮訳，2014，『宗教生活の基本形態——オーストラリアにおけるトーテム体系』（上・下）（ちくま学芸文庫），筑摩書房．

デュルケム，E.，麻生誠・山村健訳，2010，『道徳教育論』（講談社学術文庫），講談社．

デュルケム，E.，田原音和訳，2017，『社会分業論』（ちくま学芸文庫），筑摩書房．

流王貴義，2019，『デュルケムの近代社会構想——有機的連帯から職能団体へ』ミネルヴァ書房．

平野孝典，2019，「『自殺論』以降の自殺の社会学（1）——マクロ社会学的研究の動向を中心に」『桃山学院大学社会学論集』53(1): 31-52.

阪本俊生，2018，「現代における自殺の社会学的分析の新たな視角——ゴフマンのフェイス論からのアプローチ」『社会と倫理』33: 53-70.

市川裕，2019，『ユダヤ人とユダヤ教』（岩波新書），岩波書店．

第3章
ジンメル, G., 居安正訳, 1998,『社会分化論　宗教社会学』青木書店.
ジンメル, G., 清水幾太郎訳, 1979,『社会学の根本問題――個人と社会』（岩波文庫）, 岩波書店.
ジンメル, G., 居安正訳, 1981,『宗教の社会学』世界思想社.
ジンメル, G., 居安正訳, 1999,『貨幣の哲学　新訳版』白水社.
サムナー, W. G., 青柳清孝他訳, 2005,『フォークウェイズ　復刻版』青木書店.
パーク, R. E., 好井裕明・町村敬志編訳, 1986,『実験室としての都市――パーク社会学論文選』御茶の水書房.
アンダーソン, N., 広田康生訳, 1999/2000,『ホーボー―ホームレスの人たちの社会学』（上・下）, ハーベスト社.
ショウ, C. R., 玉井眞理子・池田寛訳, 1998,『ジャック・ローラー――ある非行少年自身の物語』東洋館出版社.
クレッシー, P. G., 桑原司他訳, 2017,『タクシーダンス・ホール――商業的娯楽と都市生活に関する社会学的研究』ハーベスト社.
松本康, 2021,『「シカゴ学派」の社会学――都市研究と社会理論』有斐閣.

幕間1
マルクス, K. & F. エンゲルス, 廣松渉編訳, 小林昌人補訳, 2002,『ドイツ・イデオロギー　新編輯版』（岩波文庫）, 岩波書店.
アルチュセール, L., 西川長夫他訳, 2010,『再生産について――イデオロギーと国家のイデオロギー諸装置』（上・下）（平凡社ライブラリー）, 平凡社.
マンハイム, K., 高橋徹・徳永恂訳, 2006,『イデオロギーとユートピア』（中公クラシックス）, 中央公論新社.
マートン, R. K., 成定薫訳, 1983,『科学社会学の歩み――エピソードで綴る回想録』サイエンス社.
クーン, T., 中山茂訳, 1971,『科学革命の構造』みすず書房.
ロヴェッリ, C., 竹内薫監訳, 栗原俊秀訳, 2019,『すごい物理学講義』（河出文庫）, 河出書房新社.

第4章
パーソンズ, T., 稲上毅・厚東洋輔訳, 1976-1989,『社会的行為の構造』（第1～5分冊）, 木鐸社.
パーソンズ, T. & E. A. シルス, 永井道雄他訳, 1960,『行為の総合理論をめざして』日本評論新社.
スプロンデル, W. M. 編, 佐藤嘉一他訳, 2009,『A・シュッツ － T・パーソンズ往復書簡――社会的行為の理論論争　改訳版』木鐸社.
パスモア, K., 福井憲彦訳, 2016,『ファシズムとは何か』岩波書店.
松岡完, 2001,『ベトナム戦争――誤算と誤解の戦場』（中公新書）, 中央公論新社.

第5章
パーソンズ, T., 佐藤勉訳, 1974,『社会体系論』青木書店.
パーソンズ, T., 新明正道監訳, 1973/1974,『政治と社会構造』（上・下）, 誠信書房.
パーソンズ, T., R. F. ベールズ, 橋爪貞雄他訳, 2001,『家族――核家族と子どもの社会化』黎明書房.
マートン, R. K., 森東吾他訳, 1961,『社会理論と社会構造』みすず書房.
ルーマン, N., 馬場靖雄訳, 2020,『社会システム――或る普遍的理論の要綱』（上・下）, 勁草書房.

第6章
シュッツ, A., 佐藤嘉一訳, 2006,『社会的世界の意味構成――理解社会学入門　改訳版』木鐸社.
竹田青嗣, 1989,『現象学入門』NHK 出版.
ブルーマー, H. G., 後藤将之訳, 1991,『シンボリック相互作用論――パースペクティヴと方法』勁草書房.
ベッカー, H.S., 村上直之訳, 2011,『完訳　アウトサイダーズ――ラベリング理論再考』現代人文社.

幕間 2
ベル, D., 岡田直之訳, 1983,『イデオロギーの終焉――1950 年代における政治思想の涸渇について』東京創元社.
リオタール, J.-F., 小林康夫訳, 1989,『ポスト・モダンの条件――知・社会・言語ゲーム』水声社.
フクヤマ, F., 渡部昇一訳, 2020,『新版　歴史の終わり――歴史の「終点」に立つ最後の人間』(上・下), 三笠書房.
ターナー, G., 溝上由紀他訳, 1999,『カルチュラル・スタディーズ入門――理論と英国での発展』作品社.
小笠原博毅, 2019,『真実を語れ, そのまったき複雑性において――スチュアート・ホールの思考』新泉社.
牛渡亮, 2017,『スチュアート・ホール――イギリス新自由主義への文化論的批判』東信堂.
ウィリス, P., 熊沢誠・山田潤訳, 1996,『ハマータウンの野郎ども――学校への反抗・労働への順応』(ちくま学芸文庫), 筑摩書房.
ヘブディジ, D., 山口淑子訳, 1986,『サブカルチャー――スタイルの意味するもの』未来社.
松戸清裕, 2011,『ソ連史』(ちくま新書), 筑摩書房.
ピケティ, T., 山形浩生他訳, 2014,『21 世紀の資本』みすず書房.
柴宜弘, 2021,『ユーゴスラヴィア現代史　新版』(岩波新書), 岩波書店.

第 7 章
コールマン, J., 久慈利武監訳, 2004/2006,『社会理論の基礎』(上・下), 青木書店.
海野道郎, 2021,『社会的ジレンマ――合理的選択理論による問題解決の試み』ミネルヴァ書房.
フロム, E., 日高六郎訳, 1952,『自由からの逃走　新版』東京創元社.
アーレント, H., 大久保和郎訳, 2017,『新版　エルサレムのアイヒマン――悪の陳腐さについての報告』みすず書房.
ハーバーマス, J., 細谷貞雄・山田正行訳, 1994,『公共性の構造転換――市民社会の一カテゴリーについての探究　第 2 版』未来社.
ハーバーマス, J., 平井俊彦他訳, 1985/1986/1987,『コミュニケイション的行為の理論』(上・中・下), 未來社.
ブルデュー, P., 今村仁司・港道隆訳, 1988/1990,『実践感覚』(1・2), みすず書房.
ブルデュー, P., J-C. パスロン, 宮島喬訳, 1991,『再生産――教育・社会・文化』藤原書店.
加藤晴久, 2015,『ブルデュー――闘う知識人』講談社.
モース, M., 有地亨他訳, 1973/1976,『社会学と人類学』(1・2), 弘文堂.

第 8 章
ギデンズ, A., 松尾精文・小幡正敏訳, 1993,『近代とはいかなる時代か？――モダニティの帰結』而立書房.
ギデンズ, A., 松尾精文他訳, 2000,『社会学の新しい方法規準――理解社会学の共感的批判　第二版』而立書房.
ギデンズ, A., 秋吉美都他訳, 2005,『モダニティと自己アイデンティティ――後期近代における自己と社会』ハーベスト社.
ギデンズ, A., 松尾精文他訳, 2009,『社会学　第五版』, 而立書房.
Giddens, A. & P. W. Sutton, 2021, *Sociology*, 9th, Polity.
ベック, U., 東廉・伊藤美登里訳, 1998,『危険社会――新しい近代への道』法政大学出版局.
ベック, W., A. ギデンズ, S. ラッシュ, 松尾精文他訳, 1997,『再帰的近代化――近現代における政治,伝統, 美的原理』而立書房.
バウマン, Z., 森田典正訳, 2001,『リキッド・モダニティ――液状化する社会』大月書店.
バウマン, Z., 伊藤茂訳, 2016,『社会学の使い方』青土社.

第 9 章

ベネディクト, R., 角田安正訳, 2008,『菊と刀』(光文社古典新訳文庫), 光文社.
ブラウ, P. M., 間場寿一他訳, 1974,『交換と権力――社会過程の弁証法社会学』新曜社.
モース, M., 森山工訳, 2014,『贈与論　他二篇』(岩波文庫), 岩波書店.
マリノフスキ, B., 増田義郎訳, 2010,『西太平洋の遠洋航海者――メラネシアのニュー・ギニア諸島における, 住民たちの事業と冒険の報告』(講談社学術文庫), 講談社.
グレーバー, D., 酒井隆史監訳, 高祖岩三郎・佐々木夏子訳, 2016,『負債論――貨幣と暴力の 5000 年』以文社.
ゴッフマン, E., 石黒毅訳, 1974,『行為と演技――日常生活における自己呈示』誠信書房.
ゴッフマン, E., 丸木恵祐・本名信行訳, 1980,『集まりの構造――新しい日常行動論を求めて』誠信書房.
ゴッフマン, E., 浅野敏夫訳, 2002,『儀礼としての相互行為――対面行動の社会学　新訳版』法政大学出版局.
ゴッフマン, E., 石黒毅訳, 1984,『アサイラム――施設被収容者の日常世界』誠信書房.
ホックシールド, A. R., 石川准・室伏亜希訳, 2000,『管理される心――感情が商品になるとき』世界思想社.
ホックシールド, A. R., 布施由紀子訳, 2018,『壁の向こうの住人たち――アメリカの右派を覆う怒りと嘆き』岩波書店.
ガーフィンケル, H. 他, 山田富秋他編訳, 2004,『エスノメソドロジー――社会学的思考の解体』せりか書房.
スペクター, M. B., J. I. キツセ, 村上直之他訳, 1990,『社会問題の構築――ラベリング理論をこえて』マルジュ社.
前田泰樹他編, 2007,『エスノメソドロジー――人びとの実践から学ぶ』新曜社.
平英美・中河伸俊編, 2006,『新版　構築主義の社会学――実在論争を超えて』世界思想社.

第 10 章

ブルデュー, P., 石井洋二郎訳, 2020,『普及版　ディスタンクシオン――社会的判断力批判』(Ⅰ・Ⅱ), 藤原書店.
磯直樹, 2020,『認識と反省性――ピエール・ブルデューの社会学的思考』法政大学出版局.
長岡克行, 2006,『ルーマン――社会の理論の革命』勁草書房.
赤堀三郎, 2021,『社会学的システム理論の軌跡――ソシオサイバネティクスとニクラス・ルーマン』春風社.
ナセヒ, A., G. ノルマン, 森川剛光訳, 2006,『ブルデューとルーマン――理論比較の試み』新泉社.

第 11 章

フーコー, M., 田村俶訳, 2020,『狂気の歴史――古典主義時代における　新装版』新潮社.
フーコー, M., 渡辺一民・佐々木明訳, 2020,『言葉と物　新装版』新潮社.
フーコー, M., 慎改康之訳, 2012,『知の考古学』(河出文庫), 河出書房新社.
フーコー, M., 田村俶訳, 2020,『監獄の誕生――監視と処罰　新装版』新潮社.
フーコー, M., 渡辺守章訳, 1986,『性の歴史Ⅰ　知への意志』新潮社.
フーコー, M., 田村俶訳, 1986,『性の歴史Ⅱ　快楽の活用』新潮社.
フーコー, M., 田村俶訳, 1987,『性の歴史Ⅲ　自己への配慮』新潮社.
フーコー, M., F. グロ編, 慎改康之訳, 2020,『性の歴史Ⅳ　肉の告白』新潮社.

フーコー, M., 神谷美恵子訳, 2020,『臨床医学の誕生　新装版』みすず書房.
重田園江, 2020,『フーコーの風向き――近代国家の系譜学』青土社.
ターナー, B. S., 小口新吉他訳, 1999,『身体と文化――身体社会学試論』文化書房博文社.
ラトゥール, B., 伊藤嘉高訳, 2019,『社会的なものを組み直す――アクターネットワーク理論入門』法政大学出版局.
ラトゥール, B., 川崎勝・高田紀代志訳, 1999,『科学が作られているとき――人類学的考察』産業図書.
バトラー, J., 竹村和子訳, 2018,『ジェンダー・トラブル――フェミニズムとアイデンティティの攪乱　新装版』青土社.

終章

タルド, G., 池田祥英・村澤真保呂訳, 2016,『模倣の法則　新装版』河出書房新社.
夏刈康男, 2008,『タルドとデュルケム――社会学者へのパルクール』学文社.
ブルデュー, P., L. J. D. ヴァカン, 水島和則訳, 2007,『リフレクシヴ・ソシオロジーへの招待――ブルデュー, 社会学を語る』藤原書店.

図版出典一覧

2-2　ドレフュス大尉の不名誉な除隊を描いた挿絵　https://gallica.bnf.fr/ark:/12148/bpt6k7161044/f1
3-2　20 世紀初頭のベルリンの街頭　那須壽, 1997,『クロニクル社会学』有斐閣, p.175.
3-3　シカゴの人口推移　アメリカ合衆国国勢調査局（https//www.census.gov/）を基に作成
幕 1-1　ルイ・アルチュセール 1918-1990　https://en.wikipedia.org/wiki/Louis_Althusser
4-1　タルコット・パーソンズ　https://en.wikipedia.org/wiki/Talcott_Parsons
4-3　ベトナム戦争　浜島書店編集部編, 2012,『新詳世界史図説』浜島書店, p.215 を基に作成
4-4　チャールズ・W・ミルズ　“C. wright mills” by Stringer is licensed under CC BY-SA 4.0.
5-2　ロバート・K・マートン　https://c250.columbia.edu/c250_celebrates/remarkable_columbians/robert_king_merton.html
6-2　ピーター・L・バーガー　https://www.bu.edu/cura/peter-l-berger/
6-3　ハーバート・G・ブルーマー　https://www.asanet.org/about/governance-and-leadership/council/presidents/herbert-blumer
6-4　ハワード・S・ベッカー　https://www.asanet.org/asa-communities/opportunities-retirement-network/invited-lecture
幕 2-1　ダニエル・ベル　https://www.nytimes.com/2011/01/26/arts/26bell.html
幕 2-2　映画『アンダーグラウンド』ポスター　https://movies.yahoo.co.jp/movie/28684/
幕 2-3　スチュアート・ホール　https://www.open.ac.uk/library/digital-archive/featured/221
7-1　ジェームズ・S・コールマン　http://www.umsl.edu/~keelr/3210/3210_lectures/exchange_rct.html
7-2　コールマン・ボート　コールマン（2004/2006）を基に作成
7-3　ユルゲン・ハーバーマス　https://www.ae-info.org/ae/Member/Habermas_Jürgen
8-1　アンソニー・ギデンズ　“Anthony Giddens at the Progressive Governance Converence, Budapest, Hungary, 13 October, 2004” by Szusi is licensed under CC BY-SA 3.0.
8-2　ウルリッヒ・ベック　“Ulrich Beck, 2012” by International Students' Committee is licensed under CC BY-SA 3.0.
8-3　ジグムント・バウマン　“Zigmunt Bauman na 20 Forumi vydavciv” by Forumlitfest is licensed under CC BY-SA 3.0.

9-1　クラ交易図　マリノフスキ，B.，増田義郎訳，2010，『西太平洋の遠洋航海者』（講談社学術文庫），講談社，p.122.

9-2　ソウラヴァ（首飾り）　"National Museum of Ethnology, Osaka - Shell necklace used for Kula exchange (soulava) - Trobriand islands in Papua New Guinea - Made in the latter half of 19th Century - George Brown Collection" by Yanajin33 is licensed under CC BY-SA 3.0.

9-4　アーヴィング・ゴフマン　https://en.wikipedia.org/wiki/Erving_Goffman

9-5　ハロルド・ガーフィンケル　"Garfinkel2" by Arlene Garfinkel is licensed under CC BY 3.0.

10-1　ピエール・ブルデュー　"Pierre Bourdieu (1)" by Bernard Lambert is licensed under CC BY-SA 4.0.

10-2　ニクラス・ルーマン　那須壽，1997，『クロニクル社会学』有斐閣，p.53.

11-1　ミシェル・フーコー　那須壽，1997，『クロニクル社会学』有斐閣，p.152.

11-3　ブリュノ・ラトゥール　http://www.bruno-latour.fr/biography.html

※パブリックドメイン，筆者作成のものは表記していません。URL の最終確認日はすべて 2022 年 4 月 5 日です。

事項索引　※定義を説明している頁は太字になっています。

ら行

人名索引

著者紹介

木村至聖（きむら　しせい）

1981 年生まれ。甲南女子大学人間科学部准教授。
京都大学大学院文学研究科博士後期課程単位取得退学，博士（文学）。

専門は文化社会学，地域社会学。とくに社会現象としての文化遺産に注目している。

単著に『産業遺産の記憶と表象――「軍艦島」をめぐるポリティクス』（京都大学学術出版会，2014 年，地域社会学会奨励賞）。

共編著に『社会学で読み解く文化遺産――新しい研究の視点とフィールド』（新曜社，2020 年，観光学術学会教育・啓蒙著作賞），『巨大ロボットの社会学――戦後日本が生んだ想像力のゆくえ』（法律文化社，2019 年）。

共著に『移動時代のツーリズム――動きゆく観光学』（ナカニシヤ出版，2023 年），『〈つながり〉の戦後史――尺別炭砿閉山とその後のドキュメント』（青弓社，2020 年），『ポスト情報メディア論』（ナカニシヤ出版，2018 年），『炭鉱と「日本の奇跡」――石炭の多面性を掘り直す』（青弓社，2018 年）ほか。

共訳書に R・ハリソン『文化遺産といかに向き合うのか――「対話的モデル」から考える持続可能な未来』（ミネルヴァ書房，2023 年）。

歴史と理論からの社会学入門

2022 年　4 月 30 日　　初版第 1 刷発行
2023 年 12 月 24 日　　初版第 4 刷発行

著　者　木村至聖
発行者　中西　良
発行所　株式会社ナカニシヤ出版
〒606-8161　京都市左京区一乗寺木ノ本町 15 番地
Telephone　075-723-0111
Facsimile　075-723-0095
Website　http://www.nakanishiya.co.jp/
Email　iihon-ippai@nakanishiya.co.jp
郵便振替　01030-0-13128

印刷・製本＝創栄図書印刷／装幀＝白沢 正

ISBN978-4-7795-1634-4